No hagas montañas de granos de arena
(y todo son granos de arena)

RAFAEL SANTANDREU

No hagas montañas de granos de arena (y todo son granos de arena)

Reeducar la mente para la felicidad

Grijalbo

Papel certificado por el Forest Stewardship Council®

Primera edición: abril de 2024

© 2024, Rafael Santandreu Lorite
© 2024, Penguin Random House Grupo Editorial, S. A. U.
Travessera de Gràcia, 47-49. 08021 Barcelona
Foto de la p. 82: © Jodi Bieber
Foto de la p. 87: cedida por Davide Morana
Foto de la p. 91: cedida por José Robles
Foto de la p. 97: Fairfax Media / Getty Images
Foto de la p. 293: Album / akg-images

Penguin Random House Grupo Editorial apoya la protección del *copyright*.
El *copyright* estimula la creatividad, defiende la diversidad en el ámbito de las ideas y el conocimiento, promueve la libre expresión y favorece una cultura viva. Gracias por comprar una edición autorizada de este libro y por respetar las leyes del *copyright* al no reproducir, escanear ni distribuir ninguna parte de esta obra por ningún medio sin permiso. Al hacerlo está respaldando a los autores y permitiendo que PRHGE continúe publicando libros para todos los lectores.
Diríjase a CEDRO (Centro Español de Derechos Reprográficos, http://www.cedro.org) si necesita fotocopiar o escanear algún fragmento de esta obra.

Printed in Spain – Impreso en España

ISBN: 978-84-253-6725-0
Depósito legal: B-1.742-2024

Compuesto en M. I. Maquetación, S. L.

Impreso en Liberdúplex, S. L.
Sant Llorenç d'Hortons (Barcelona)

GR 67250

Dedicado a mis padres: ellos han hecho posible este trabajo dándome las herramientas para llegar hasta aquí

Índice

Introducción 11

PRIMERA PARTE
EL MÉTODO

1. El poder de la mente 15
2. Transformarse es posible 29
3. Las claves para el cambio I 36
4. Las claves para el cambio II 46
5. Dejar de exigir 59
6. Sin obligaciones 70
7. El autodebate: el ejercicio básico de transformación 79
8. Modelos de fortaleza emocional 87

SEGUNDA PARTE
FELIZ CONTIGO MISMO

9. Eliminar el estrés 107
10. Sin complejos 115
11. Superar el abandono y la soledad 124

12. No querer tener razón 134
13. Adelgazar fácilmente I 146
14. Adelgazar fácilmente II 157
15. Tener éxito I 165
16. Tener éxito II 178

TERCERA PARTE
CON LOS DEMÁS

17. Aprender a trabajar en equipo 195
18. El trabajo en equipo en pareja 208
19. La pareja: el sistema de la moneda 232
20. La pareja: el sistema del cheque en blanco I 246
21. La pareja: el sistema del cheque en blanco II 258
22. La pareja: cómo avivar el enamoramiento 273

CUARTA PARTE
PUNTO FINAL: LA MUERTE

23. Superar un duelo y el temor a morir I 281
24. Superar un duelo y el temor a morir II 297
25. Superar un duelo y el temor a morir III 312

Epílogo 333

Introducción

El libro que tienes en las manos es un manual de terapia cognitiva, la forma de psicoterapia más eficaz según todos los estudios. Existen nada menos que dos mil investigaciones publicadas que la avalan.

A mí me cambió la vida cuando la descubrí hace veinticinco años. Y también se la ha cambiado a millones de personas.

Se trata de una nueva manera de pensar, de ver el mundo; una filosofía de vida radical. Pero atención: sólo funcionará si te la aplicas al máximo.

Hay gente que ya tiene esta mentalidad metida en las venas. Son fuertes y felices de fábrica; parece que de pequeños se hubieran caído en la marmita de la poción mágica, como Obélix. En varias ocasiones me he encontrado a esta clase de personas en mis conferencias. Suelen levantar la mano para intervenir: «Rafael, ¡todo lo que dices es obvio!». Y yo les respondo: «Es obvio para ti, amigo, y me alegro. Pero, créeme, la mayoría no tiene tu mentalidad».

La buena noticia es que la fortaleza emocional se puede aprender. Eso sí, todos los días tendrás que zambullirte un rato en una marmita —como la de Obélix— para empaparte de estos nuevos principios, revisar tu diálogo interno, estudiar, visualizar y persistir durante meses.

Y entonces empezará a obrarse la magia. Notarás que cada día estás más contento. Que ya casi no te enfadas. Los inconvenientes de la vida pasarán inadvertidos. Nuestro nivel energético aumentará como nunca. Tendrás muchas ganas de emprender proyectos. Tu discurso habrá cambiado: en vez de quejarte, te concentrarás en lo positivo. Incluso harás de psicólogo con la gente de tu entorno.

Estos son los maravillosos frutos de hacerte más fuerte y feliz.

Es posible que algunas ideas de este libro no te convenzan. Tal vez pienses que están totalmente equivocadas. Hasta es posible que las califiques de disparates. Calma: se trata de un rechazo inicial normal. Incluso bueno.

Estas ideas son diferentes y aportan algo NUEVO. Precisamente esa novedad es la que lo cambiará todo. ¿De qué te serviría recibir una información que ya tienes?

Mi consejo es que dejes el juicio en suspenso durante un tiempo, intentes comprender bien cada uno de los conceptos y, sobre todo, los pongas a prueba.

Todas las ideas que aparecen en este libro han sido validadas: sabemos que FUNCIONAN, que nos cambian la mentalidad. No son ocurrencias espontáneas, sino bombas potentísimas cuidadosamente fabricadas.

Y, como descubrirás enseguida, en esta vida no hay nada capaz de quitarnos la felicidad si tenemos la mentalidad correcta. Descúbrelo tú también.

PRIMERA PARTE

El método

1

El poder de la mente

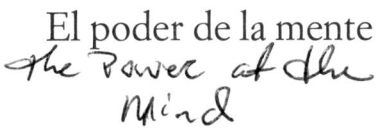

¡El poder de la mente es increíble y maravilloso!

Llevo toda la vida dedicado en cuerpo y alma a trabajar con la mente de las personas. He profundizado en muchas escuelas terapéuticas y he atestiguado más de mil casos clínicos. A pesar de contar con casi tres décadas de experiencia, la mente, esa entidad intangible creada por el cerebro, sigue asombrándome constantemente. Y uno de los campos más sorprendentes es el de la psicosomática, es decir, las enfermedades del cuerpo creadas por el cerebro.

Veamos un impresionante caso que relata la neuróloga británica Suzanne O'Sullivan en su libro *Todo está en tu cabeza*:

> Entonces conocí a Brenda. Aquella primera vez, como en la mayoría de nuestros encuentros posteriores, estaba inconsciente. Brenda había acudido a urgencias tras padecer varios ataques epilépticos. El médico de guardia la había examinado y había dispuesto que la ingresaran.
>
> Estábamos en la planta cuando llegó. Todo el mundo retrocedió del susto al ver la camilla avanzando a toda prisa por el pasillo hacia nosotros. Brenda había permanecido estable en urgencias, pero, mientras el camillero la conducía a la sala de ingresos, le habían vuelto a comenzar las convulsiones. El camillero y la enfermera que la acompañaban habían echado a correr.

En la sala se le colocó enseguida una máscara de oxígeno, mientras dos enfermeras intentaban sin éxito ponerla sobre un costado. La camilla había detenido su avance frente a la sala de enfermería y el resto de los pacientes y sus familiares se asomaban para curiosear qué sucedía. Apareció entonces una enfermera con una jeringuilla cargada de diazepam y me la entregó para que se la administrase a Brenda. Intenté agarrarle el brazo, pero, con la agitación, se me escapaba todo el rato de la mano.

Acudió un segundo médico a ayudarme y logramos sujetarle el brazo, pese a que se rebelaba contra nosotros. Le administré despacio la inyección. Nos apartamos y esperamos a que hiciera efecto, pero no se produjo ningún cambio. Notaba todos aquellos ojos clavándoseme en la nuca y sentí un gran alivio cuando el otro médico solicitó a gritos que llamaran al anestesista. Brenda llevaba experimentando convulsiones intermitentes durante diez minutos cuando llegó el equipo de cuidados intensivos; el único medicamento que podíamos suministrarle de manera segura en aquella sala se lo habíamos administrado ya dos veces, en vano. Toda la sala suspiró de alivio al ver al camillero y al anestesista darle la vuelta a la camilla de Brenda y llevársela de allí a toda prisa.

Me costó reconocer a Brenda cuando la vi al día siguiente. Estaba en la unidad de cuidados intensivos, intubada, con la respiración controlada mediante un ventilador. Un segundo tubo le entraba por la nariz y descendía hasta su estómago. Tenía los ojos cerrados con esparadrapo y el cabello recogido en una coleta bien tensa. Seguía teniendo convulsiones descontroladas, motivo por el cual se le había inducido un coma. Cada vez que el médico de cuidados intensivos probaba a retirarle la sedación y despertarla, las convulsiones comenzaban de nuevo. Durante los dos días que siguieron se le administraron medicamentos antiepilépticos en dosis cada vez más elevadas. Y en el transcurso de aquellos dos días, Brenda se volvió cada vez más irreconocible. Su piel se volvió cerúlea y pálida y se le hinchó muchísimo el estómago, pero las convulsiones no mejoraban.

Al quinto día nos reunimos todos alrededor de su cama y la observamos. La especialista en neurología había solicitado estar presente la siguiente vez que le retiraran la sedación. Al cabo de solo diez minutos empezaron a aparecer las primeras señales del despertar de Brenda. Tosió mientras intentaba arrancarse el tubo de respiración y empezó a aferrarse con las manos a cualquier cosa que estuviera a su alcance.

—Brenda, ¿cómo te encuentras? Estás en el hospital, todo está controlado —la tranquilizó la enfermera con un apretoncito en la mano.

Brenda abrió los ojos con un rápido parpadeo y volvió a estirar del tubo de respiración.

—¿Podemos retirárselo? —preguntó la enfermera, pero el médico de cuidados intensivos contestó que todavía no.

Brenda miró fijamente a los ojos a la enfermera, a quien identificó al instante como la persona más amable de aquella habitación. Tosió y se le empezaron a deslizar lágrimas por el rostro.

—Has tenido un ataque epiléptico, pero ya ha pasado.

La pierna izquierda de Brenda empezaba a temblar de nuevo.

—Vuelve a tener convulsiones. ¿La sedamos otra vez? —preguntó alguien.

—No —respondió la neuróloga especialista.

Para entonces, el temblor se había propagado a la otra pierna y se había vuelto más virulento. Brenda, que había abierto los ojos en señal de alerta, volvió a cerrarlos despacio. A medida que las convulsiones fueron subiéndole por el cuerpo, la máquina que calculaba el descenso de sus niveles de oxígeno empezó a pitar tras ella.

—¿Ya? —inquirió una voz tensa, con una jeringuilla cargada en mano, lista para inyectarla.

—Esto no es un ataque epiléptico —respondió la especialista, tras lo cual se produjo un intercambio de miradas—. Retírenle el tubo traqueal —añadió.

—Pero la saturación de oxígeno ha descendido —replicó alguien.

—Sí, porque contiene la respiración. Respirará de nuevo dentro de un momento.

Con el rostro rojo, Brenda arqueó la espalda hacia atrás mientras sus extremidades se agitaban violentamente. Permanecimos todos alrededor de su cama, conteniendo también la respiración, por empatía.

—Esto no es un ataque epiléptico, es un pseudoataque —informó la neuróloga, y mientras lo hacía, para nuestro inmenso alivio, Brenda tomó una respiración profunda.

Media hora más tarde, Brenda estaba consciente y sentada en la cama, con grandes lagrimones resbalándole por las mejillas. Aquélla fue la última vez que la vi y la única en que la vi plenamente consciente. Brenda y yo nunca intercambiamos una palabra.

Más tarde, aquel mismo día, mientras me hallaba en la sala del hospital donde los médicos tomábamos el café, con otros colegas en prácticas, les expliqué el caso de Brenda.

—¿Sabéis esa mujer que ha estado anestesiada gran parte de la semana en cuidados intensivos? Pues al final no tiene epilepsia. ¡No le pasaba nada!

Transcurrirían varios años antes de que yo fuera consciente del peligro que había afrontado Brenda. Y aún tardé algo más en entender lo injustas que habían sido mis palabras hacia ella. A lo largo de mi formación posterior comencé a entender mejor los trastornos psicosomáticos. Sin embargo, hasta que no completé las prácticas no acabé de madurar como médico.

¿Pseudoepilepsia? ¿Qué es eso?

Se trata ni más ni menos que de un trastorno psicosomático, un problema físico generado por la mente. No hay ninguna enfermedad orgánica, aunque lo parece. Y puede ser verdaderamente espectacular.

Brenda desconcertó a muchos médicos experimentados hasta que, por fin, una neuróloga se dio cuenta de que sus convulsiones, por salvajes que fuesen, no estaban provocadas por una disfunción del cuerpo. Sólo estaban en su mente.

Tras una larga carrera, la doctora O'Sullivan ha determinado que, en realidad, más del 50 % de los pacientes que acuden al especialista con ese cuadro padecen un trastorno psicosomático.

— Hasta hace muy poco, los profesionales de la salud pensábamos que las enfermedades psicosomáticas eran una rareza. Sin embargo, cada vez tenemos más datos que apuntan a lo contrario: son muy pero que muy frecuentes. De hecho, prácticamente todos padeceremos una enfermedad de esta clase a lo largo de nuestra vida, pero no tendremos ni idea de que es una creación de nuestra mente. ¡Yo mismo tuve una pseudolesión de espalda durante veinte años, un lumbago que desapareció cuando me di cuenta de que no era real!

En 1997, la Organización Mundial de la Salud estudió la frecuencia de los síntomas psicosomáticos en ambulatorios de quince ciudades del mundo. Su conclusión fue la siguiente: el 20 % de los pacientes que llegan al médico presentan síntomas sin explicación médica. ¡El 20 %! Es una cifra enorme, son millones de casos. Y, atención, lo más seguro es que se quede muy corta.

Migrañas mentales

Hace unos diez años, uno de mis seguidores me envió un mensaje que decía: «Rafael, lee este libro, te sorprenderá». Y apuntaba un título: *Migraña, una pesadilla cerebral*, del doctor Arturo Goicoechea.

Me extrañó la recomendación, ya que creía que la migraña no tenía nada que ver conmigo. Sabía que mucha gente padece esos duros dolores de cabeza, que pueden alargarse hasta un par de días y que, muchas veces, requieren tomar enormes cantidades de analgésicos, incluso potentes opiáceos. Pero nada más. Hasta aquel día, pensaba que la migraña era un tema neurológico, no psicológico.

Como tengo la costumbre de, al menos, ojear todo lo que me aconsejan, compré el libro. Nunca se sabe dónde encontraremos la próxima joya. Y, literalmente, tras la primera página ya estaba enganchado. Cuando acabé el libro, di un suspiro y enseguida le escribí al amable seguidor: «¡Ostras, amigo, muchas gracias por la recomendación! En efecto, he flipado con el libro».

El autor de esa joya, Arturo Goicoechea, es un neurólogo —ya jubilado— que se fue dando cuenta de que, en realidad, muchos de sus pacientes con migrañas no tenían un problema médico como pensaba todo el mundo. El problema real era que su mente se había vuelto hiperprotectora y enviaba erróneamente dolor.

Su mente los interpelaba a ellos mismos de esta forma: «No sé si tienes una lesión, pero, por si acaso, te voy a enviar dolor. Recógete en casa y no hagas nada». Es decir, la mente producía dolor porque prefería pecar de hiperprotectora que de negligente.

Y así el doctor Goicoechea empezó a tratar a esos pacientes de una forma revolucionaria: con psicoeducación en vez de con fármacos, enseñándoles a hablar a su propia mente para convencerla de que ese dolor no era necesario. Y comenzó a tener resultados espectaculares.

En algunos ambulatorios de Vitoria, en el País Vasco, llevan años aplicando ese psicotratamiento con unos resultados de «curación» de alrededor del 80 %. «Curación» entre comillas porque en realidad no había nada que curar desde un punto de vista médico, sino que sólo era cuestión de desmadejar una madeja mental.

Mi aventura en el mundo de la psicosomática prosiguió. Poco después de leer el libro del doctor Goicoechea conocí a Séfora Bermúdez, una *coach* antimigraña que colgaba historias de éxito en YouTube. Séfora es exmigrañosa y discípula del doctor Goicoechea.

A continuación, comparto uno de sus impresionantes testimonios, un fragmento de una entrevista que puede consultarse en el canal de YouTube de Séfora. En la entrevista conocemos a Ángel, un amable septuagenario que hizo desaparecer la migraña tras nada menos que ¡cincuenta y ocho años de penosa convivencia con el dolor! No tiene desperdicio.

SÉFORA: *Ángel, ¿durante cuántos años has tenido migraña?*
ÁNGEL: Empezaron con doce o trece años. Estaba jugando a pala en el frontón y, de repente, se me paralizó el brazo derecho. Me asusté mucho. Cuando llegué a casa, mi madre me dijo que era migraña, porque ella también tenía y sabía identificarlas. Y ahí se me pasó.
S.: *Ése fue tu primer ataque. Pero la cosa fue a más, ¿verdad? Cuando te conocí, tenías ataques diarios. Con sesenta y ocho años, tenías ataques de migraña ya al despertar.*
Á.: Al principio, tenía pocas crisis. Quizá cuatro o cinco al año.

Pero eran terribles. Me tiraba dos o tres días vomitando con unos dolores que eran muy difíciles de aguantar. Con el paso del tiempo, las migrañas se hicieron más frecuentes, aunque un poco más suaves. En los últimos años, había meses que tenía veinte o veinticinco días de migraña. El dolor no era tan agudo, pero me incapacitaba para conducir y cuando alcanzaba cierto nivel ya no podía ni hablar.

S.: *Toda una vida con estos síntomas y un día, navegando por internet, descubriste el enfoque del doctor Arturo Goicoechea.*

Á.: Al principio no me creía lo que decía. Pensaba: «¿Cómo va a ser la migraña que padezco algo mental si llevo casi sesenta años sufriéndola, si tengo familiares con migraña, si siempre que he ido al hospital me han dado fármacos...? ¡Qué cosa más extraña sería si todo eso fuese una creación de mi mente!».

S.: *Leíste el libro del doctor Goicoechea* —Migraña: una pesadilla cerebral— *y decidiste hacer un trabajo terapéutico conmigo.*

Á.: Sí. Dudaba mucho porque hay muchos timos por ahí, pero me decidí porque este enfoque tenía sentido. Y, fíjate, desde febrero no he vuelto a tener ninguna. ¡Después de toda una vida de migrañas!

S.: *¿Cómo ha sido el proceso?*

Á.: En una primera fase, y tras unos cuantos meses de trabajo, se me quitó el 80 % de las migrañas. Me quedaba alrededor de un 20 %, pero era muy molesto porque me aparecían al despertar. Es decir, me levantaba ya con dolor de cabeza. No sabía qué hacer en esos casos, pero tú me diste unas pautas para antes de dormir, y finalmente tanto las migrañas como las pautas fueron desapareciendo.

S.: *¿Y tu familia qué opina, al no verte dolorido por casa?*

Á.: A mí me parece que no se lo creen mucho. Mi mujer se lo está empezando a creer. Yo opino que me ha tocado la lotería, porque, después de sesenta años, es increíble que me haya sacado esto de encima. Me parece increíble que no se hable más de la psicosomática, porque este tema afecta a mucha gente. Yo me he pasado casi sesenta años de médico en médico, yendo a neurólogos, psiquiatras..., y nadie me daba una solución. ¡No entiendo que no se hable más de ello! Espero que mucha gente joven se cure de este tipo de migraña y no tarde sesenta años como yo.

Ya hace unos ocho años que tropecé con el libro del doctor Goicoechea, y desde entonces no he dejado de descubrir casos como el de Ángel, gente que ha superado las migrañas más martirizantes. Y personalmente también he conocido a decenas de sorprendentes exmigrañosos.

Pseudoepilepsia, migrañas diarias, lumbago... ¡y mucho más! La mente puede generar todo tipo de pesadillas que llegan a confundir a grandes profesionales médicos. Pero, como veremos a lo largo de este libro, la mente y su increíble creatividad también pueden hacer lo contrario: crear un universo bello, pacífico y abundante. Sí, el paraíso en el que todos deseamos vivir.

La clave está en aprender a usar la mente a nuestro favor, programarla para crear emociones beneficiosas y no martirizantes. Porque, como ya hemos visto, puede hacer ambas cosas. Sin duda, ¡podemos aprender a quedarnos sólo con lo bueno (casi siempre)!

MENTE CREADORA DE DOLOR Y PREOCUPACIÓN	VS.	MENTE CREADORA DE GOCE Y AVENTURA

¡Menuda inventiva!

¿Has visto alguna vez el Sol al atardecer? ¡Seguro que sí! ¿Te has fijado en su magnífica redondez, anaranjada y enorme, mientras hace su camino final hacia el horizonte? ¡Qué visión tan preciosa!

Pero ¿sabrías adivinar por qué se ve tan grande? Piénsalo: esa misma mañana, allí, en lo alto del cielo, se veía mucho más pequeño, ¿no? ¿Cómo es que ha cambiado de tamaño?

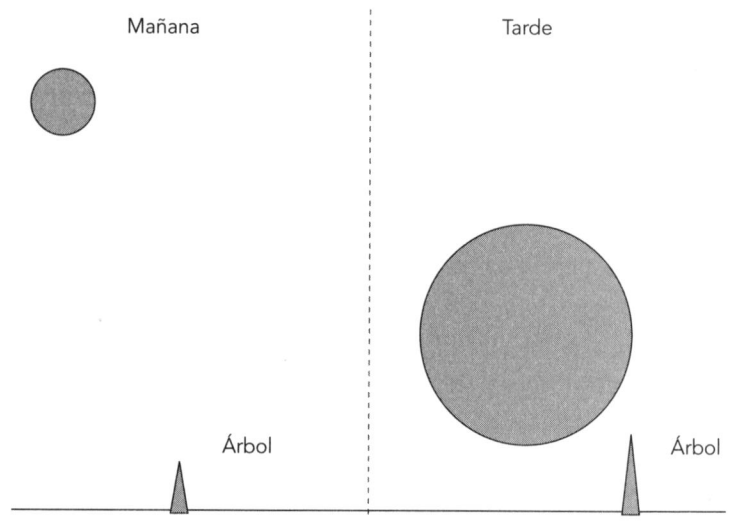

Si tu respuesta es que por la tarde, en su órbita diaria, el Sol está más cerca de la Tierra y por eso se ve más grande, te equivocas. Resulta que tanto por la mañana como por la tarde el Sol se encuentra prácticamente a la misma distancia de nuestro planeta.

La razón de que se vea de diferente tamaño es ¡tu mente! Se trata de una ilusión óptica. ¡Una enorme ilusión!

En realidad, el Sol tiene el mismo tamaño, pero tu cerebro te hace verlo más grande o más pequeño de forma arbitraria. Esa variación se debe a que está más bajo en el atardecer y puedes compararlo con otros objetos (como el mismo horizonte, los árboles o los edificios que se recortan en él). Y, en comparación a todo eso, tu mente te lo hace ver más grande. En cambio, cuando el Sol está en lo alto, la mente no tiene con qué compararlo y te lo hace ver más pequeño.

La primera vez que me explicaron este fenómeno me quedé atónito. ¿Cómo es posible que nuestra mente invente de tal forma? ¿Cómo no nos damos cuenta de que se trata de una ilusión? Y no sólo eso: lo más impactante es que todo el mundo en la Tierra tiene la misma alucinación perceptiva.

La respuesta es que nuestra mente inventa y crea de forma constante TODO lo que percibimos. Y los científicos que estudian la percepción hace mucho que lo saben. La realidad no es lo que creemos que es.

Todo es una ilusión

Una de las ilusiones ópticas más famosas es lo que se conoce como el tablero de ajedrez de Adelson por el nombre de quien la publicó, Edward H. Adelson, profesor de Ciencias de la Visión en el Instituto de Tecnología de Massachusetts.

En la siguiente ilustración podemos ver dos casillas, la A y la B, que parecen de tonalidades diferentes. Lo sé: ¡jurarías que son distintas! Sin embargo, comprobaremos que son exactamente del mismo color. Es tu mente la que te hace verlas diferentes.

A continuación, coge una tira de papel que tape toda una línea de cuadraditos.

Todavía las ves diferentes. Muy bien. Ahora coge más tiras y úsalas para rellenar todas las casillas que rodean los cuadraditos A y B.

Observa la siguiente ilustración. De repente, ¡se ha obrado la magia! Los ojos dejan de ver las casillas A y B de distintos colores. El cerebro los diferenciaba sólo por el contexto, es decir, por el contraste con los otros cuadraditos y la sombra del tubo cilíndrico.

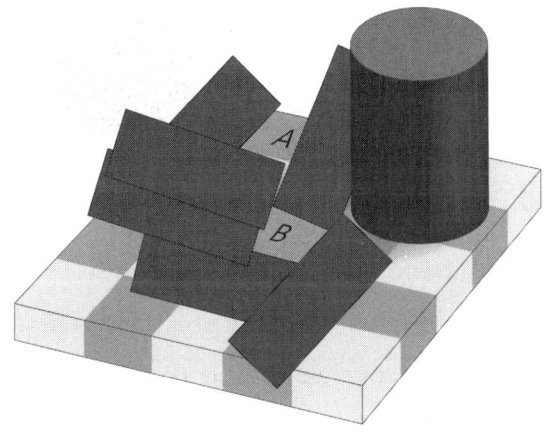

Puedes repetir el ejercicio tapando el tablero con tiras de papel que hayas hecho tú mismo y te darás cuenta de que no hay trampa ni cartón.

La conclusión es que la mente nos hace ver cosas según le conviene. Ninguna de nuestras percepciones se corresponde con una realidad objetiva. Nada es lo que parece. Nada —ni siquiera el Sol— es como creemos que es.

Podríamos pasarnos horas alucinando con diferentes ilusiones (ópticas, olfativas, táctiles...) y lo comprobaríamos una y otra vez: nuestra mente es una fabuladora descomunal, aunque no nos demos cuenta de ello. ¡Qué ilusos!

Pero eso, como veremos, abre una puerta maravillosa: con esa misma inventiva, podremos convertir nuestra vida en algo intensamente gozoso en vez de algo preocupante. Sí, la felicidad depende sólo de nosotros. Si aprendemos a usar la mente a nuestro favor, a hacer que alucine una realidad hermosa, todo cambiará. Éste es el contenido de este libro.

En este capítulo hemos aprendido que:

- La mente es superpoderosa a la hora de inventarse la realidad.
- Todo lo que percibimos es más bien una ilusión, incluso el tamaño del Sol.
- Puede crear pseudoepilepsias, migrañas y todo tipo de síntomas.
- Y también puede crear estados de felicidad profundos: eso es lo que vamos a aprender.

2

Transformarse es posible

Era un maravilloso vergel. Prados, bosques y un río ancho y lleno de burbujeante vida. Lo habitaban cientos de jóvenes de veinte a treinta años. Chicos y chicas sonrientes, abrazándose a cada rato. Su look era el típico de los setenta: pelo largo, barbas bíblicas, ropas de colores centelleantes... Todo muy hippy.

Pero, además de hippies, aquellos muchachos eran unos trabajadores incansables. De hecho, estaban construyendo entre todos nada más y nada menos que una ciudad: cómodas casas, centros recreativos, bellos parques... y hasta un enorme lago artificial. Los que sabían algo de construcción dirigían a los demás, que aprendían a toda velocidad. Exudaban entusiasmo.

Esos jóvenes imparables formaban parte de la comunidad de Osho, un gurú hindú que se había propuesto crear una gran comuna en Estados Unidos a imagen y semejanza de la original, que había fundado en su Pune natal, en la India.

Iba a ser un lugar abierto a todo el mundo, donde poder hacer cursos de meditación, trabajar el desarrollo personal o, simplemente, convivir: jugar, enamorarse, trabajar por la comunidad, alimentarse saludablemente y desarrollar una espiritualidad lúdica.

En la docuserie *Wild Wild Country*, producida por Netflix,

se explica la historia de aquella comuna, que, por cierto, acabó como el rosario de la aurora. Los vecinos del pueblo más cercano se pusieron histéricos y quisieron prohibir esa «ciudad de libertinaje». La respuesta fue un despropósito surrealista que acabaría con el sueño de todos. La mano derecha de Osho, una muchacha pasada de vueltas, acabó procesada por intento de asesinato, y el lugar fue clausurado por el FBI.

Nunca he sido especial seguidor de las enseñanzas de Osho. Hace años leí alguno de sus libros y me parecieron interesantes, pero no me engancharon como a muchos otros. Cuando vi *Wild Wild Country* lo que me llamó la atención no fue la rocambolesca batalla que se entabló con los vecinos paletos, sino las declaraciones que hicieron los exmiembros del grupo décadas después de todo aquello.

En el documental, los exmiembros de la comuna son ya personas maduras con vidas burguesas convencionales: abogados, informáticos, médicos..., pero todos recuerdan aquellos años como los más felices de su vida. Incluso lloran con nostalgia por la plenitud de aquellos días.

Si no lo has visto aún, búscalo esta misma noche en Netflix. Te sorprenderá la historia. Pero fíjate especialmente en ese detalle: ¡los jóvenes de Osho rebosan felicidad! Y no te pierdas que, décadas después, los mismos protagonistas recuerdan todo aquello como lo más maravilloso de su vida.

Esa experiencia —y muchas otras que se desgranarán en este libro— demuestra algo de suma importancia: todos podemos activar una forma especial de ver el mundo, capaz de colmarnos de alegría. Todo está en nuestro pensamiento, en nuestra mente.

Los jóvenes seguidores de Osho comprobaron que existe una programación mental para la plenitud, el entusiasmo, la armonía mental, la ligereza, la alegría, la fortaleza, el humor, el buen talante y la flexibilidad. Y está siempre a nuestro alcance. Es el producto de una serie de creencias acerca del mundo y de nosotros mismos, un estilo de pensamiento que todos podemos adquirir.

Ser tu propio gurú

Siempre me han interesado las sectas. No porque quiera ingresar en una. Al contrario, toda la vida he sido bastante alérgico a los dogmas. Lo que me fascina de las sectas es su capacidad para transformar la vida de los adeptos.

Cuando era un joven estudiante de psicología ya me planteaba la posibilidad de aprovechar ese potencial de transformación para el bien personal de cada persona. ¿Podría uno convertirse en su propio gurú? ¿Podríamos montarnos nuestra propia unisecta, formada por una sola persona y comandada por uno mismo?

Cuando descubrí la psicología cognitiva, me di cuenta de que la respuesta era afirmativa. ¡Podemos llevar a cabo un lavado de cerebro personal en pos de la alegría y la libertad! Convertirnos en gurús de nosotros mismos.

Esto mismo estudiaremos en este libro: el ABC de la filosofía que nos hará vivir en una comuna personal; las creencias que, una vez asumidas en profundidad, nos harán sentir casi siempre felices y a gusto con la vida.

A continuación, exploraremos este magnífico e ilusionante sistema de creencias.

Todo está en las comparaciones

Todo lo genera nuestra mente. El bien y el mal. Lo bueno y lo malo. La gloria y el desastre. El juego está dentro, no fuera. Aunque, una y otra vez, nos parezca lo contrario.

Nos llaman por teléfono para decirnos que nos han concedido el Premio Nobel y experimentamos un subidón inmediato. Nos dan la carta de despido y nos deprimimos al instante. Las emociones asociadas a esos dos acontecimientos parecen lógicas y provocadas directamente por los hechos. Pero no es así. Es sólo una especie de ilusión óptica.

Nuestra infelicidad está sólo en nuestra mente, en nuestra cabecita que piensa y valora todo el tiempo: «¿Estoy bien o estoy mal?», «¿Mi posición es maravillosa o es una condena?».

Hace siglos, muchos filósofos se dieron cuenta de que, por increíble que parezca, lo que nos afecta no es lo que nos sucede, sino lo que nos decimos acerca de ello. Y eso lo cambia todo. Nuestro diálogo interior es el director absoluto de esta obra de teatro.

En una ocasión tuve una paciente, Ana, a la que su novio acababa de dejar. Tenía tan sólo diecinueve años y estaba muy triste. No comía. No tenía ganas de salir con sus amigas. La vida era un páramo sin su amor. En un momento dado, le pregunté:

—¿Cuánto tiempo llevabais juntos?

—Un año —respondió con cara larga.

—Y, antes de conocerlo, ¿cómo era tu vida? —inquirí.

—¿Antes? —dijo Ana, extrañada por la pregunta—. Mi vida era... buena. Sí, muy buena.

—¿Y no te parece curioso que hace tan poco fueses feliz y, de repente, ahora sientas que te falta algo y no puedas estar bien? ¿Qué ha sucedido para ese cambio tan radical?

—¡Hombre, Rafael! Pues que he probado lo bien que se está en pareja, al lado de alguien que te ama. Y, ahora, una vez saboreada esa felicidad, no puedo estar bien sin ella —respondió con decisión.

¡Ajá! Ana no estaba deprimida porque su novio la hubiese dejado, sino porque comparaba dos situaciones (estar sin pareja y estar emparejada) y su cerebro, de forma despiadada, emitía una serie de veredictos: estar en pareja es genial y no estarlo (tras probarlo) es horrible.

¡Ana no estaba mal por lo que sucedía, sino por el ejercicio mental que hacía! Si no hubiese conocido nunca a ese chico, habría seguido feliz con su vida de soltera. Es decir, la misma situación (estar soltera) no sería objeto de ninguna valoración negativa.

Y es que la clave de la felicidad, una y otra vez, son nuestras valoraciones, nuestras comparaciones. Y, siendo así, ¿por qué no aprender a valorar las cosas de manera que siempre salgamos ganando? ¿No sería eso la piedra filosofal de la felicidad?

Hace más de veinte siglos, antes de la época de los romanos, pensadores de diversas procedencias llegaron a la conclusión de que así era. La filosofía estoica fue la precursora de la terapia cognitiva, que es la base de este libro: una bomba de potencia descomunal capaz de darnos armonía allá donde estemos, sea cual sea la situación en la que nos encontremos.

La final de remo

Hace muchos años, John, un filósofo estoico británico y buen amigo mío, trataba de ilustrarme sobre cuánto nos afectan los pensamientos, nuestras creencias, lo que nos decimos. Me puso un impactante ejemplo que nunca olvidaré.

Estábamos en el jardín de su bonita casa, tomando té, cuando, de repente, me hizo entrar en el salón. Sacó una cinta de vídeo VHS, de esas de los años noventa, y la metió en el reproductor. La pantalla parpadeó un poco y apareció en la tele la grabación de una competición de remo, la famosa regata de Oxford contra Cambridge.

—Vamos a mirar esto, Rafael. A ver qué te parece —dijo.

Bastante intrigado, puse mucha atención. Esperaba presenciar algo llamativo, pero acabó la regata y no había apreciado nada especial.

—¿Qué tal, Rafael? ¿Algo que decir? —quiso saber, ufano.

—Hum, creo que nada —respondí lentamente, con la sensación de que estaba fallando en algo—. Ha ganado el equipo que viste de azul.

—Exacto. Pero, dime, ¿ha ganado con mucha diferencia o poca? —preguntó.

—¡Por muy poca diferencia! Un metro y medio, como mucho.

—Muy bien. Ahora dime: ¿qué pinta tiene el equipo que ha perdido? —inquirió John mientras rebobinaba la cinta para volver a ver el final.

—¡Están agotados! Dejan caer el cuerpo, estiran los brazos hacia delante, bajan la cabeza... —describí todo lo que veía.

—¿Y los ganadores? —insistió John.

—Están riendo y abrazándose. Algunos gritan frases de júbilo... —seguí describiendo.

—Y ¿acaso parecen cansados? —preguntó John con una sonrisa pícara.

—¡No, no! ¡Es verdad! ¡Los ganadores están frescos, como si estuvieran listos para remar de nuevo, mientras que los perdedores no pueden ni salir de la embarcación! —exclamé, atónito.

Los dos equipos habían hecho casi exactamente lo mismo. Habían remado casi con la misma fuerza. La diferencia era mínima. De hecho, a simple vista eran prácticamente idénticos. ¡Se parecían mucho! Mismos hombros fuertes, mismas espaldas anchas, mismas piernas de hierro... ¡Hasta el mismo peinado! Lo único que cambiaba era que su mente, en ese momento, se decía cosas diferentes: «¡Aleluya! ¡Somos los ganadores!» o «¡Maldición! ¡Acabamos de perder!».

Y esa valoración —y sólo eso— dejaba a unos exhaustos y a otros tan frescos.

John y yo pasamos el resto de la tarde charlando sobre el poder del pensamiento sobre las emociones ¡e incluso sobre nuestro cuerpo!

En este capítulo hemos aprendido que:

- Todos podemos convertirnos en nuestros propios gurús y transformar nuestro mundo particular en un vergel.
- Lo evaluamos todo mediante un mecanismo de comparación.
- Podemos aprender a comparar de forma que salgamos siempre ganando.

3

Las claves para el cambio I

Había una vez un enorme elefante que trabajaba en el campo. Desbrozaba maleza, empujaba piedras, acarreaba pesos... Impresionaba por su envergadura, sus patas como árboles y sus colmillos gigantescos. Cada día, de camino al colegio, el pequeño Kumar se quedaba un rato admirando al imponente animal.

Una tarde, Kumar se perdió jugando por el pueblo y fue a parar a la humilde casa del labriego dueño del cuadrúpedo. Rápidamente, captó el olor de su admirado amigo, el elefante, y corrió a la parte trasera para saludarlo.

¡Vaya sorpresa se llevó! El elefante estaba allí, cabizbajo, atado a una pequeña estaca. Kumar pensó: «Pero ¿qué hace atado, con lo fuerte que es? ¿Por qué no arranca esa pequeña estaca tirando de su poderosa pata?».

Aquella noche, durante la cena, el niño no hablaba. Su abuelo, siempre atento al pequeño, le preguntó:

—¿Qué te pasa, Kumar? Hoy estás muy callado.

—Hay algo que no entiendo, abuelo. El elefante del labriego es gigantesco, y lo tienen cautivo, cogido de un pequeño palo clavado en el suelo. ¿Por qué no se rebela? ¿Por qué no arranca la estaca de un tirón? ¿Acaso le gusta estar atado?

—Hijo mío, yo conozco bien a ese elefante. Cuando lo compraron era pequeño, igual que tú. Y desde el primer día lo ataron

a esa misma estaca. Durante semanas, el elefantito estuvo tirando de la cuerda para liberarse y corretear por el patio, pero no podía. La estaca era demasiado fuerte para él. Ahora ya es grande y vigoroso, pero sigue aferrado a la idea de que no puede liberarse.

—¡Qué dices! ¡Podría soltarse de un soplido! —exclamó Kumar.

—Es cierto. Aprende la lección, pequeño mío. No des por sentada tu visión de las cosas. No te creas todas tus limitaciones. La mayoría de ellas están sólo en nuestra cabeza.

Clave n.º 1: no terribilizar jamás

Como ya adivinaron en su día los filósofos griegos, el diálogo interno es la base de nuestro mundo emocional. Lo que nos hace felices o infelices es nuestra valoración de lo que sucede, lo que nos decimos en cada momento. Desde entonces, ese punto de partida ha dado lugar a una verdadera revolución en la mente de millones de personas.

¿Y cómo es ese diálogo interno en el caso de las personas más fuertes y felices? ¿Cómo han aprendido a valorar las cosas? ¿Podría alguien perder en la regata de Oxford contra Cambridge y sentirse tan exultante como el vencedor?

¡Por supuesto que sí!

Más adelante describiré a una de esas personas, el deslumbrante Davide Bartolo Morana, gran amigo mío.

La primera cualidad de esas mentes es que no terribilizan jamás. No califican nunca nada como «terrible», «horroroso» o «insoportable».

Sí. Existen adversidades e injusticias, pero se cuidan mucho de calificarlas sólo de «problemillas», «retos» o «pequeñas incomodidades». Nada más. Prohibido dramatizar.

Puede parecer simplón, una especie de autoengaño para ingenuos, pero no lo es. Al contrario, requerirá grandes dosis de filosofía, trabajo argumentativo y debate inteligente.

Confieso que cuando era un joven estudiante y leí por primera vez a Albert Ellis, el padre de la terapia cognitiva moderna, pensé que esas ideas no podían ser la solución. Decirse como un lorito «Todo va bien» me parecía ridículo. Pero no lo había entendido bien. No terribilizar no significa emplear afirmaciones positivas —decirse frases bonitas—, sino argumentarse con potentes razones y construir nuevas convicciones de vida, como las siguientes:

- «Nada es tan importante».
- «Necesitamos muy poco para estar genial».
- «Todo depende de la valoración».
- «Siempre hay oportunidades de disfrute o de hacer cosas buenas».

En psicología cognitiva se trabaja razonando, modificando profundamente nuestro sistema de valores, nuestra visión del mundo. Ajustamos nuestras necesidades al mínimo y nos convertimos en personas diferentes.

No se trata de «engañarse» ni de apostar por el «buenismo» o el «conformismo», sino de dejar de quejarse y exagerar los problemas gracias a una filosofía de vida propia de una persona que necesita poco.

No te ahogues en un vaso de agua, hombre

Hace más de veinte años el psicólogo Richard Carlson publicó un libro titulado *No te ahogues en un vaso de agua*. ¡Qué gran resumen de nuestro método! Se trata de darnos cuenta de que nada es tan importante. Podemos prescindir de casi todo lo que tenemos; podemos viajar ligeros y despreocupados. ¡Qué liberación!

Si nos fijamos, las perturbaciones emocionales se deben a presuntas pérdidas (o al peligro de que sucedan). Pérdidas que, como decía Carlson, son casi siempre minúsculas y no tremendas, como tendemos a decirnos.

El ejercicio diario de no terribilizar, de quitarle importancia a cualquier adversidad, se va transformando en un hábito automático que dará un vuelco a nuestro mundo emocional. Si practicamos todos los días, trabajando con cada pequeña adversidad, la vida se va volviendo más ligera y feliz. Veamos un ejemplo:

EJERCICIO DIARIO DE REVISIÓN DEL DIÁLOGO INTERNO		
Adversidad	¿Qué pierdo?	¿Cómo minimizo esa pérdida?
Irritación ante un atasco de tráfico.	No poder asistir a la clase de pilates.	Es mala suerte, pero no se acaba el mundo. El coche es un lugar caliente y con posibilidades de entretenimiento, como oír la radio o cantar. Si necesitase ABSOLUTAMENTE hacer pilates para ser feliz, sería una persona muy débil. ¡No lo necesito! Puedo estar genial aquí.

Un compañero me dice algo desagradable.	Mi impoluta imagen de persona digna de respeto.	Nadie está libre de que le falten al respeto de vez en cuando. En realidad, quien no tiene educación es la otra persona. No necesitar que TODO el mundo nos trate perfectamente TODO el tiempo nos hace fuertes y flexibles.
Me despiden del trabajo.	La seguridad de unos ingresos fijos; la imagen de persona eficiente y de éxito.	Tengo para vivir y ahora se abren nuevas oportunidades. Si acepto que no necesito ser COMPLETAMENTE eficiente y exitoso, me vuelvo más cuerdo y feliz. ¡Puedo ser feliz igualmente!

TRES GRANDES VENTAJAS DE NO DRAMATIZAR JAMÁS

Aparte de ser más felices —ya que no nos amargamos tontamente—, no terribilizar tiene tres grandes ventajas:

1) Encuentras nuevas oportunidades.
2) Hallas mejores soluciones.
3) Tienes más ganas de hacer cosas (¡incluso de cambiar el mundo!).

Nuevas oportunidades

Existe un dicho que reza: «Cuando Dios cierra una puerta, abre muchas ventanas». Esto significa que cuando un camino se obtura, siempre aparecen otras vías de desarrollo que, en muchas ocasiones, son mejores que el plan inicial.

Un ejemplo personal lo puede ilustrar.

Mis amigos se sorprenden de que me sucedan tantas aventuras divertidas. Es cierto, casi cada semana vivo peripecias interesantes. Y creo que es debido, simplemente, a que estoy abierto a que sucedan.

Recuerdo, por ejemplo, un viaje a las islas Canarias. Estaba esperando a embarcar en el avión. Viajaba solo porque en destino me esperaban unos amigos con los que iba a hacer senderismo.

De repente, advirtieron por megafonía que el vuelo se iba a retrasar al menos un par de horas. Siguiendo mi costumbre, opté por una perspectiva de renuncia y desterribilización: «¿Cuál es la pérdida?», me dije. «¿No llegar a la hora prevista? ¿No poder iniciar la travesía hoy mismo?». Rápidamente hallé la mejor respuesta: «Vamos, Rafael: tienes suficientes días por delante. ¡Y aquí mismo, en este aeropuerto, puedes ser igualmente feliz!».

El retraso se prolongó una y otra vez hasta que, finalmente, despegamos entrada ya la noche. A pesar de haber pasado todo el día en aquel lugar, yo permanecí imperturbable —y feliz— mientras otros pasajeros sucumbían a la impaciencia.

Lo primero fue darme un buen paseo escuchando música con mis auriculares de alta fidelidad. Lo segundo, encontrar un buen café con el que abrir mi ordenador y trabajar un rato, con dulce dedicación.

¡Realmente estaba muy alegre! ¡Sentía el privilegio de estar en un sitio interesante como un gran aeropuerto, lleno de tiendas, restaurantes y cafeterías! ¡Además, me invadía la ilusión de estar ya de vacaciones!

Y ese bienestar me llevó a conocer a un grupo de tres chicas que iban en el mismo vuelo. Al llegar la tarde, nos sentamos en el suelo, cerveza en mano, y empezamos a charlar. Una de ellas era una antropóloga polaca que estudiaba las comunidades indígenas de México. Se llamaba Ágata y me encantó desde la primera frase que pronunció en un gracioso castellano con acento mexicano.

Aquella tarde fue simplemente deliciosa, tirado en el suelo del aeropuerto, charlando sobre antropología con una belleza del este. Por supuesto, no perdí la ocasión de obtener su número de teléfono y, de regreso a Barcelona, empezamos a vernos. Ágata y yo salimos durante dos años que recuerdo maravillosos.

Dios cierra una puerta, sí: ¡pero abre muchas ventanas! Pero sólo somos capaces de distinguirlas cuando no dramatizamos y nos mantenemos preparados para la diversión.

Mejores soluciones

Cuando estamos tranquilos y felices, ¡bum!, aparecen soluciones increíbles: fáciles, divertidas, generadoras de ilusión y consenso.

«¡¿Cómo no lo había visto antes?!», solemos preguntarnos.

La respuesta es que estábamos en estado de pánico y así es imposible analizar la situación y discurrir creativamente. ¡Estando neuróticos sólo se nos ocurren ideas de bombero!

Sin dramatizar, con sosiego y alegría, todo se soluciona mejor. Sin miedo, se trabaja infinitamente mejor.

Un gran enemigo de la salud mental es la creencia de que alarmarse es bueno; que indignarse es una buena estrategia; que patalear, enfadarse, asustarse, fustigarse o fustigar a los demás funciona. No es cierto.

Todo eso funciona fatal.

En pocas ocasiones obtenemos un buen resultado cuando armamos un pollo. La mayoría de las veces nos toman por locos insoportables, nos evitan o, lo que es peor, nos responden con la misma moneda: otro pollo.

Además, cada vez que terribilizamos nos vamos volviendo un poco más neuróticos, hipersensibles e irritables, y acabamos viendo sólo la parte negativa de la vida.

Las mejores soluciones proceden de la felicidad: de no terribilizar.

Más ganas de hacer

Muchos creen que la única forma de cambiar el mundo es enfadarse. Si no nos indignamos, no podemos combatir el mal. Si no tenemos miedo, no estudiamos. Si no nos obligan, no nos esforzamos. Eso es falso.

Gandhi consiguió la independencia de la India sin disparar un solo tiro: desde el amor y unas grandes ansias de transformar los corazones. Sin lamentos ni quejas ni dramatismos.

En contraposición, las revoluciones violentas —o neuróticas— producen más sangre. Sí, logran algunas mejoras, pero a cambio de un dolor inexplicable y mayúsculo. Por ejemplo, la Revolución francesa, con su clamor por la igualdad, produjo un terror sin precedentes (pues inventaron la guillotina). ¿Y la Revolución rusa? Resultó en millones de presos políticos y ajusticiados sin clemencia.

Hay otra manera de proceder. Consiste en usar sólo el combustible del amor y la ilusión. Nunca el del miedo.

Cuando tenía veinte años, pasé un maravilloso año estudiando Psicología en la Universidad de Reading, en el Reino Unido. Allí conocí a uno de los que serían mis mejores amigos para el resto de mi vida.

Óscar estudiaba Económicas y vivía en la misma residencia que yo, Saint Andrew's Hall, un edificio precioso, un antiguo palacete noble. Muchas tardes acudía a su habitación a charlar un rato. Pero, en las vísperas de los exámenes, me lo encontraba siempre igual: el pelo enmarañado, fumando como un descosido y frente a una mesa llena de apuntes desordenados. Esos días (y sus correspondientes noches) se pegaba tremendas panzadas de estudiar. Un día le dije:

—Óscar, tío, esto que haces no es normal.

—¿Te refieres a estudiar a tope justo antes del examen? ¡Qué va! A mí me va genial porque, cuando voy tarde, me motivo al máximo y rindo más —replicó.

Óscar era muy inteligente y es verdad que con su absurdo método lograba sacar sobresalientes en todo. Pero con ese antimétodo no hubiese podido estudiar algo más complejo, como Ingeniería o Medicina. Le iba bien «pese» a su método, no «gracias» a él.

Además, sufría mucho con el estrés de estudiar a última hora.

Yo, por mi lado, seguía el método opuesto y obtenía unos resultados iguales o mejores y, sobre todo, era mucho más feliz.

Óscar empleaba la fuerza del miedo para estudiar. Yo, la ilusión.

Yo estudiaba todos los días, desde la primera clase. Y disfrutaba de cada materia. Aparte, tenía una norma: jamás hacía nada el día antes del examen. Ese día lo reservaba para hacer deporte, ir al cine o tocar la guitarra. Así estaba fresco y relajado para el momento del examen.

Tuve mucha suerte porque mis padres nunca me exigieron estudiar ni sacar buenas calificaciones, para nada. En la secundaria, ni siquiera les enseñaba las notas. Sólo les informaba de que había aprobado todo. A veces se enteraban por algún amigo de mi expediente y se alegraban ligeramente, pero no había ninguna presión.

Mis padres pensaban que los estudios estaban genial, pero también que la felicidad no se hallaba en ellos. Nada de miedo ni presión: sólo ilusión. Simplemente, descubrí que estudiar era guay y se me daba bien.

El ser humano pisó la Luna, un proyecto que requirió un trabajo muy complejo por parte de miles de personas coordinadas. Y lo hicieron movidas por la ilusión. Con amor y plácido trabajo se puede llegar hasta los cielos.

En este capítulo hemos aprendido que:

- No terribilizar es la primera clave para una mente fuerte.
- Se basa en necesitar muy poco, de forma que cualquier pérdida no sea nunca grave.
- Es fácil no terribilizar sabiendo que siempre hay oportunidades de hacer cosas valiosas y ser felices.
- Podemos aprender a no terribilizar revisando diariamente nuestro diálogo interno.
- Cuando no terribilizamos somos más felices y resolvemos mejor los problemas.
- Cuando se cierra una puerta se abren muchas ventanas.
- La fuerza de la ilusión es mucho más poderosa que la fuerza del miedo.

4

Las claves para el cambio II

CLAVE N.º 2: NECESITAR POCO

En el capítulo anterior vimos que el primer paso para conseguir la fortaleza emocional consiste en no terribilizar jamás. A continuación, vamos a ver el segundo paso: necesitar poco.

«Necesitar poco» es equivalente a viajar ligero de equipaje, a darse cuenta de que con poco podemos ser igualmente felices. Y es que la vida ofrece maravillosos regalos todo el tiempo; eso sí, sólo si no nos obcecamos en obtener —o mantener— nada en particular.

También es sinónimo de libertad, disfrute, apreciación de la vida, aprendizaje y amor.

Hace algunos años, en uno de sus programas, el humorista Andreu Buenafuente entrevistó a una persona encantadora y, a mi juicio, un campeón del «no necesitar»: el gran viajero Jorge Sánchez. A continuación comparto un fragmento resumido, y la entrevista completa se puede encontrar en YouTube:

ANDREU: *Tenemos hoy en el programa a la tercera persona más viajada del mundo. Sí, hay un ranking de los que han hecho más kilómetros. Ha dado la vuelta al planeta cuatro veces. Ha escrito decenas de libros. ¡Jorge Sánchez! La primera pre-*

gunta que te quiero hacer es ésta: ¿qué pasa, no estás bien en casa?

JORGE: Desde que aprendí a leer a los cinco años y cayó en mis manos el mapamundi de mi padre, me fijé la meta de conocer todos los países del mundo.

A.: *Y a los trece años te escapaste de casa para viajar, ¿no?*

J.: Sí. Como no tenía pasaporte ni otra documentación, viajé a Mallorca con una fe de bautismo y me puse a trabajar ilegalmente fregando platos. De allí me fui a las islas Canarias y de ahí crucé al Sáhara Occidental, y en la frontera con Mauritania me devolvieron.

A.: *Y allí tu padre te cogió y te pidió que no te escapases más hasta que fueses mayor de edad... Pero, a partir de entonces, se disparó tu ansia viajera, ¿verdad? Has estado viajando durante treinta años de tu vida. ¿No te cansas?*

J.: No. He encontrado tantas maravillas en el exterior que no me canso. Aunque he de decir que me gusta volver a mi ciudad, L'Hospitalet de Llobregat. Yo viajo al menos durante un año seguido. Mi primera vuelta al mundo duró mil y un días.

A.: *Perdona que te lo pregunte, pero ¿tú de qué vives?*

J.: Pues trabajo sobre la marcha. Además, soy experto en viajar de manera muy barata: utilizo el autostop, el barcostop...

A.: *¡¿Barcostop?!*

J.: ¡También! Vas al puerto y preguntas, y a veces te lleva algún velero... Pero básicamente trabajo. En general, de forma ilegal: fregando platos en restaurantes, dando clases de español (por ejemplo, en Japón). En Australia es muy fácil: recogiendo fruta en los campos, cosa que pagan bien... En Estados Unidos, de cocinero...

A.: *Y tú te defines como «un viajero», que no «un viajante».*

J.: Sí. Un buen viajero viaja para conocer, para aprender, no para ganarse la vida. Y viaja sin billete de vuelta y con poco equipaje. Yo normalmente viajo con una mochila de tres kilos. Si es invierno, cojo una chaqueta y entonces pesa un poco más. Suelo viajar con lo puesto, y si llego a un país donde hace calor, le doy la chaqueta a un pobre. Si más tarde voy a parar a un país donde hace frío, me compro otra chaqueta de segunda mano en cualquier sitio y ya.

A.: *Lo de los tres kilos es importante porque vas siempre con tus pertenencias a cuestas.*

J.: Exacto. En los aviones nunca facturo mi equipaje, siempre lo llevo colgando. Llevo un saco de dormir (porque generalmente no voy a hoteles), útiles de aseo y una muda, que lavo por la noche. Y, claro, una libreta, porque siempre escribo mis vivencias.

A.: *¿Hay algún sitio que te roba el corazón, de entre todos los que has visitado?*

J.: La India y Siberia. Pero en particular Siberia, que es un lugar al que apenas va la gente y, gracias a eso, está muy virgen y hay mucho por descubrir. Hay muchas etnias prácticamente desconocidas y lugares más remotos que el Amazonas. Siberia es maravilloso y, además, allí vive mi segunda hija.

A.: *¿Dónde has pasado las últimas Navidades?*

J.: En Sudán del Sur. Viajé allí porque es un país nuevo y quise conocerlo con su nueva denominación. Así que viajé en avión a Nairobi y de ahí a la capital de Sudán del Sur, Yuba, en un viaje de autobús de cuarenta horas.

A.: *¡¿Tantas horas en autobús?!*

J.: No es mucho. El transiberiano, por ejemplo, tarda una semana completa en llegar a Vladivostok. Estoy acostumbrado a viajar como una sardina.

A.: *Y hablas nueve idiomas, ¿no?*

J.: Sí. Algunos los tengo un poco oxidados. Pero he llegado a soñar en chino y en japonés. Estuve en un monasterio zen durante bastantes meses y allí acabé de aprender japonés. Uno de los motivos por los que viajo es para aprender de personas sabias.

A.: *¿Cómo es un monasterio zen?*

J.: A las cuatro menos diez de la madrugada sonaba el gong para despertarse. Yo, como monje novato, era el encargado de tocarlo. Todos eran japoneses, menos un alemán, un americano y yo. Teníamos diez minutos para prepararnos e ir a la sala de *zazen*. Allí hacíamos meditación. Si desfallecías, el maestro, armado de un bastón, te daba un golpetazo en el hombro para revitalizarte.

A.: *Lo peor son las guerras, ¿no?*

J.: He estado en todas las guerras: Somalia, Salvador, Nicaragua, Afganistán, Irak... En Bagdad, con Sadam Huseín, me cayeron bombas cuando estaba tomando un zumo de frutas y me tuve que cobijar en un sótano. En Irak, en la época de la Unión Soviética, me condenaron a cinco años de prisión... A propósito, durante una semana viajé por las inmediaciones de Yalalabad, donde estaba el frente, y viví con los combatientes en unas cuevas increíbles. De haber sabido Bin Laden de este escondite, no lo hubiesen pillado. Porque esas montañas son como quesos gruyer. Caían las bombas y no nos enterábamos. En esas cuevas hay de todo. Venían unas mujeres a traernos comida.

A.: *Jorge, con una sola entrevista no tenemos ni para empezar...*

J.: Cuando quieras repetimos. Yo viajo para aprender y me especializo en monasterios. No desprecio los lugares bonitos como las playas. Y si me sale una novia, genial. Pero lo esencial es aprender. He sido monje en los principales monasterios del mundo.

A.: *Dame un consejo que hayas aprendido en tus viajes.*

J.: Tienes que apreciar el momento. Cada momento es especial. Te das cuenta de que vivir es una maravilla. Hay que apreciar cada segundo.

¡Increíble! Los grandes viajeros como Jorge Sánchez viven con lo puesto, maravillados con la vida y sus infinitas posibilidades. Necesitan muy poco. Ni siquiera seguridad. En sus viajes han vivido peligros que afrontan con un aplomo sorprendente. ¿Su truco? Por supuesto, no necesitar. Esa capacidad les confiere una libertad deslumbrante.

Necesidades no materiales

Cuando hablamos de «no necesitar» solemos pensar en bienes materiales: seguridad económica, ser atractivo o exitoso. Pero, atención, las necesidades inmateriales pueden ser una carga peor. Como, por ejemplo, la increíblemente absurda necesidad de que nos respeten todo el tiempo.

Por supuesto, el respeto es maravilloso. Pero necesitarlo absolutamente ya no lo es. Si, como sucede a menudo, llegamos a necesitar que TODO el mundo nos respete TODO el tiempo, estaremos condenados a la neurosis por dos motivos:

1) Porque eso no va a suceder.
2) Porque ¿acaso es algo tan sumamente importante? ¡Claro que no!

¿Quién no ha tenido un incidente con un conductor maleducado? O nos han hecho una peineta y hemos caído en la trampa de devolver el gesto. ¡Le hemos dado demasiada importancia!

¡Qué tontería! Es mucho más sabio decirse: «Vaya, eso no me ha gustado, pero no pasa nada: yo no necesito que TODO el mundo me trate bien TODO el tiempo. Puedo ser igualmente feliz, concentrándome en las oportunidades maravillosas que hay —ahora mismo— a mi alcance».

Pero atención: como decía Jorge Sánchez, el gran viajero, no hay por qué despreciar las cosas agradables —como echarse novia—, pero las disfrutamos cuando vienen y no nos lamentamos cuando se van. Ese desapego procede de la confianza de que hay abundancia en todas partes y en todo momento. Siempre hay objetivos hermosos, razones para ser feliz.

Todo está en la mente

La idea de no necesitar concuerda con el desapego del que hablan los budistas. Y, como ellos dicen, se trata de un ejercicio mental. No es necesario abandonarlo todo. Podemos tener una mansión y un Ferrari, pero sabiendo que no los necesitamos. Si mañana nos roban ambas cosas, no derramaremos ni una lágrima porque sabemos perfectamente que esos bienes nunca nos proporcionaron la felicidad. Eran sólo anécdotas, juegos, simpáticos entretenimientos.

Es cierto que las anécdotas y los juegos son maravillosos; son la salsa de la vida. Pero lo bueno es que hay una cantidad infinita, ¡están por todas partes! Podemos entretenernos tanto conduciendo el Ferrari como visitando enfermos en un hospital. Hay diez mil intereses, aprendizajes y relaciones posibles.

Por eso, no necesitar ninguna cosa concreta es fácil: ¡porque hay montones de otras oportunidades esperándonos!

Todo está en la mente. Enfermamos por ideas y también por

ideas nos curamos. Con la mente, podemos convertirnos en ascetas, grandes viajeros como Jorge: personas despreocupadas y felices durante toda la vida.

LA VISUALIZACIÓN DEL MONJE *SADHU*

Las visualizaciones son una fantástica forma de trabajo mental. Cuando imaginamos, nuestra mente, en gran medida, está experimentando. Y esa experiencia nos convence a un nivel profundo. Nuestra mente puede comprobar que no necesitamos. ¡Somos libres!

De tanto en cuanto, llevo a cabo una visualización combinada —o un carrusel de visualizaciones— en la que me imagino, de forma sucesiva, siendo un monje *sadhu* y un monje como san Francisco de Asís.

Los monjes *sadhus* son unos religiosos hindúes muy especiales, puesto que no tienen nada; ni siquiera hogar. Peregrinan continuamente. Van de aquí para allá. Sus únicas posesiones son la poca ropa que visten (aunque algunos van en cueros) y un cuenco donde recibir comida. Son personajes muy respetados porque la población comprende que viven de la forma más sabia: sin nada en absoluto.

Suelen llevar el pelo y las barbas muy largos. Y siempre están sonrientes y felices. Los viajeros pueden sentarse a departir con ellos y, de seguro, se llevarán profundas lecciones de vida.

Los *sadhus* dedican la vida a la espiritualidad impulsados por el no necesitar. Son las personas más libres de la Tierra.

Podemos visualizar que lo dejamos todo y vivimos como *sadhus*. Caminamos peregrinando por los bellos paisajes del campo y la ciudad. Somos libres para compartirlo todo con los demás, para darles nuestro amor y amistad. ¡Qué sensación de libertad! ¡Qué alegría poder disfrutar de todo lo bueno que trae la vida sin ningún apego, sin ningún temor!

Podemos visualizarnos siendo *sadhus* felices: como no poseemos nada, nada nos preocupa. Cada mañana nos despierta el día con una explosión de goce. Caminamos por el mundo con plena confianza en la vida.

Y, acto seguido, podemos imaginar que somos san Francisco de Asís, el «Poverello», famoso porque renunció a una vida de riqueza para practicar una espiritualidad ligada a la naturaleza y al goce de la amistad.

San Francisco vestía un hábito de tela de saco y escogía vivir en entornos hermosos, en medio de la naturaleza. Sus hermanos y hermanas de orden eran su vibrante familia.

Nosotros podríamos perfectamente ser como él: sencillez extrema y alegría desbordante.

Podemos llevar a cabo esta visualización combinada a diario. Por ejemplo, todas las mañanas antes de ir a trabajar. Podemos dar un paseo temprano escuchando música hasta llegar a sentir profundamente que:

- Necesitamos poco.
- Ya poseemos todo lo necesario para ser felices.
- No hay nada que pueda perturbarnos.
- Podemos hacerlo todo con amor, disfrutando de cada pequeña tarea.

Una señal de que lo estamos haciendo bien es que en el momento experimentamos un emocionante subidón. Esa energía limpia dirigirá el resto de nuestra jornada.

Ser un desastre

A menudo, nuestra mente neurótica quiere que nos preocupemos. Tiene el hábito de exagerar cualquier adversidad y cree que, si no nos alarmamos con cada problema, empezaremos a descuidarlo todo y nuestra vida acabará siendo un desastre. Es posible que hasta nos ofrezca la imagen de un pobre adicto tirado en las calles: ¡así podríamos acabar!

¡Menuda distorsión de la realidad! Pero podemos aceptar el reto: incluso si eso sucediese, con la suficiente inteligencia emocional podríamos ser *sadhus*, uno de los estados mentales más elevados.

Como veremos a continuación, a la psicología cognitiva no le da ningún miedo la idea del desastre. Incluso le gusta jugar con ella: «¿Y si realmente fuese un desastre?», «¿Y si fuese un inútil sin oficio ni beneficio?», «¿Y si nada pudiese salirme bien?», «¿Y si fuese incapaz para casi todo?», «¿Y si tuviese que vivir de la beneficencia?», «¿Y si fuese tonto, feo y torpe? Entonces ¿podría ser feliz?».

La respuesta es que no sólo podríamos ser felices, sino que también podríamos convertirnos con nuestro ejemplo en un faro para el mundo, un modelo de salud mental, alguien que no saquea el medioambiente, una persona humilde y amorosa.

El peor escenario, en realidad, ¡sería una oportunidad!

La muy miserable

Soy aficionado a la historia, y uno de mis personajes favoritos es santa Teresa de Jesús, la monja poeta del siglo XVI que fundó la

Orden de las Carmelitas Descalzas. Era una mujer increíble por un montón de razones.

Para empezar, fue una mística maravillosa que escribió poemas sublimes sobre sus experiencias espirituales. Además, era feminista en una época en que la mujer no tenía casi derechos. Era divertida y culta, y tenía un punto contracultural delicioso. Sin duda, ¡era muy cognitiva!

He leído muchas biografías suyas y en una de ellas, escrita por la especialista Marcelle Auclair, me fijé en que Teresa firmaba sus cartas así:

> Te manda saludos,
> la muy miserable TERESA

Curiosa firma, ¿verdad? ¿Qué pretendía expresar?

No hay duda de que quería situarse en la posición de ser un desastre y poder decirse a sí misma: «¡¿Y qué?! ¿Acaso no lo somos todos? Lo único que cuenta es nuestra intención de amar y valorar las maravillas de la vida».

¡Qué liberación! ¡Qué descanso! Ya no necesitamos cumplir ningún estándar loco. Ya podemos ser jóvenes amantes de la vida deseosos de comernos el mundo. Sin presiones de ningún tipo, sin autoexigencias. Libres al fin.

LA PEOR FANTASÍA

En psicología cognitiva trabajamos de forma constante con lo que llamamos «la peor fantasía». Es una de nuestras herramientas estrella. Consiste en ponerse directamente en lo peor y quitarle importancia incluso a ello.

Cuando era joven, tenía miedo a hablar en público. Ahora me encanta y no experimento ninguna tensión. Ni siquiera esperando entre bambalinas, minutos antes de salir, siento ninguna excitación especial: cero. Estoy tan tranquilo como quien lee un libro en la playa.

Pero, atención, tuve que aprender a hacerlo.

Para eliminar ese miedo me planteé lo siguiente: «¿Y si, por alguna razón, TODAS las ponencias me saliesen fatal, absolutamente todas? ¿Y si el público me abuchease, me tirase tomates y huevos? ¿Qué pasaría?».

La respuesta que me daba, una y otra vez, era ésta: «¡Nada! Dejaría de hacerlo, y santas pascuas. No necesito hablar en público para ser feliz. Existen muchas otras formas de comunicar e incluso muchas otras profesiones maravillosas».

En poco tiempo me convencí completamente de que esa tarea era interesante pero NADA importante. Podía hacerlo fatal y mis posibilidades de ser feliz quedarían intactas. Desde entonces no he vuelto a sentir el más mínimo rastro de nervios hablando en público. Al revés, es una actividad que me relaja.

La estrategia de la peor fantasía consiste en ponerse en lo peor para comprobar que ni siquiera eso es una amenaza para la felicidad. Es algo que podemos practicar ante cada perturbación emocional. Sólo hay que atreverse a pensar así, de manera profunda y radical.

Nuestra hermana, la muerte

«No te ahogues en un vaso de agua», decíamos antes. Pero podríamos preguntarnos: «¿En ningún caso? ¿Ni siquiera ante una enfermedad o la muerte?».

Para muchos campeones de la fortaleza emocional así es. Para ellos y ellas, ni la enfermedad ni la proximidad a la muerte pueden sustraer la felicidad.

Las enfermedades y la muerte son hechos ineludibles. Nos llegarán a todos. Y son los fenómenos más naturales que hay. Por supuesto que no los comprendemos; el ser humano no entiende nada de lo que hay ahí fuera. Pero lo lógico sería reverenciar un universo superior a nosotros, respetarlo e incluso aprender a amarlo. Sí, incluso lo que no comprendemos.

Todas las leyes del universo son bellas y armónicas. Lo único disonante es nuestra absurda rebelión ante la naturaleza, nuestro loco deseo de experimentar escenarios imposibles (y amorfos).

Por supuesto que morirse está bien. No lo digo yo, que soy un simple ser humano como los demás. Lo dice la naturaleza, quizá Dios.

El fin del mundo

Desde hace muchos años, de vez en cuando me hacen la siguiente pregunta: «Rafael, ¿tú crees que el planeta tiene salvación? ¿Podremos evitar la extinción?». Y siempre respondo: «Con lo que sé acerca de la mente humana, tengo la casi completa convicción de que no. Pero, ¿sabes?, lo importante es que eso no me preocupa demasiado».

Y es que todo lo que empieza tiene que acabar. Es una ley natural. Y, por otro lado, como creyente en el más allá, pienso que esta vida no es la crucial. (Más adelante estudiaremos cómo beneficiarnos de una sólida creencia en el más allá, de la espiritualidad trascendente más poderosa).

Sé que un planteamiento tan radical puede parecer exagerado, pero al menos gracias a él uno duerme unas siestas fabulosas, que no es poco.

Como dice la sabia Oración de la Serenidad que recitan frecuentemente mis amigos de Alcohólicos Anónimos:

Señor, concédeme serenidad para aceptar todo aquello que no puedo cambiar,
valor para cambiar lo que sí soy capaz de cambiar
y sabiduría para entender la diferencia.

En este capítulo hemos aprendido que:

- No necesitar es la segunda clave de una mente fuerte.
- Es fácil si te das cuenta de que cuando se cierra una puerta se abren muchas ventanas.
- Para desarrollarlo podemos visualizarnos como monjes *sadhus* o seguidores de san Francisco de Asís.
- Las necesidades inmateriales, como el respeto, también son peligrosas.
- Una gran estrategia es situarnos en la peor fantasía y darnos cuenta de que hasta así podríamos ser felices.
- Incluso ser un inútil sería una oportunidad de valorar lo único que importa: la capacidad de amar.
- Ni siquiera las enfermedades y la muerte son un obstáculo ante la felicidad.
- No lo es ni siquiera el fin del mundo.

5

Dejar de exigir

Había una vez un artista que iba de pueblo en pueblo con su número circense. Al llegar a la plaza, sacaba una larga pértiga que sostenía recta con las manos. Hasta lo alto del palo escalaba una niña equilibrista, y allí, en un pequeño pedestal, hacía difíciles piruetas.

Las gentes admiraban la pericia de ambos: el hombre que sostenía a la niña en lo alto de la pértiga, y la pequeña, que, allí arriba, hacía el pino y demás acrobacias.

Un buen día, el artista le dijo a la niña:

—Querida, para evitar un accidente mientras hacemos el número, tú tienes que estar muy atenta a mí y yo muy atento a ti.

Pero la pequeña replicó:

—No, maestro, así no funcionaría. Para evitar un accidente, TÚ debes estar atento a TI y YO atenta a MÍ. Así no habrá ningún accidente.

Este cuento inmemorial trata de explicar que la felicidad depende de cada uno. No de lo exterior. No de que mi jefe me trate bien, de que me toque la lotería, de que no me duela la espalda... Depende enteramente de nuestra mente.

Un viaje en el tiempo: dos mil años atrás

La psicología cognitiva que yo practico es la escuela de terapia más comprobada científicamente. Existen más de dos mil estudios publicados que avalan su eficacia. Como ciencia, tuvo su inicio en los años cincuenta del siglo XX en Estados Unidos de la mano del psicólogo Albert Ellis. Es decir, es una forma de terapia reciente, ya que setenta años no es mucho en el campo de la psicología.

Sin embargo, en realidad, nuestra terapia arranca mucho antes. Tiene su origen en la filosofía antigua. En concreto, en el estoicismo, una escuela de pensamiento radical. El filósofo Epicteto, que nació esclavo, ya puso en el siglo I la piedra fundacional de lo que hacemos. Fue él quien dijo: «No nos afecta lo que nos sucede, sino lo que nos decimos acerca de lo que nos sucede».

Desde entonces, millones de personas han descubierto ese saber y les ha transformado la vida. Una anécdota que me sucedió no hace mucho ilustra la antigüedad de nuestra ciencia. Justo antes de la pandemia me llamaron para proponerme dar una conferencia en la Universidad de Córdoba. Se trataba de Gabriel, un profesor de Filología Latina especializado en la época clásica. Me dijo:

—Rafael, estamos organizando un congreso muy bonito y queremos que des una conferencia en él. Hablaremos de la vida en Roma en el período de los antoninos, durante el siglo I. Será aquí, en Córdoba, en un palacio precioso del casco antiguo. ¿Qué te parece?

—Hombre, Gabriel, encantado de visitar Córdoba. Pero ¿estás seguro de que no te has confundido de persona? ¡Yo soy psicólogo, no historiador! —respondí, extrañado.

—No. Eres tú a quien buscamos. Te explico: el congreso se centra en la figura del emperador Marco Aurelio, y la filosofía era lo más importante en su vida. Y, claro, hay que hablar de eso. Hemos estado buscando un filósofo estoico como él y sólo te hemos encontrado a ti. ¿Te vendrías? —preguntó.

Y, por supuesto, accedí.

El emperador Marco Aurelio fue un gran seguidor de la filosofía estoica, base fundamental de la psicología cognitiva. Tan relevante era para él que llegó a decir: «Mis mayores tesoros no son mis conquistas, mis palacios ni mis glorias, sino mi filosofía, porque es lo único capaz de darme la felicidad o quitármela».

Al igual que el emperador, yo también había descubierto esa filosofía y había transformado mi vida por completo. Tuve suerte porque eso sucedió a mis veinticinco años, con lo cual he podido disfrutar de esa mirada de la vida durante la mayor parte de mi existencia.

El fin de semana acordado me presenté en Córdoba. El congreso tenía lugar en un edificio antiguo precioso, en la plaza de las Cruces. Los asistentes eran todos profesores universitarios, eruditos dotados de la elegancia de la sabiduría, un grupo maravilloso.

Me impresionó su sapiencia. Vi, por ejemplo, que algunos hablaban entre ellos en latín. Y una de las ponencias versó sobre la evolución de la moda de la barba en aquella época. La ponente había preparado una presentación con diapositivas. Vimos un montón de bustos con sus barbas largas, onduladas o lisas. ¡Aquella mujer se había pasado un año estudiando esos detalles!

¡Increíble! Aquella gente me estaba encantando.

Cuando llegó mi turno, subí al estrado y hablé de lo único que conozco en profundidad: la psicología cognitiva. En realidad, di una charla como las que doy habitualmente. Pero sucedió algo curioso y chocante.

A medida que iba desgranando conceptos, aquellos profesores empezaron a levantarse como un resorte y a decir cosas en voz alta.

—¡Rafael, eso ya lo dijo Epicteto! —exclamaba alguien, y soltaba una parrafada en latín o griego.

Y, al poco, otro:

—¡Rafael, eso también lo dijo Séneca! —Y, de nuevo, una parrafada en el idioma original.

Y así discurrió toda la charla, cuajada de intervenciones inesperadas.

Al acabar, fuimos a tomar unas cervezas a un bar cercano y uno de los profesores me dijo:

—Rafael, ¡cómo estás de empollado de todos estos autores clásicos!

Y yo, sorprendido, repliqué:

—¡No he leído a ninguno!

La sorpresa de todos fue mayúscula. Y la mía también. ¿Cómo era posible que con veinte siglos de distancia hubiera tal coincidencia entre los primeros estoicos y yo, un hombre de barrio del siglo XXI? No sólo pensábamos igual sobre infinidad de temas, sino que prácticamente empleábamos las mismas palabras.

La respuesta es que esa filosofía y la racionalidad de sus principios son diáfanas y conducen a las mismas conclusiones. Nuestra filosofía hace cuadrar esa cosa llamada «vida».

Exigir, el camino a la locura

Ya hemos visto que la terribilitis es la madre de todas las neuras. Por ejemplo:

- «Si sucediera esto, sería TERRIBLE».
- «Tal actitud es INTOLERABLE».
- «Eso NO LO SOPORTO».

Y la vía hacia una mente feliz y productiva es rebajar toda esa intensidad por algo más liviano y racional:

- «Ojalá no sucediese esto, pero, si pasa, aún tendré mucho margen para disfrutar».
- «La actitud de tal persona no es la mejor, pero no tiene por qué afectarme mucho».
- «Esta adversidad no me gusta, pero las dificultades estimulan la creatividad, el crecimiento y hasta la espiritualidad».

Nunca llegaremos a la «negatividad cero», al «nirvana», simplemente porque la perfección no existe y porque alguna pequeña dosis de negatividad también es buena. Pero cuanto más logremos reducir el impacto negativo de nuestras emociones, mejor.

También hemos visto que terribilizar es fruto de tener demasiadas necesidades. Las personas humildes y ligeras, como los grandes viajeros, necesitan poco, y por eso es muy difícil que algo los desestabilice: no terribilizan jamás.

Por lo tanto, disponemos de dos maniobras benéficas que operan a la par.

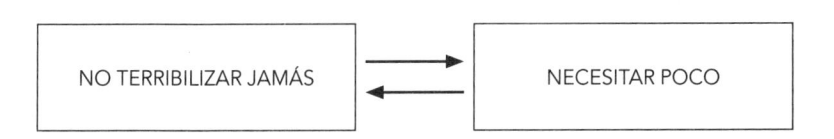

| NO TERRIBILIZAR JAMÁS | ⇄ | NECESITAR POCO |

Y todavía existe una tercera estrategia para crecer en fortaleza emocional, que consiste en «combatir las exigencias».

Cuando terribilizamos y acumulamos muchas necesidades, activamos una mente de exigencias tremenda. Nos volvemos hiperexigentes. Y esas superexigencias siempre van dirigidas en tres direcciones:

- Hacia uno mismo.
- Hacia los demás.
- Hacia el universo (hacia todas las cosas).

No soy suficiente

Más de una vez he explicado cómo descubrí la psicología cognitiva. Tenía unos veinticinco años y traducía libros. Había estudiado Psicología, pero todavía no me dedicaba a ello.

En aquella época me puse neurótico; estaba descontento conmigo mismo y experimentaba ansiedad con frecuencia. Recuerdo que me quejaba de todo: de mi ciudad, de mi novia de entonces y de mí mismo. Creía que estaba fracasando profesionalmente... ¡a los veinticinco años!

¡¿Cómo podía pensar en el fracaso a esa edad?! Así es la mente neurótica, quejica y superexigente.

Pero tuve mucha suerte. Una revista con la que colaboraba me pidió un artículo sobre el famoso Albert Ellis y acepté sólo por el dinero. Para prepararlo, releí uno de sus libros, que precisamente había estudiado durante la carrera. En aquel momento, siendo estudiante, lo descarté por simple. Me parecía que la mente necesitaba explicaciones intrincadas, como las que ofrecía el retorcido psicoanálisis. Pero en aquella ocasión, a mis veinticinco años y con la cabeza enredada en insatisfacciones, de repente, aquel libro estalló en mi mente. Me iluminó como un faro: ¡me di cuenta de que me estaba amargando a mí mismo!

De pronto, vi que mi ciudad era más que correcta; mi novia, una joya; y yo, una persona maravillosa. Vi de forma diáfana que tenía a mi disposición cien mil oportunidades de brillar. Y más fuerte aún: que las iba a tener siempre, en cualquier momento y en cualquier situación.

¡Menudo descubrimiento! Mi vida dio un vuelco alucinante. De un plumazo pasé a ser feliz. Y, de ahí, a trabajar con una alegría nueva. Mi creatividad se disparó. Y, en unos pocos años, ya consideraba que estaba en la cresta de la ola.

Mi propio ejemplo pone de relieve cómo las superexigencias pueden machacarnos sin piedad hasta el hundimiento. Mi terribilismo y mis absurdas necesidades habían producido innumerables superexigencias. Y éstas me generaban ansiedad.

Y es que cada superexigencia es siempre un lastre y una tortura. Por supuesto que se pueden tener deseos, metas y objetivos, pero siempre que no los convirtamos en lacerantes exigencias. Ésta es la magia de la vida:

- Desear pero no necesitar.
- Tener objetivos pero sólo como diversión y estímulo.
- Centrarse en disfrutar del esfuerzo, no del resultado.
- Apreciar el presente y tener el mañana sólo como referencia.

A partir de entonces, me esfuerzo cada día en no exigirme nada y en no exigir a los demás.

- Me gustaría hacer muchas cosas bien, pero no necesito hacerlas TODAS a la perfección. Con aprender en cada momento de lo que tengo entre manos me basta.
- No necesito que TODO el mundo me trate bien todo el tiempo. Tan sólo las personas que me quieren. Y tampoco todo el tiempo, porque son humanos y también fallan.
- No TODO tiene que funcionar bien. Ya hay mucha comodidad y perfección en el mundo. Puedo ser feliz aunque el tren no llegue a tiempo o cancelen mi vuelo.

Recordando a José María Aznar

Mis inicios como escritor de libros de psicología coincidió con el crac del 2008, la crisis de las hipotecas y la banca mundial. Cuando iba a algún medio de comunicación, me solían preguntar: «Pero, Rafael, ¿cómo podemos ser positivos con la que está cayendo?». Una y otra vez, la misma pregunta. Todas las entrevistas se iniciaban así. Y mi respuesta siempre era: «¡¿Qué está cayendo?! Yo no veo que caiga nada del cielo».

Realmente, me chocaba mucho todo ese terribilismo. Sí, estábamos experimentando lo que los economistas llaman una «crisis económica», pero, en realidad, vivíamos en el primer mundo y seguíamos teniendo unas comodidades extraordinarias. Por ejemplo, en España nadie se podía morir de hambre o de sed. Imposible.

En todas esas entrevistas me atrevía a decir lo que de verdad pensaba. Y empleaba una frase inspirada en otra famosa del expresidente español José María Aznar. Este líder de la derecha se hizo famoso por repetir: «¡España va bien!». Pues yo les decía a esos periodistas: «España va "demasiado" bien».

Tras soltarlo, tardaban unos segundos en comprender la respuesta. Parecía que «demasiado» y «bien» no podían ir juntos. Se hacía un curioso silencio hasta que me terminaba de explicar.
¿Qué quería decir con eso?
Vivimos en un mundo con una ingente cantidad de comodidades, pero estamos tan acostumbrados que no somos conscientes de ello. Sin embargo, si nos comparamos con nuestros abuelos, enseguida veremos que tanta abundancia fue impensable para ellos en determinadas épocas.
Últimamente, en mis conferencias me gusta pedir al público lo siguiente:
—Por favor, levantad la mano los que tenéis más de diez zapatos, contando zapatillas de deporte, chancletas, calzado de verano, de invierno...
La gente ríe y casi todo el auditorio alza el brazo.
Después pregunto:
—¿Y cuántos más de veinte?
Esta vez, la mitad de los asistentes levanta la mano.
Y por último:
—¿Cuántos más de treinta?
Alrededor de un 20 % llega a esa cifra.
En la época de nuestros abuelos prácticamente nadie acumulaba más de cuatro zapatos. Poquísimos viajaban alguna vez al extranjero. Se iba al restaurante una o dos veces al año. Y si tenías la fortuna de poseer un coche, lo cuidabas como un tesoro durante toda la vida.
La abundancia ha aumentado de forma exponencial en sólo unas décadas, pero parece que nunca será suficiente. En todo momento se tiene la sensación de que las cosas van mal, que estamos en crisis, que falta y falta. Es la necesititis haciendo de las suyas. Y la necesititis no se sacia nunca. Está muy loca.

De ahí mi respuesta: «España va "demasiado" bien». Si en España tuviésemos menos comodidades pero un mejor cuidado del medioambiente, menos dinero pero más calma, menos restaurantes de lujo pero más amistad..., sin duda seríamos más felices.

El tercer grupo de superexigencias, exigir que todo funcione SIEMPRE correctamente, es un gran propulsor de la neurosis. Nos volveremos locos: ante los atascos de tráfico, ante los camareros lentos, ante los fallos de los políticos... Ante TODO.

Quejarse de todo —de si llueve o si no llueve— es un hábito nefasto, porque terminamos convencidos de que el mundo es un asco.

«NO EXIGIR» COMO ARMA SECRETA

No exigirse a uno mismo y a los demás es un chollo. Sorprendentemente, no exigir proporciona beneficios extraordinarios.

Cuando dejé de exigirme, a los veinticinco años de edad, todo empezó a irme genial. Mi éxito profesional se propulsó de forma impresionante. Y es que, liberado de presión, comencé a disfrutar, a arriesgarme, a lanzarme sin reservas a por mis sueños.

Siempre es así. Paradójicamente, no exigir proporciona una abundancia fantástica. Cuando nos volvemos humildes, sencillos y alegres, nos propulsamos hacia la auténtica grandeza y lo bueno acude a nosotros como por arte de magia.

En realidad, no se trata de magia, sino de generar inmensas cantidades de energía, creatividad y ganas de colaborar, que es una gasolina potentísima. Quizá no obtengamos exactamente lo que hemos imaginado en primer lugar, pero con alegre atención veremos que se abren muchas otras puertas y que éstas resultan incluso mejores.

Es probable que esto ya lo dijeran los evangelios cristianos. En alguno de ellos se cuenta lo siguiente:

> Cuando sus discípulos le preguntaron: «... ¿Quién es el mayor en el reino de los cielos?», Jesús pidió a un niño pequeño que se acercara, y los reprendió, diciendo: «... Cualquiera que se humille como este niño, ése es el mayor en el reino de los cielos».

Y en otro lugar:

> ... porque el más pequeño entre todos vosotros, ése es el más grande.

En este capítulo hemos aprendido que:

- Ya en la antigüedad se dedujo que los pensamientos son la clave de la felicidad.
- Enfermamos cuando adquirimos una mente de exigencias.
- La solución es hacerse con una mente de preferencias.
- Las hiperexigencias van a) hacia uno mismo, b) hacia los demás, o c) hacia el universo.
- Siempre existen en una gran abundancia en nuestra vida.
- Está bien «desear» pero no «necesitar».

6

Sin obligaciones

Cuando estamos neuróticos, vivimos en un mundo plagado de obligaciones. Cuando estamos cuerdos, por el contrario, no hay casi ninguna. Los felices también hacen esfuerzos, pero se trata de algo saludable y alegre que no los agota, sino todo lo contrario: los llena de energía. Cuando estamos cuerdos, lo hacemos todo por ilusión y no por supuestas amenazas que sólo están en nuestra cabeza. Por ejemplo, estudiar.

- Una cosa es sacarse una carrera disfrutando. Estudiar con ilusión, prepararse a fondo y pasar algunos de los mejores años de nuestra vida.
- Y otra, experimentar miedo a suspender, estresarse y pasarlas canutas.

¿Por qué hay tanta diferencia ante la misma tarea? ¿Por qué algunos gozan y otros sufren? La respuesta, sin duda, está en las creencias personales.

Los disfrutones no confunden los «deseos» con las «necesidades absolutas». Saben —de forma radical y profunda— que nadie necesita sacarse una carrera para ser feliz. Van a ser inmensamente felices CON o SIN estudios. Ven el mundo lleno de maravillosas posibilidades.

En una ocasión tuve un paciente de treinta y cuatro años llamado Arturo. Era médico traumatólogo y hacíamos terapia de pareja. Su esposa también era médica. Eran unos tipos fantásticos, con gran capacidad de aprendizaje, y estábamos progresando mucho.

No recuerdo por qué, en una de aquellas sesiones Arturo me contó una confidencia personal. Cuando tenía veintiséis años estaba estudiando para los exámenes de fin de carrera, de cuya nota dependía la especialidad que estudiaría después. Estudió mucho porque su máxima ilusión era ser cardiólogo, como su padre. ¡Cuál fue su decepción cuando la nota no le alcanzó para esa especialidad! Tan mal se puso que pensó en suicidarse.

—¿En serio? —le dije—. ¿Me estás diciendo que te querías suicidar por ese motivo?

—Sí, Rafael. Es que fue una decepción enorme —confesó.

—Pero, tío, ¡¿qué me estás contando?! ¡Eso es un sinsentido enorme! ¡Nadie puede estar tan loco! —exclamé, realmente sorprendido.

—Pero, Rafael, vamos a ver: es que era la ilusión de mi vida.

Tuvimos unas palabritas. Y es que darle tanta importancia a algo así es ridículo. Significa que tenemos un sistema de valores absurdo. Nadie en este mundo puede «necesitar» ser cardiólogo, pero con frecuencia las personas confundimos los «deseos» con «necesidades absolutas». Y crearse necesidades artificiales sólo nos puede conducir al estrés y al agotamiento.

Arturo creía que tenía la obligación de llegar a ser cardiólogo. No se trataba de una meta tranquila y hermosa, sino de una loca imposición. Por eso los estudios habían sido un calvario.

La persona racional y feliz no se autoimpone nada. ¡Y se siente libre! Ligera y libre.

Así que el camino de la salud emocional pasa por desaprender esas supuestas obligaciones, esos condicionantes, esas exigencias. Ser como san Francisco de Asís cuando dijo: «Cada vez necesito menos cosas, y las pocas que necesito, las necesito muy poco».

¿Es necesario hacerse anacoreta e irse a vivir a un rígido monasterio? No. Sólo se requiere austeridad mental. Esto es, saber que no necesitamos lo que sea que tengamos entre manos.

Lo importante es ser feliz mientras se trabaja, mientras avanzamos en pos de algo. El resultado en sí es sólo una anécdota. Si nuestra vida no tuviese ningún logro, sino sólo maravillosos esfuerzos y alegrías, seríamos las personas más agraciadas del planeta. Seríamos simplemente como san Francisco.

Albert, el anacoreta en silla de ruedas

A lo largo de mi vida he tenido muchos maestros, modelos de fortaleza. Uno de ellos es Stephen Hawking, el científico en silla de ruedas, que, a pesar de padecer esclerosis lateral amiotrófica (ELA) y estar completamente paralizado, era muy feliz.

Otro de mis maestros es un chico mucho más joven. En el momento de escribir estas líneas, tiene treinta y tres años. Se llama Albert Casals y es autor del libro *El mundo sobre ruedas*. Lo leí hace bastantes años y me asombró su mentalidad.

Albert va en silla de ruedas desde pequeño, pero es una de las personas más felices que se pueden encontrar en la Tierra. Siempre está viajando por el mundo y prácticamente no maneja dinero. Sale de casa con veinte euros y vuelve con lo mismo. Eso sí: no le importa dormir en la playa o en el parque. Ni comer de los productos caducados que tiran los supermercados.

Albert no tiene necesidades inventadas. Sabe vivir con poquísimo. Y toda su energía va dirigida a descubrir, experimentar, aprender y amar a los demás. Y, por supuesto, divertirse.

No ha trabajado ni un día en su vida y dudo que llegue a hacerlo. Coincide con la persona más determinante de todos los tiempos, el personaje más influyente de la historia: Jesucristo.

Albert tiene la mejor mentalidad antinecesititis que existe. Es tan racional que a las personas que aún somos neuróticas nos pasma de forma continua. Siempre que lo veo me llevo increíbles lecciones.

Supe de Albert hace unos quince años a través de su libro y tanto me impresionó que hablé de él en mi libro *El arte de no amargarse la vida*, que fue un gran éxito de ventas. Yo describía su gran filosofía de vida, pero no lo conocía a título personal. Había intentado contactar con él, pero había sido en vano. Albert es muy difícil de encontrar porque está siempre viajando y no tiene móvil. Durante cuatro años, estuve dejándole recados aquí y allá. Pero, en un momento dado, me llamaron de una pequeña ciudad española para dar una conferencia. El organizador me dijo:

—Rafael, queremos invitarte a un fin de semana de crecimiento personal. Será fantástico. Tenemos un buen presupuesto para los ponentes: os pagaremos muy bien y os alojaremos en el mejor hotel.

—¡Muchas gracias! Pero últimamente he viajado mucho y quiero descansar. Quizá a la próxima —respondí.

—¡Pero, Rafael, no te lo querrás perder! ¡Será la bomba! Tendremos un gran panel de ponentes. Vendrá tal persona y tal persona y... Albert Casals —añadió el entusiasta organizador.

—¿Cómo? ¡¿Has dicho Albert Casals?! —pregunté de inmediato.

—Sí. El chico en silla de ruedas —me confirmó.

—¡Si va Albert, yo también! —concluí de golpe.

¡Por fin iba a conocer a mi héroe! Era una oportunidad de oro.

Y, efectivamente, todos pasamos unos días maravillosos compartiendo espacio y tiempo con una persona única. Albert rezuma tal entusiasmo por la vida y tal amor sincero por todo el mundo que estar a su lado no deja a nadie indiferente. Contagia felicidad.

A partir de entonces, Albert y yo hemos forjado una gran amistad. Hemos ido viéndonos aquí y allá, en diferentes encuentros académicos o simplemente para estar juntos y divertirnos. Y siempre me deja enseñanzas deslumbrantes. Por su manera diferente de hacer y pensar.

De hecho, de aquel primer fin de semana tengo varias anécdotas increíbles relacionadas con él. Por ejemplo, la que compartiré a continuación.

Al término de las conferencias, el domingo, estábamos cenando con el director de aquella organización cultural, un gran tipo. Entre plato y plato, le hice una pregunta:

—¿Cómo lograste fichar a Albert para estas jornadas? ¡Yo no he podido encontrarlo en años!

—Fue difícil, pero al final conseguí contactar con él. Lo curioso fue cómo negociamos su participación —comentó con tono divertido.

—¡Cuéntame eso!

—Le dije lo mismo que a ti: tenemos un buen presupuesto para pagar a los ponentes, os alojaremos en el mejor hotel, etc. Y Albert accedió enseguida pero me puso tres condiciones. La primera: «No me tienes que pagar nada porque yo no manejo dinero. Como mucho, me envías los billetes de avión y nada más». Yo protesté, Rafael, le dije que ya estaba aprobado el presupuesto y que todos ibais a cobrar esa cantidad, pero se puso firme con esa condición.

—Adivino que accediste a no pagarle, ¿no? —pregunté, admirado.

—Efectivamente. Pero acto seguido me puso la siguiente condición: «Dices que nos alojaréis en el mejor hotel, pero ¿no puedes alojarme en tu casa?».

—¿En serio?

—Sí, sí. También estuve de acuerdo: «Me parece bien. Tengo una casa humilde, pero será un placer tenerte». Sin embargo, la tercera condición es la que me dejó patidifuso.

—¿Qué te pidió?

—Me dijo: «Y la tercera condición es que igual al final no voy. ¡Que lo sepas!».

—¡¿En serio?! Explícamelo —le pedí entre risas.

—Me contó: «Es que a lo mejor esa semana estoy en África con los pigmeos pasándolo tan bien que decido no ir. Pero no te preocupes. Yo te propongo que no me anuncies en el programa, y si al final resulta que voy, genial. Y, si no, también. Total, tampoco me pagas...».

El organizador, que es un hombre muy inteligente, finalmente accedió. Albert estuvo entre nosotros y nos deleitó con una de las mejores conferencias a las que he asistido en mi vida.

Y es que una persona netamente racional, feliz, sin necesidades absurdas y del todo independiente tiene que sorprendernos casi por obligación. Imagino que Sócrates o Diógenes causaban el mismo efecto en quienes los rodeaban. Y es que nosotros estamos tan imbuidos en una cultura locuela que la racionalidad cruda nos parece disparatada.

Albert no tiene necesidades inventadas. Y tampoco tiene obligaciones inventadas. Vive libre y disfruta de cada momento que le regala la vida.

El ventilador de obligaciones

Cuando estamos neuróticos nos autogeneramos obligaciones sin parar. Creemos que tenemos tantas necesidades —estar delgado, estar en forma, ser extrovertido, tener un gran trabajo, contar con un piso en propiedad...— que no damos abasto.

Y todo con una gran tensión, porque, aunque hayamos conseguido mucho, siempre podríamos perder esos bienes que hemos ganado tan a pulso.

Pero, ¡ay!, ahí no acaba la cosa.

Junto con las obligaciones que nos imponemos vienen las obligaciones que nos quieren imponer los demás. Porque, claro, todas esas necesidades inventadas pueden implicar a otras personas. Es decir, no sólo nos autoexigimos mil cosas a nosotros mismos; también exigimos mil cosas a los demás.

En una ocasión unos buenos amigos míos me pidieron un bonito favor: que ejerciese de oficiante en su boda. Marc, británico de nacimiento, y Paz, española, se casaban por lo civil y, al margen de firmar en el ayuntamiento, querían celebrar una ceremonia con vestido blanco y arroz. Necesitaban que alguien ejerciese de «cura» en inglés y en español.

En un principio les dije que sí, pero, con el pasar de los días, cada vez me sentía más incómodo con el asunto. Yo no creo mucho en el matrimonio y, en general, no me gustan las bodas.

Es cierto que me gusta hablar en público, pero sólo cuando es honesto y real. Así que terminé declinando su petición.

Marc y Paz se enfadaron muchísimo. Tanto que, al final, ni siquiera asistí como invitado. De esto han pasado muchos años y ya hemos vuelto a ser grandes amigos. Nos hemos perdonado y estoy feliz de tenerlos a mi lado.

Desde un punto de vista cognitivo, mis amigos cayeron en las típicas exigencias neuróticas. Pensaban que necesitaban ¡absolutamente! que yo los ayudase en ese asunto. Negarme era el fin del mundo, ¡la guerra nuclear!

En esos meses de preboda se autocrearon muchas obligaciones y a mí me salpicó toda esa hiperexigencia. Proyectaron ese mundo de obligaciones sobre mí.

Lo único cierto es que Marc y Paz no necesitaban una boda bonita. Ni que se tradujese a ningún idioma. Ni tan sólo casarse. La vida es mucho más sencilla.

En la vida moderna, es frecuente sentir presión para complacer a los demás, por ejemplo:

- Acudir a veladas familiares pesadas.
- Beber o salir hasta tarde.
- Limpiar la casa para que los hijos y el cónyuge estén «cuidados».
- Hacer lo que los suegros desean.

Y todo eso es muy neurótico porque ni ellos ni nosotros tenemos todas esas necesidades. Son sólo deseos, juegos, entretenimientos divertidos. Casi nada es tan importante como para dejar de ser felices.

La mejor actitud frente a tanta presión es negarse amorosamente. Aplicar mucho amor, humor y surrealismo hasta que el otro se relaje y vuelva a la cordura (en mi libro *El arte de no amargarse la vida* hablo de estas herramientas antineurosis y sobre qué hacer cuando la gente que nos rodea se vuelve locuela). Es decir, la mejor opción es rechazar esas presiones con amor y delicadeza pero con firmeza.

En este capítulo hemos aprendido que:

- Es esencial no convertir los deseos en obligaciones.
- Podemos aprender a hacerlo todo por amor e ilusión.
- A veces la gente quiere traspasarnos sus obligaciones, y haremos bien en no aceptarlas.

7
El autodebate: el ejercicio básico de transformación

Érase una vez dos ranas que se cayeron en un cubo de nata para montar. Eran amigas, aunque muy distintas, tanto físicamente como de carácter. Una era grande y parda, y la otra era pequeña y verde brillante.
La parda exclamó:
—¡Ay! ¡Me estoy ahogando, me estoy ahogando!
En cambio, la pequeñita afirmó:
—Yo no me ahogaré.
La amiga parda no podía comprender esa actitud positiva, vista la situación. Así que enseguida le preguntó a su colega verdosa:
—¿Cómo lo conseguirás?
—Me moveré y moveré como una loca —respondió la otra sin parar de menearse.
A la mañana siguiente, la rana parda y grande amaneció ahogada: se había dado por vencida. La segunda, después de haberse pasado toda la noche moviéndose, estaba sentada dentro del cubo, encima de un bloque de mantequilla.

Este cuento pretende explicarnos que el trabajo duro y continuo es un requisito para el cambio. En el caso de la transformación mental, también. En este capítulo veremos cómo empezar a ejercitarnos.

En psicología cognitiva disponemos de una tecnología básica de transformación personal llamada «debate racional». Se trata de debatir con nosotros mismos hasta convencernos de unas nuevas creencias beneficiosas. Eso sí: tenemos que debatir en profundidad.

Nos convertimos en una suerte de comisarios políticos soviéticos, nos metemos en un gulag imaginario y nos lavamos el cerebro a base de bien. ¡Cuantos más argumentos, mejor!

Por ejemplo, hace mucho tiempo me convencí de que la belleza física es una cualidad sin importancia que no necesito en absoluto. Durante unas cuantas semanas, debatí conmigo mismo sobre el tema. Me di decenas de argumentos hasta que alcancé un convencimiento profundo.

Me gusta llevar a cabo mi psicoeducación paseando y escuchando música. Mientras ando, pienso y repienso.

Algunos de los argumentos que empleé en este caso son los siguientes:

- Las personas más felices no suelen ser las más guapas. ¡Hay muchos ejemplos! Por lo tanto, la belleza no debe de ser muy importante.
- La belleza física es sólo una idea social que va cambiando a lo largo del tiempo y de las distintas sociedades. ¡Algo tan caprichoso no puede ser muy importante!
- La belleza física tiene caducidad. Cuando te empiezas a hacer mayor, se pierde. ¡No puede ser una cualidad esencial!
- Yo valoro a mis amigos por cualidades profundas como la solidaridad, el amor por la vida, su positividad, su ale-

gría..., valores que sí contribuyen a la felicidad de todos. Por consiguiente, esos mismos valores son los que yo deseo ver en mí. ¡Pasando de la belleza física!

- Yo deseo ser alguien profundo y maduro, no un crío superficial.
- Ni siquiera el sexo con personas muy bellas es el mejor. La atracción sexual depende mucho más de la seducción y de otros factores que de la simple belleza física.

¡Empleé muchos más argumentos y fui muy convincente! Hasta el punto de imaginarme con importantes defectos físicos pero inmensamente feliz.

Aisha, mi heroína

En 2010 visité una famosa exposición fotográfica llamada World Press Photo en Perpiñán, Francia. Se podían ver las mejores fotografías periodísticas del año. Entre las premiadas había un retrato de la afgana Bibi Aisha, una joven a la cual le habían mutilado la nariz.

A los doce años, la forzaron a casarse con un talibán. Como éste la maltrataba de forma continua, Bibi huyó, pero la persiguieron y al final la castigaron brutalmente. Una organización humanitaria la acogió, la sacó del país y le ofreció educación en Europa.

En el momento de la fotografía, que fue portada de la revista *Time*, Bibi estaba llena de ilusión: quería volver a su pueblo para ejercer de maestra, ofrecer educación a las niñas y transformar su país.

Cuando vi la foto en la exposición de Perpiñán, pensé: «Bibi es mi heroína. Me gustaría ser tan fuerte, bondadoso y generoso como ella». Y es que Bibi tiene la belleza interior que anhelo en mí y en los demás. Eso es lo único que importa.

Su ejemplo es un poderosísimo argumento para convencerse de que la belleza física es una anécdota sin importancia. Podemos preguntarnos: «Si me mutilasen como a Bibi, ¿podría convertirme en un activista por la justicia y la igualdad de oportunidades, como ella? ¿Podría ser una persona importante para los demás? ¿Podría sentirme orgulloso y feliz con la vida?». La respuesta ha de ser un contundente «¡Sí!».

«¿Mi vida tendría sentido? ¿Me sentiría orgulloso de mí mismo?». De nuevo, la respuesta es «¡Sí!».

«¿Sería, en realidad, bello? ¿Sería mi vida bella?». ¡Por supuesto: más que nunca! Por lo tanto, la belleza física es una milonga, nada que me interese demasiado. Mi atracción tiene que estar en el interior, en la belleza maravillosa de Bibi.

Cuando llevamos a cabo el trabajo del debate racional empleamos todo tipo de recursos para convencernos: ejemplos de otras personas, imágenes, visualizaciones..., todo lo que pueda hacer que nos grabemos a fuego la creencia que deseamos sostener. El objetivo es creer en ello al máximo posible.

TODOS LOS DÍAS, DALE QUE TE PEGO

Tenía veinticinco años cuando descubrí la psicología cognitiva, e inmediatamente me fascinó. Me di cuenta de que era mi diálogo interior lo que me estaba amargando la vida, no lo que me sucedía.

En aquella época me quejaba de mi ciudad, de mi novia, ¡de mí mismo! Había caído en el hábito de la terribilitis y me superexigía todo tipo de bobadas: ser exitoso, elegante, extrovertido, capaz y diez mil cosas más. Me metía tanta presión que así era imposible disfrutar de la vida. Pero los libros de Albert Ellis, el padre de la psicología cognitiva, marcaron el camino de salida de ese absurdo pozo.

Y me puse a trabajar en mi diálogo interior, cada día durante un par de horas, a machamartillo. En tres meses mi vida mental cambió en un 70 %. Y en los siguientes siete meses alcancé un 100 % de transformación.

Mi vida pasó a lucir en tecnicolor. De repente, estaba encantado de estar vivo. Sólo veía oportunidades a mi alrededor. La gente que me rodeaba era bella y tenía tanto para dar... ¡No, no estaba tomando ninguna droga! Tan sólo había cambiado mi visión de las cosas.

Para cambiar de chip de esta manera lo mejor es hacer lo siguiente:

- Trabajar cada día.
- Ser muy intenso.
- Intentar modificar todas las neuras (trabajar desde todos los frentes).
- Hacer visualizaciones.
- Enseñar a otros a pensar así.

TODOS LOS FRENTES

Todas las neuras están conectadas por un mismo cable llamado «queja». Es decir, nos amargamos siempre siguiendo el mismo esquema, por ejemplo:

- ¡Me falta esto!
- ¡No puedo ser feliz con aquello!
- ¡Esto es intolerable!

Siempre que nos perturbamos estamos convencidos de que hay una carencia importante aquí o allá.

Y la realidad es que esa carencia —si la hay— es mínima. ¡No tiene mucha importancia! ¡Podemos ser felices igualmente, porque esa necesidad, ese requisito loco que nos hemos impuesto, no es nada! ¡No hay ningún gran problema ni ninguna amenaza!

Por eso, trabajar en cualquier neura es trabajar en todas las demás. Porque todas siguen la misma lógica terribilizadora, y es esa manera de pensar la que hemos de dinamitar.

Cuando, a los veinticinco años, me puse a trabajar en mi diálogo interno, trabajé al mismo tiempo en todas mis quejas y preocupaciones: ¡ataqué por todos los flancos! Algunas de esas neuras eran más fáciles de reventar, y esos primeros éxitos allanaron el terreno para otras neuras más difíciles.

En terapia, muchos pacientes se desbloquean de su neura principal justo después de deshacer una neura menor. Por ejemplo, muchas veces conseguimos superar el abandono de la pareja tras haber trabajado en un complejo físico menor. La persona se dice: «¡Claro, es lo mismo! Estoy depre por el abandono, de la misma forma que antes tenía complejo de bajita. Ahora me he dado cuenta de que todo depende de mi diálogo interno. ¡Y eso lo puedo variar!».

Hacer de psicólogo

Hay quien dice que no hay mejor forma de aprender que enseñar a los demás. Y es del todo cierto. Así, enseñando a hacer ecuaciones, por ejemplo, se aprende a dominarlas a la perfección.

Al enseñar, hacemos el esfuerzo de desgranar los mecanismos de un fenómeno y ese ejercicio nos permite comprenderlo mejor.

Por eso, es muy bueno hacer de psicólogo a la pareja o los amigos. Al hablarles a ellos, nos estamos hablando a nosotros mismos, nos estamos persuadiendo de que necesitamos muy poco para ser felices.

Todo ese trabajo —el debate personal diario, las visualizaciones, hacer de psicólogo, entre otras cosas— hará que nuestra mente se ponga en ebullición. Sin lugar a dudas, el cóctel empezará a dar resultados en forma de paz mental, alegría y una armonía nueva.

En este capítulo hemos aprendido que:

- El ejercicio fundamental es debatir con nosotros mismos para convencernos de nuevas creencias racionales.
- Podemos usar argumentos, ejemplos, visualizaciones, etc.
- Lo mejor es trabajar cada día, al menos durante una hora.
- Tenemos que trabajar en todas las neuras: grandes y pequeñas.
- También nos irá bien enseñar psicología cognitiva a los demás.

8

Modelos de fortaleza emocional

DAVIDE, GANAS DE COMERSE EL MUNDO A PRUEBA DE VIRUS

Hace unos pocos años un amigo me enseñó un vídeo cortito, de esos que se cuelgan en redes sociales. El protagonista era un chico de unos veinticinco años, guapo y fuerte que hacía ejercicios gimnásticos.

La particularidad del joven, que se llama Davide, era que no tenía ni piernas ni brazos. Saltaba porque llevaba unas prótesis que se lo permitían y hacía pesas usando unas poleas de las que tiraba con los muñones.

Me gustó el vídeo porque era fresco y divertido, y quise saber más del protagonista. Me puse en contacto con él por redes sociales y así conocí a Davide Bartolo Morana: un crack que ahora es amigo mío.

Davide siempre fue muy deportista. En su Italia natal llevaba una vida muy ocupada: estudiaba, trabajaba y practicaba atletismo. Había tenido una infancia no del todo fácil, con varios problemas familiares que, lejos de amargarle, lo habían convertido en un tipo más fuerte, activo y feliz.

Allí conoció a una estudiante española, Cecilia, y se enamoró. Al poco, ya estaba viviendo con ella en Murcia.

Pero mi amigo Davide no tardó en contraer un extraño virus. Lo que se suponía que tenía que ser una gripe fugaz se convirtió en algo grave y lo tuvieron que ingresar en el hospital. Para horror de Cecilia, le dijeron que Davide estaba a punto de morir. Los médicos no conseguían atajar la brutal agresividad de aquel diminuto virus.

Davide estuvo varias semanas entre la vida y la muerte. Su enfermedad le devoraba el cuerpo y los médicos decidieron cortarle una pierna para intentar salvarle la vida. Luego otra. Más tarde, un brazo. Y finalmente el otro.

En el libro que escribiría después Cecilia, *Arriba la vida*, se explica todo el proceso: la angustia indescriptible de ella, el talante alucinante de él. Porque Davide en ningún momento se mostró demasiado perturbado.

Después de las cuatro amputaciones, enviaron a su habitación a un psiquiatra y un psicólogo. Tuvieron el siguiente diálogo:

—Hola, Davide. ¿Cómo estás? —le preguntaron.

—Bien. Llevo dos días durmiendo mejor y me noto un poco más fuerte.

—Me alegro. Oye, te voy a recetar un antidepresivo, un fármaco para ayudarte con el estado de ánimo. Te irá bien —le dijo el psiquiatra.

—¿Un antidepresivo? Pero ¿por qué? No lo necesito. Gracias, doctor, pero yo de ánimo estoy muy bien. De hecho, estoy muy contento porque estoy vivo.

—Pero tras una amputación es normal estar muy afectado. Y tú has tenido cuatro. Tómalo, Davide —insistió el psiquiatra.

—De verdad que no, doctor. Cada amputación ha sido un movimiento para salvarme. Y doy gracias de que haya podido ser así. Estoy muy bien. De verdad.

A partir de ese día, Davide se convirtió en la comidilla del personal médico del hospital. Aquel muchacho italiano los tenía sorprendidos a todos. Realmente estaba contento de estar vivo: rezumaba simpatía y buen humor. ¿Qué clase de mentalidad tenía ese chaval?

Conocí a Davide un par de años después y, en efecto, me encontré con una persona radiante. Tan ilusionado estaba por su nueva vida como atleta paralímpico que no podía dejar de transmitir esa vitalidad. Desde aquel día, me considero su amigo y admirador.

A continuación, comparto un extracto de una entrevista que tuve el honor de hacerle.

RAFAEL: ¿De dónde sacaste la fuerza mental tras las amputaciones?

DÁVIDE: Del amor por la vida. Es verdad que me estaba sucediendo algo que no me gustaba, pero, si lograba sobrevivir, me esperaba algo maravilloso, que es la vida, con todos sus proyectos y posibilidades.

R.: *Dejaste sorprendidos a los psiquiatras y psicólogos del hospital.*

D.: Sí, ja, ja. Creo que flipaban conmigo. Insistían: «Te puedes desahogar, Davide; no te guardes el malestar». Y yo contestaba: «Estoy feliz y no estoy loco, doctor». A los tres días dejaron de venir diciendo que estaba teniendo una reacción antinatural.

R.: *¿Y llegaste realmente a sentirte feliz?*

D.: Sí, de verdad. Porque me decía: «Menos mal que estoy vivo, que no he acabado vegetal». Y es que el ser humano, básicamente, tiene que dar las gracias por estar vivo, por poder disfrutar del aire, de moverse, de poder sonreír y amar.

R.: *Y saliste del hospital a comerte el mundo.*

D.: Claro. La vida siempre nos pone problemillas que resolver. Más bien hay que llamarlos «retos». Pero menos mal que lo hace porque, si no, no aprenderíamos nada y sería muy aburrido. Cada dificultad te obliga a adquirir valores que te harán más feliz porque te ayudarán a vivir con más intensidad y amor.

R.: *Ahora tienes otro cuerpo. ¿Cómo lo llevas?*

D.: Me encanta mi cuerpo. Todas mis cicatrices. Tengo muchísimas por todas partes. Son muescas de una vida vivida. ¿Quién dice qué es lo bello y qué es lo feo? ¡Por favor! ¿Cuándo vamos a ver más allá de lo superficial? Todo lo que existe puede convertirse en una joya preciosa a ojos de quien lo mira. Ahí está la riqueza de cada uno.

R.: *¿Qué nos dirías a las personas cuando estamos mal por cosas menores, como que nos ha dejado la novia?*

D.: Bufff. ¡Que disfrutes, que estando soltero se puede aprovechar mucho! En fin: si estás vivo, tienes más o menos salud y puedes ponerte objetivos..., estás siempre en una situación privilegiada y maravillosa.

¡Qué pasada! Me encanta Davide. Cuando me entran tentaciones de quejarme, pienso en él y en su maravillosa lección de vida. Sé, por experiencia propia, que todos podemos acercarnos a su mentalidad. Tendremos que adquirir su forma de pensar: practicar todos los días, insistir y hasta ponernos bravos con nosotros mismos. ¡La vida es sencilla! ¡La vida es abundante, siempre! ¡La vida es para disfrutar! ¡Arriba la vida!

José: humor, alegría y amistad desde la cama

A José Robles lo conocí también por las redes sociales. Me escribió un buen día un mensaje: «Rafael, estoy leyendo tu libro *El arte de no amargarse la vida* y me encanta. Coincido al cien por cien con tu filosofía».

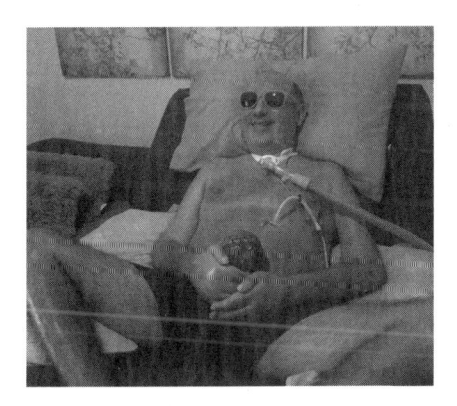

En la foto de su Instagram se veía a un tipo tendido en una cama con unas gafas de sol. Me sorprendió la imagen —¡¿cama, gafas de sol?!— e indagué más. ¡Flipé! Todas las fotos eran iguales, José estaba siempre en una cama. Me fijé un poco más y vi un respirador y cables médicos, y enseguida caí en la cuenta: José estaba postrado en esa cama porque padecía ELA, la misma enfermedad que Stephen Hawking.

La ELA es una enfermedad incurable que deteriora progresivamente la musculatura de todo el cuerpo. La persona empieza no pudiendo mover un dedo. Luego no puede caminar. Después necesita un respirador...

La esperanza de vida de quienes sufren esta enfermedad suele ser de tres o cuatro años, aunque hay algunos casos, como Hawking, en el que el paciente sobrevive décadas. Sin embargo, la parálisis está siempre presente.

Empecé a charlar con José y así me enteré de que vivía en Tenerife con su esposa y su hijo. Hablábamos por WhatsApp gracias a un programa de ordenador que José dirige con el movimiento de los ojos.

En poco tiempo le cogí mucho cariño. Sentía una gran admiración: José estaba impedido en la cama, sólo podía mover el cuello y los ojos, y no podía hablar ni respirar por sí mismo; no obstante, era un tipo alegre y feliz. No se quejaba en absoluto de su situación. Al contrario, se consideraba un afortunado por estar vivo y poder disfrutar de la compañía de su familia.

Empezamos a conversar casi todos los días, especialmente al final de la jornada, metidos ambos en la cama.

—¡Hola, *brother*! ¿Cómo lo llevas? —le preguntaba.

—¡De lujo, amigo! —respondía José.

Y pasábamos a explicarnos la anécdota del día, lo que teníamos entre manos, o simplemente filosofábamos un poco. Llegamos a ser hermanos de alma, dos personas que conectan a un nivel tan profundo que parece que el destino las ha unido.

Así transcurrió un año de amistad hasta que me llegó la oportunidad de viajar a Tenerife. Iba por un asunto de trabajo, pero me reservé toda una tarde para conocerlo. Fue muy emocionante porque José y yo no nos habíamos visto nunca en persona. Aun así, conocía perfectamente a su familia por todo lo que me había explicado: a su mujer, Mari, y a su hijo, Sergio, de veintidós años.

El día señalado me planté delante de una puerta siguiendo las indicaciones que me había dado. Me abrió su esposa, Mari, y me condujo a la habitación donde vivía José. Allí estaba, rodeado de máquinas y con su ordenador, y sus ojos me sonreían abiertos como platos. El abrazo que nos dimos fue de las cosas más hermosas que he vivido.

Pasé toda la tarde con ellos, charlando, riendo y gozando de la amistad. Una velada vibrante, tierna y divertida por igual. Mari y José me explicaron cómo se conocieron, qué planes tienen para el futuro y lo mucho que gozan de la vida.

Hace poco le hice una pequeña entrevista para publicarla en este libro.

RAFAEL: *Hola, José. ¿Cómo va eso?*
JOSÉ: De lujo.
R.: *¿En serio? ¿No estás fastidiado por tener que estar en la cama, sin moverte, sin poder hablar?*
J.: No, porque tengo mi portátil, que es mi ventana al mundo. Tengo Netflix, Disney+ y Movistar y, ¿sabes?, no los veo porque en internet hay tantos tutoriales para aprender cosas que, con mi sed de conocimiento, es imposible no verlos. He aprendido a hacer todo tipo de páginas web y apps y a editar vídeos, y llevo mis redes sociales, que dan mucho trabajo. Desde que salí en el programa de televisión *Got Talent* me

escriben desde todos los países de habla hispana. También ayudo a «compañeros de resfriado» a instalarse programas para poder comunicarse con el entorno. Ahora, con la inteligencia artificial, estoy como un niño con un juguete nuevo.

R.: *Me encanta cuando llamas «resfriado» a tu enfermedad.*

J.: Sí. Es igual que un buen resfriado, porque te tumba y no te deja salir de la cama. El humor es básico para una vida feliz. Es una forma de quitarle esa importancia loca que le damos a todo. Y es que, en realidad, mi enfermedad no la tiene.

R.: *¿Qué le dirías a la gente que tiene miedo de hacer cambios en su vida: cambiar de trabajo, de pareja, de estilo de vida?*

J.: Les diría: «¡El cambio es vida!». Yo siempre he vivido la vida como si fuera un multicine. Cada poco, toca cambiar de peli. ¡Qué bueno es el cambio! Ver la misma película toda la vida sería un peñazo. Se trata de tener confianza en que serás feliz, suceda lo que suceda, porque siempre habrá cosas que aprender y disfrutar. Yo siempre me he sentido como cuando de niño iba a ver una película de Bruce Lee: salía y me comía el mundo. Así ha sido mi vida y sigue siéndolo: salgo (por internet) y me como el mundo. Y sé que toda la gente puede hacerlo.

R.: *En psicología tratamos mucho el problema de los complejos: sentirse feo, por ejemplo. ¿Qué opinas de eso?*

J.: Ostras, eso es algo que hay que tener clarito: la belleza real está en tener un buen corazón. Sólo los tontos creen que la belleza física tiene valor. Cuanto antes lo comprendas, mejor. Si lo entiendes de bien jovencito, mucho mejor. Cuando llegas a viejo, te das cuenta de todas las gilipolleces que te impidieron vivir plenamente, como los complejos o la vergüenza. Todo eso son tonterías. Vive plenamente, haz cosas maravillosas por los demás y te amarán por lo que de verdad eres. No hay nada mejor.

R.: *Yo me veo muy guapo. Y te prometo que me vería igual de guapo aunque fuese verde o redondo, como una esfera metálica.*

J.: Exacto, yo pienso lo mismo. Yo también me amo esté como esté. En realidad somos un alma, un espíritu. Lo de fuera es una carcasa.

R.: *Nos creamos muchas necesidades absurdas. ¿Cómo andas tú de necesidades?*

J.: Ahora mismo sólo necesito la comida que me meten por la vía, este techo que tengo y mi portátil. Y, Rafael, soy la persona más feliz del mundo. Estoy en mi mejor momento.

R.: *¿Siempre has pensado así?*

J.: No. Qué va. Hubo una época que entré en la espiral de necesidades y la autopresión de la que tú hablas. Me estresé. Yo era comercial y se me había metido en la cabeza el rollo del éxito. Y tuve, además, un negocio que salió mal y me arruiné. Me llegué a deprimir por ello. Imagínate lo equivocado que estaba. Pero a partir de ahí descubrí la espiritualidad y eso me fue transformando. Superé esa depresión y empecé a hacerme fuerte de verdad. Y creo que eso fue la clave de que yo estuviese tan bien como estoy cuando llegó el resfriado.

R.: *¿Tú cuidas tu diálogo interno?*

J.: ¡Por supuesto, Rafael! Ésa es la base. Yo siempre me digo que estoy de lujo. Tú lo sabes porque me conoces. Todo en mi vida es amor y felicidad porque sé que tengo las bases para ello. No me permito quejarme ni un segundo.

R.: *¿Qué me dices de la amistad o de la familia?*

J.: Son lo único que cuenta. Fíjate que mi esposa, María, se dedica a cuidarme todo el tiempo porque el resfriado no me deja hacer nada por mi cuenta. Y ella misma te lo dirá: es feliz dedicándose a eso. ¿Por qué? Porque el amor la hace feliz. Y a mí me hace feliz que ella sea feliz. Mi hijo me da toneladas de amor cada día. ¿Por qué lo hace en vez de estar haciendo botellón y gamberreando por ahí? Porque yo le di toneladas de amor primero. O tú y yo, Rafael: ¿por qué somos tan amigos cuando vivimos tan lejos? Porque tenemos claro que el amor es lo más, es lo único. Y ese amor nos devuelve más amor. El amor es la mejor planta que puedas cultivar. Es la que devuelve mejores cosechas.

R.: *¿Tienes miedo a la muerte, hermano?*

J.: ¡¿Qué dices?! Ni un ápice. No me quiero morir porque me lo paso en grande, pero cuando llegue sé con seguridad que pasaré a otro plano y que ese lugar será incluso mejor. Pero que quede claro que aún me queda mucho. No me pienso morir durante las próximas décadas. ¿Qué te juegas?

R.: *Te creo, hermano, porque tú eres un crack capaz de todo.*

EDDIE: SÓLO CUENTA EL FUTURO Y LA ILUSIÓN

Hace no mucho leí un libro que me encantó y me impactó a partes iguales. Lo escribió un hombre de cien años que vivía en Australia y se llamaba Eddie Jaku. El libro lleva por título *El hombre más feliz del mundo* y en la cubierta se ve a Eddie, sonriendo, con su bigote blanco, su rostro bronceado y un traje que lleva con la elegancia del Hollywood clásico.

Eddie era la viva imagen del abuelo que todos hemos querido tener: un hombre amable, capaz y con una ética a prueba de bomba. En la imagen de la cubierta se había subido la manga de la americana y mostraba un tatuaje en el antebrazo, el número que le asignaron en el campo de exterminio de Auschwitz.

Su libro narra la espeluznante experiencia que vivió como superviviente de la pesadilla nazi y, sobre todo, qué aprendió de ello, unos principios que le hicieron considerarse el hombre más feliz del mundo.

Eddie era un niño feliz con un hogar hermoso y lleno de alegría. Su madre, una princesa que lo colmaba de amor. Su padre, su principal amigo y mentor. Gracias a su apoyo, consiguió el título de mecánico de precisión con las máximas cualificaciones..., justo antes de que Hitler llegase al poder y empezase a enviar a los judíos a los campos de exterminio.

La familia de Eddie eran orgullosos alemanes de muchas generaciones, así que no entendían cómo de la noche a la mañana sus propios compatriotas los despojaban de sus derechos, los consideraban subpersonas y planeaban asesinarlos en masa. Era la peor pesadilla hecha realidad.

Ya en el primer internamiento se dio cuenta de que la vida no volvería a ser la misma:

Nos resultaba incomprensible que nos hubiesen detenido y encarcelado. No éramos criminales. Éramos ciudadanos de bien, trabajadores, alemanes corrientes que teníamos trabajo y mascotas, que queríamos a nuestras familias y a nuestro país. Nos enorgullecíamos de nuestra ropa y posición en la sociedad, disfrutábamos de la música y la literatura, del buen vino y la cerveza y de tres comidas calientes al día. [...]

[En el primer campo no había] un retrete propiamente dicho, sino una gigantesca letrina, una larga zanja, a la que nos obligaban a ir en grupos de hasta veinticinco hombres. ¿Te puedes imaginar la escena? Veinticinco hombres —médicos, abogados, académicos— manteniendo el equilibrio precariamente sobre dos tablas de madera para orinar en una fosa llena de heces.

Amigo mío, ¿cómo explicarte lo irreal y espantoso que me parecía todo? Era incapaz de entender lo que había sucedido. La verdad es que sigo sin entenderlo y no creo que llegue a lograrlo jamás.

A partir de ahí la situación no dejó de empeorar. En un momento dado, explica cómo fue el traslado al temido campo de exterminio de Auschwitz, el lugar en el que pasaría la mayor parte de su reclusión y del que salió vivo gracias a su fortaleza mental y un montón de casualidades increíbles.

Los nazis no tardaron en reunir las mil quinientas almas requeridas para el viaje y comenzaron a cargarnos en vagones: hombres, mujeres, niños pequeños... Nos apretujamos como sardinas en lata, apiñados. Podíamos quedarnos de pie o ponernos de rodillas, pero no había sitio para tenderse ni para quitarse el abrigo...

El viaje duró nueve días y ocho noches. No había comida y el agua escaseaba. El verdadero problema fue el agua. Una persona puede sobrevivir unas cuantas semanas sin alimento, pero no sin agua. Mi padre se hizo cargo de racionar el agua...

[...] Cada persona del vagón dispondría de dos tazas de agua, una por la mañana y otra por la noche, lo suficiente para sobrevivir y para que el agua durara el máximo tiempo posible. El agua no tardó en acabarse en otros vagones. A través de las paredes del tren, por encima del ruido del traqueteo, yo alcanzaba a oír los gritos, la voz de una mujer chillando: «¡Mis hijos tienen sed! ¡Necesitan agua! ¡Mi anillo de oro por agua!». Para cuando llegamos a nuestro destino, el 40 % de las personas que viajaban en otros vagones habían muerto. En el nuestro sólo murieron dos. Gracias a mi padre, el resto de los pasajeros de nuestro vagón sobrevivió. Al menos hasta llegar a Auschwitz.

A los pocos días de llegar al campo, sus padres fueron gaseados y a él se le permitió vivir para emplearlo como fuerza de trabajo forzado, aunque el propósito era matarlos de todas formas a través de la extenuación y las insalubres condiciones de vida.

Sus vivencias allí son estremecedoras. Los internos dormían en unas largas literas corridas donde se apiñaban decenas de hombres. El frío era tremendo; fuera se alcanzaban los diez o veinte grados bajo cero y a ellos los obligaban a dormir desnudos. Para no morir congelados había que pegarse a la persona más próxima, pero no era raro despertar al alba ante la mirada fija de un compañero muerto. A los nazis les encantaba maltratarlos, y los internos podían recibir un tiro de la forma más caprichosa. Las palizas en sus escuálidos cuerpos eran moneda corriente.

Eddie dice lo siguiente acerca de la vida en el campo:

La única manera de sobrevivir en Auschwitz, día a día, era tener la mente centrada en mantener el cuerpo en funcionamiento. La gente que era incapaz de olvidarse de todo salvo de la voluntad de vivir, de hacer lo necesario para llegar hasta el día siguiente, no lo conseguía. Quienes se pasaban el tiempo dándole vueltas a lo que habían perdido —su vida anterior, su dinero, su familia— no lo conseguían. En Auschwitz no existía el pasado ni el futuro, solo la supervivencia. O nos adaptábamos a esa extraña rutina del infierno en vida, o no lo conseguíamos.

Eddie sobrevivió de forma casi milagrosa. Le dieron terribles palizas, le dispararon, lo mandaron a los crematorios en varias ocasiones sólo para ser salvado *in extremis*... Muy pocos lo consiguieron. El simple hecho de estar demasiado delgado ya era motivo para ser ejecutado.

Una vez al mes, el médico hacía su ronda y nos ordenaba ponernos en fila para examinarnos las nalgas y comprobar si habíamos perdido la reserva de grasa acumulada en el trasero; si simplemente tenías dos colgajos de piel, el médico te desahuciaba y te enviaba a la cámara de gas. Cada mes, muchas personas eran sentenciadas a muerte por esta razón, y vivíamos atemorizados. Kurt y yo quedábamos después de la inspección para ver si el otro seguía con vida. Cada mes se producía un milagro. Incluso estando tan enfermos, nuestros rostros conservaban un cierto aspecto saludable.

Kurt era su inseparable amigo, un chico de su edad con el que había ido al colegio. Enseguida se formó entre ellos una amistad sagrada. En muchas ocasiones se jugaron la vida el uno por el otro. Después de perder a casi toda su familia de sangre, Kurt lo era todo para él. En su libro *El hombre más feliz del mundo* dice:

Esto es lo más importante que he aprendido jamás: el mayor logro de una vida es ser amado por otra persona. No me canso de repetirlo, especialmente a los jóvenes. Sin amistad, el ser humano está perdido. Un amigo es alguien que te recuerda las ganas de vivir. Auschwitz era un infierno, un lugar de horrores inimaginables. Pero yo sobreviví porque había contraído una deuda con mi amigo Kurt, vivir un día más con tal de volver a verlo. El hecho de tener aunque sólo sea un buen amigo significa que el mundo adquiere un nuevo significado. Un buen amigo puede ser todo tu mundo. Eso, más que los alimentos, la ropa de abrigo o las medicinas que compartíamos, era lo más importante. El mejor bálsamo para el alma es la amistad. Y con esa amistad éramos capaces de hacer lo imposible... Algo tan sencillo como el hecho de saber que quedaba alguien en el mundo que se preocupaba por mí, y por quien yo podía preocuparme, me bastaba para seguir adelante.

Tanto Eddie como Kurt sobrevivieron al infierno, y al salir vivieron juntos durante algunos años en Bruselas, en un bonito piso alquilado. Se casaron aproximadamente al mismo tiempo, tuvieron hijos amados y, por supuesto, fueron amigos de por vida.

Una vez liberado, Eddie hizo una elección solemne: se dio cuenta de que tenía que escoger entre el odio y la amargura o el amor y la felicidad. De forma radical. O iba hacia un lado o hacia otro.

Lo había perdido todo. Había sido sometido injustamente a una tortura descomunal, pero su mente seguía siendo suya. Así que optó por ser feliz y trabajar para hacer felices a los demás. Sus primeros años de casado los describe así:

Nuestra vida en Bruselas no era perfecta, ¡pero estábamos vivos! Has de intentar ser feliz con lo que tienes. La vida es maravillosa si eres feliz. No mires hacia el otro lado de la valla. Nunca serás feliz si te comparas con tu vecino y la envidia te corroe.

No nos sobraba el dinero, pero teníamos lo suficiente. Y, la verdad sea dicha, el mero hecho de tener un plato de comida sobre la mesa después de pasar años de hambre en la nieve era maravilloso.

La gente de nuestro entorno tenía más dinero. «Fulano conduce un Mercedes, mengano lleva un reloj de diamantes». ¿Y qué? Nosotros no necesitábamos un coche. Compramos un tándem y podíamos pasear juntos. Yo, cómo no, lo examiné para ver qué mejora era posible realizar, y le instalé dos pequeños motores para no tener que pedalear. Cuando íbamos por terreno llano, arrancaba un motor y, cuando subíamos una cuesta, los dos. ¡Qué milagro el estar vivo y estrechar entre mis brazos a mi precioso bebé, a mi preciosa esposa!

Si mientras me sometían a torturas y me mataban de hambre en los campos de concentración me hubieran dicho que pronto sería muy afortunado, bajo ningún concepto lo habría creído.

Esto es lo que he aprendido: la felicidad no cae del cielo; está en tus manos. La felicidad radica en tu interior y en las personas a las que amas. Y, si tienes salud y eres feliz, te ha tocado la lotería. ¿Qué me dices de ti, amigo mío? Espero que tu felicidad también se multiplique.

Cada año, mi esposa Flore y yo celebramos nuestro aniversario de bodas el 20 de abril, el día del cumpleaños de Hitler. Nosotros seguimos aquí; Hitler está ahí abajo.

A veces, cuando nos sentamos delante de la televisión por la noche con una taza de té y galletas, pienso «¡Qué afortunados somos!». En mi opinión, ésa es ciertamente la mejor venganza, y es la única venganza que me interesa: ser el hombre más feliz de la Tierra».

Tras algunos años en Bruselas, Eddie, su esposa y su pequeño emigraron a Australia, una tierra exótica bañada por el sol. Allí compraron un taller mecánico, que prosperó y se convirtió en un importante concesionario de coches.

Era un hombre feliz, pero nunca hablaba de su pasado en Alemania: era demasiado doloroso. Ni siquiera sus hijos sabían que había estado en Auschwitz.

Hasta que en una reunión con compañeros supervivientes decidieron que era importante trasladar al mundo lo que habían aprendido en aquel oscuro tiempo. Y empezaron a dar charlas en escuelas.

Eddie tenía cada vez más peticiones a lo largo y ancho del país, y después de jubilarse, con noventa años de edad, varios hijos, muchos nietos y algunos biznietos, se animó a dejar su historia por escrito. Su libro fue un éxito en muchos países y Eddie dio una charla TED que han visto miles de personas en todo el mundo.

Su libro termina de la siguiente forma:

> Por favor, cada día, recuerda esto: sé feliz y haz feliz a los demás también. Hazte amigo del mundo. Hazlo por tu nuevo amigo, Eddie.

El carrusel de mentores

Desde hace mucho tiempo practico un ejercicio que llamo «el carrusel de mentores». Cada vez que me quejo estúpidamente de algo —porque me han cobrado de más en una factura del teléfono o alguien me ha dicho algo desagradable—, visualizo a mis mentores. Por ejemplo, la tríada Davide-José-Eddie.

Me pregunto: «¿Qué te dirían ellos? ¿Es esto el fin del mundo, la guerra nuclear?». E imagino sus caras, su lenguaje corporal.

Visualizo que ríen y responden: «¡Rafael, no seas estúpido, no te pasa nada grave ni tan siquiera importante! Chaval, despierta: ¡son sólo minucias!».

Y vuelvo a imaginarlos. Primero a Davide. Luego a José. Y, por último, a Eddie Jaku. Una y otra vez.

La idea es parecerse a ellos. Aprender su forma de pensar. Adquirir su fortaleza y su alegría interior. Davide-José-Eddie. Davide-José-Eddie. Hermanos de alma: estamos juntos en esto.

SEGUNDA PARTE

Feliz contigo mismo

9
Eliminar el estrés

Ya hemos visto el ABC de la psicología cognitiva, la tecnología para hacerse fuerte a nivel emocional. A continuación, veremos algunas aplicaciones prácticas a temas concretos.

En un 70 %, la psicología cognitiva es filosofía estoica. Los estoicos fueron los primeros en establecer los principios de la estabilidad emocional y una metodología eficaz. Como ya hemos comentado, Epicteto fue el más famoso de estos filósofos, y eso que fue esclavo durante buena parte de su vida. De él se cuentan muchas historias —seguramente inventadas— que ilustran su ideario. Por ejemplo, que cojeaba porque su amo, Epafrodito, tenía la costumbre de golpearle en la pierna y lo dejó lisiado de por vida. Se decía que Epicteto, ante ese abuso, respondía: «Señor, cuidado, que vais a romper el palo».

Esta historia no explica nada bien en qué consiste el estoicismo. Los estoicos no pretendían ser insensibles; no iban de marines, duros como el acero. Para nada.

El objetivo estoico consiste en no terribilizar jamás. Es decir, cuando sucede una adversidad, se intenta darle la menor importancia al tiempo que se procura solventar el problema de la forma más efectiva (alegre y creativa).

El estoicismo no consiste en entregarse al dolor, en absoluto, sino en evitarlo de forma creativa, promoviendo el bien y el amor.

El ejercicio de reducir la importancia de TODOS los males es una pasada, porque nos otorga una tranquilidad, una armonía y una capacidad de disfrutar enormes.

El estrés en el trabajo

El estrés es una verdadera plaga en nuestros días. Las encuestas dicen que el 80 % de los adultos sufren estrés laboral o familiar. Un reciente estudio publicado en España afirma que en la actualidad un 60 % de los universitarios experimentan ansiedad continuamente.

Para los que crecimos en los ochenta, este dato es impactante. En nuestra época estudiantil, casi todo el mundo lucía despreocupado y feliz. ¿Qué ha cambiado?

Sin duda, es la terribilitis y la necesititis, que van en aumento cada día. Le damos una importancia dramática a las cosas y cada vez creemos que necesitamos más y más.

En un 80 %, el estrés en el trabajo es algo mental creado por nosotros. ¿Quieres pruebas? Las tienes a tu alrededor. En tu mismo puesto de trabajo hay miles de personas que no se estresan. Simple y llanamente. Analices la ocupación que analices, hay muchísimas personas que se lo toman de otra forma y están la mar de relajadas.

Es cierto que hay trabajos peores que otros. Incluso los hay que son claramente nocivos e insalubres. Y ésos es mejor abandonarlos lo antes posible. Pero, incluso en esos casos, si estamos obligados a mantenerlos, podemos reducir el estrés de forma radical porque el estrés depende de nuestra valoración, de nuestra mente.

Para reducir el estrés hay que llevar a cabo un trabajo diario e intenso en las siguientes direcciones:

- No necesitar un empleo determinado: «Si lo pierdo, no será el fin del mundo».
- No necesitar ser eficiente en algo para tener una gran autoestima: «Si jamás llegase a ser un buen psicólogo, pues mala suerte, me dedicaría a otra cosa».
- No otorgarle a la eficacia el sentido principal de la vida: «No soy una máquina, sino un ser maravilloso y amoroso».
- Hacerse profundamente humilde: «Si fuese muy zoquete, podría ser grande de todas formas, porque la grandeza está sólo en el amor».

El tenista que aprendió a ganar

Hace bastantes años trabajé con un tenista profesional que tenía veinticinco años. Su calidad era incuestionable y le encantaba su deporte y todo lo relacionado con él, pero cuando le tocaba jugar en las pistas principales, ante mucho público, llegaba el desastre. De repente, era otro: le temblaban las piernas y fallaba tiros fáciles. Una y otra vez, desplegaba un tenis maravilloso en las primeras rondas de los torneos, pero al llegar a los cuartos de final «hacía el ridículo», según sus propias palabras. Ante un gran público, sufría lo que llamamos «ansiedad de rendimiento».

Pero en pocos meses hizo un trabajo mental fantástico y todo cambió para él. Pasó de «sufrir» a «disfrutar» ante esa misma situación. Y su rendimiento se disparó.

Juntos llevamos a cabo, una y otra vez, lo que llamamos «la visualización del último de la clasificación ATP». Se trataba de imaginarse siendo el último pero INMENSAMENTE feliz. Sí, el peor de todos en el circuito, pero orgulloso de ser el mejor amigo, la mejor persona.

En uno de sus correos electrónicos me explicaba así su técnica de visualización:

> Me imagino perdiendo en la primera ronda de todos los torneos, en el primer partido, una y otra vez. Pero, en esta ocasión, con una gran sonrisa de satisfacción. ¿Cómo es posible? Porque ahora valoro el privilegio de poder competir con grandes atletas de todo el mundo. Disfruto de intentar aprender cada día, con amor: cada movimiento, cada detalle de cada golpe, por el simple hecho de hacerlo mejor. Me imagino pobre, pero feliz. Ajusto mi presupuesto sabiendo que las comodidades son sólo un añadido sin ninguna importancia. Durante toda mi carrera me concentro en disfrutar, en ayudar a los compañeros, en expandir mi felicidad. Y, ¿sabes?, me siento un supercampeón en la única tarea auténtica: disfrutar de la vida y el amor.

Hacía este ejercicio varias veces al día: tendido en la cama, mientras escuchaba su música favorita... Se sentía genial siendo el último de la clasificación y, efectivamente, le entraban considerables ganas de hacerlo realidad.

De esta forma, día a día, fue deshaciendo esa presión que él solo se había creado. Al cabo de unos meses, su propósito seguía siendo ganar, pero al mismo tiempo tenía otras prioridades:

- Disfrutar y ser feliz.
- Aprender más y más.
- Ofrecer algo hermoso al público.
- Compartir la vida con otros compañeros.

Y así, ¡abracadabra!, se dio cuenta de que empezaba a rendir más. Entrenaba más horas y más intensamente, como si hubiese descubierto unos límites nuevos. Y atención: a la hora de jugar, como por arte de magia, le entraban todas las bolas. Fluía la mayor parte del día y también en los partidos. Lo embargaba una nueva alegría llena de ilusión, independiente de los resultados.

Lo mismo he presenciado trabajando con docenas de otros deportistas: futbolistas, jugadores de baloncesto, pilotos, etc. La clave es liberarse de la presión, porque así se activa el disfrute y un tipo de ambición limpia, diferente.

Con los trabajos cotidianos, sucede lo mismo. Y la magia está siempre en no necesitarlos. A un nivel profundo, casi espiritual.

Hacerlo espiritual

Todas las tradiciones espirituales practican la sencillez y la humildad. Los monjes viven con máxima austeridad. Los sacerdotes hacen voto de pobreza. Los *sadhus* hindúes vagan casi desnudos.

Por el contrario, los laicos escogemos tener cosas y disfrutar de comodidades, pero podemos acercarnos a ellas mediante la renuncia mental: imaginar —al máximo posible— que seríamos felices sin todo ello. Tan intensamente que casi sea *de facto*.

La idea es llegar a sentir en nuestro interior que podemos desprendernos de todo con alegría. Sólo entonces será cierto que no lo necesitamos.

Recuerdo una conversación que tuve una vez con Carol, mi novia hace unos años. Carol es una chica alegre y divertida nada interesada en la psicología ni en la espiritualidad. Cuando comentábamos estas ideas, se mostraba escéptica.

—Pero, Rafael, ¡tú de *sadhu* no tienes nada! ¡A ti te va muy bien todo y tienes muchas comodidades! ¡Venga ya! —me decía, riendo.

—Cariño, lo que no sabes es que yo soy un monje secreto —le replicaba dándole un simpático beso.

Bromas aparte, la idea del «monje secreto» encerraba una importante dosis de realidad. Yo, como el emperador Marco Aurelio, sé que «mis mayores tesoros no son mis conquistas, mis palacios ni mis glorias, sino mi filosofía». Siento que no necesitar es un tesoro espiritual.

Si Gandhi estuviese vivo, no me cabe duda de que yo peregrinaría a su *ashram* —su monasterio— para vivir allí con él y sus amigos. Él vivía con otras familias en un entorno rural, trabajando la amistad y la espiritualidad. Con toda sencillez. Ya no puedo acudir allí, pero hay otro *ashram* disponible: mi *ashram* interior.

En ese lugar mental trabajo, como y duermo. En él lo hago todo. Ese *ashram* interior está construido con todas mis convicciones y, entre ellas, grabada a fuego, está la creencia de que no necesito este trabajo que hago ni nada de lo que me proporciona. Disfruto de él mientras está disponible, pero cuando no lo esté seré igualmente feliz.

A sus seguidores, Jesucristo les pedía un esfuerzo similar. Él vivía sin ninguna seguridad económica. Éstas son sus palabras, tal como figura en los evangelios:

> Nadie puede servir a dos señores, porque amará a uno y aborrecerá al otro, o bien se interesará por el primero y menospreciará al segundo. No se puede servir a Dios y al dinero.
>
> Por eso os digo: no os inquietéis por vuestra vida, pensando qué vais a comer, ni por vuestro cuerpo, pensando con qué os

vais a vestir. ¿No vale acaso más la vida que la comida, y el cuerpo más que el vestido?

Mirad los pájaros del cielo: ellos no siembran ni cosechan, ni acumulan en graneros, y, sin embargo, vuestro Padre celestial los alimenta. ¿No valéis vosotros acaso más que ellos?

¿Quién de vosotros, por mucho que se preocupe, puede añadir un solo instante al tiempo de su vida?

¿Y por qué os inquietáis por el vestido? Mirad los lirios del campo, cómo crecen. No se fatigan ni hilan.

Yo os aseguro que ni Salomón, en el esplendor de su gloria, se vistió como uno de ellos.

Si Dios viste así la hierba de los campos, que hoy existe y mañana será echada al fuego, ¡cuánto más hará por vosotros, hombres de poca fe!

No os inquietéis, entonces, diciendo: «¿Qué comeremos, qué beberemos o con qué nos vestiremos?».

Son los gentiles los que se afanan por estas cosas. El Padre que está en el cielo sabe bien lo que vosotros necesitáis.

Buscad primero el Reino y su justicia, y todo lo demás se os dará por añadidura.

No os preocupéis por el día de mañana; el mañana se preocupará de sí mismo. A cada día le basta con su inquietud.

La mejor manera de reducir el estrés es, sin duda, comprender que no necesitamos el trabajo para ser felices. Podemos plantearnos la peor fantasía: que nos despiden del trabajo. O, aún peor, ¡que nunca encontramos ningún empleo!

¿Qué haríamos si tuviésemos que vivir de la beneficencia pública? ¿Podríamos ser felices, como lo es mi querido amigo Albert Casals? ¡Por supuesto que sí! Habría miles de cosas valiosas para hacer por nosotros y por los demás.

En la gran mayoría de los casos la peor fantasía no sucederá nunca, pero estar mentalmente preparado para ella es el mejor ejercicio, porque, si estamos poseídos por esta convicción, ¿qué nos podrá preocupar?

> En este capítulo hemos aprendido que:
>
> - El estrés en el trabajo es algo eminentemente mental y podemos acabar con él.
> - Para lograrlo hemos de 1) no necesitar el empleo, 2) no necesitar ser eficiente, 3) no darle importancia a «la eficacia» y 4) hacernos profundamente humildes.
> - No necesitar ser eficiente es un ejercicio mental, pero hay que hacerlo con mucha profundidad, hasta un nivel espiritual.

10

Sin complejos

Un anciano y un niño viajaban con un burro de pueblo en pueblo. Estaban caminando ambos junto al animal cuando llegaron a una aldea. Al recorrer la calle principal, un grupo de aldeanos se rio de ellos:

—¡Qué par de tontos! Tienen un burro y, en lugar de montarlo, van los dos andando a su lado. Por lo menos el viejo podría subirse al burro.

Al oírlo, el anciano y el niño se avergonzaron y decidieron que el primero subiese al burro. Y prosiguieron la marcha hasta llegar a otro pueblo.

Al pasar por la calle principal, varios vecinos se indignaron cuando vieron al anciano sobre el burro y el niño caminando al lado:

—¡Qué vergüenza! El viejo cómodo en el burro, y el pobre niño pateando al sol.

Al salir del pueblo, el anciano y el niño se miraron abochornados y decidieron intercambiar los puestos.

Así recorrieron unos cuantos kilómetros hasta que entraron en otra aldea. Cuando los vecinos los vieron, empezaron a exclamar:

—¡Menuda ignominia! ¡Qué bochorno! El niño subido al animal, y el anciano marchando a su lado.

Al salir del pueblo, el niño y el anciano, sofocados, decidieron compartir el burro y se subieron los dos a la grupa.

Al llegar la tarde, alcanzaron otra aldea y se encontraron con un grupo de gente que empezó a gritar:

—*¡Caraduras! ¡Desalmados! ¡Vais a reventar al pobre burro!*

Nuestros protagonistas salieron de allí ruborizados y confusos. Debatieron un poco y buscaron una solución. Cuando entraron en el siguiente pueblo, la gente se apiñó en torno a ellos y el escándalo fue mayúsculo. La gente reía y exclamaba:

—*¡Mirad esos tarugos! Tienen un burro y, en lugar de montarlo, lo llevan a cuestas. ¡Vaya par de imbéciles!*

El cuento que acabamos de leer ejemplifica que debemos ser independientes de la crítica ajena y tener criterio propio. Hagamos lo que hagamos, siempre habrá alguien a quien le parezca fatal.

Con la batería de argumentos apropiada, todas —absolutamente todas— las preocupaciones pueden reducirse hasta convertirse en un polvillo sin importancia. En realidad, todo lo que nos perturba son sólo un conjunto de ideas y, como tal, se puede cambiar.

El tema de los complejos es un buen ejemplo de ello. ¿Quién no ha tenido alguno? ¿Feo, torpe o tonto? Ésas son las tres categorías que nos pueden hacer sentir inadecuados. Pero la persona bien psicoeducada ya no tiene ningún complejo, porque ser feo, torpe o tonto le da igual. ¿Cómo lo ha conseguido? Convenciéndose de los siguientes principios y argumentos.

La verdadera autoestima es aquella que está basada solamente en una única cualidad: nuestra capacidad de amar (a la vida y a los demás). Eso es lo único importante, porque es lo que hace a la gente feliz.

Fijémonos en las personas más alegres y felices, la gente que lo peta en la vida. Nos daremos cuenta de que poseen una gran capacidad de entusiasmarse. Con las cosas y con las personas. Y eso los llena de una energía limpia. Aman lo que hacen y aman a casi todo el mundo que se cruza en su camino. No le prestan mucha atención a lo que no funciona porque están ocupados gozando de lo que sí disponen.

Esas personas están por todas partes: el verdulero de la esquina, el encargado de la limpieza de la oficina, el monitor de pilates del gimnasio... ¡Están siempre que se salen! ¿Cómo lo hacen? Muy fácil: saben amar lo que tienen entre manos.

Por otro lado, ¿cuánta gente guapa, hábil o inteligente no puede más con su vida, está deprimida, enfadada o ansiosa? ¡Millones!

Es evidente que las cualidades trampa (belleza, inteligencia o pericia) no protegen de las perturbaciones emocionales. En realidad, no dan casi nada (al menos, nada valioso). Eso sí, son llamativas y la sociedad nos las vende como factores esenciales para la felicidad, pero son una grandísima mentira. Una mentira para vendernos cosas.

La belleza física, la inteligencia o las habilidades sirven para obtener ciertas cosas materiales, pero nunca la auténtica felicidad. Esa convicción profunda hace que podamos descartarlas fácilmente y que nunca jamás volvamos a sufrir por parecer que no estamos a la altura.

Cuando te convences a ti mismo de que las cualidades trampa no son importantes, puedes decir en voz alta: «Me la trae al pairo ser feo, tonto o incapaz; lo único que cuenta es mi capacidad de amar».

Por supuesto que podremos ir al peluquero, aprender inglés o tocar un instrumento musical, pero todo eso será sólo una anécdota en la vida. Algo con lo que jugar, pero nunca una fuente de preocupación. Solamente eso: un juego con el que divertirse un poco.

Todos somos tontos

Hace un tiempo leí un dato científico que es una completa locura: la velocidad a la que viaja la Tierra por el espacio. Efectivamente, la Tierra no está quieta. Gira a toda pastilla alrededor del Sol. Esta roca gigantesca en la que estamos va por el espacio a una velocidad alucinante: a treinta kilómetros por segundo.

¿Te imaginas viajar en un coche a esa velocidad? Por ejemplo, sería ir de Madrid a Barcelona en dieciocho segundos. ¿Podrías ver el paisaje?

Se trata de una velocidad inimaginable. ¡Pues resulta que eso es lo que sucede! Todos los astros, en una danza frenética, van a esas velocidades demenciales e incluso mucho más deprisa.

La realidad ahí fuera es tan compleja que nuestros burdos sentidos no pueden captar ni comprender casi nada. El ser humano tiene una inteligencia minúscula y no sabe nada. Y nunca lo sabrá.

Cuando Sócrates afirmó: «Sólo sé que no sé nada», sí sabía de lo que hablaba. Por eso, considerarse mínimamente sabio, inteligente o ilustrado es una broma.

Así pues, acepto sin reservas mi cualidad de «tonto» y me parece el lugar adecuado en el que morar. Mientras estemos en este plano material, en esta Tierra, somos todos aprendices. Esta actitud proporciona un gran sosiego porque ya no es necesario aparentar ninguna inteligencia. ¡Qué descanso no tener que luchar para que nos consideren listos!

Si camino por la calle y alguien me grita: «¡Rafael, pero qué tonto eres!», responderé: «Eso es correcto, amigo, aunque esa cualidad la compartimos todos, te des cuenta o no».

También podemos emplear —como con la belleza— el argumento estadístico: ¿no hay muchas personas listas y, sin embargo, infelices, y mucha gente «tonta» pero feliz? Ello significa que la inteligencia no es muy importante, no da la felicidad.

En una ocasión tuve un paciente que era físico y astrónomo, profesor en una universidad norteamericana y uno de los científicos más mencionados en su campo. Por supuesto, era megainteligente, pero era tan cascarrabias que apenas aguantaba vivir. Estaba siempre alterado y creía que la vida era un gran castigo. ¿Le ayudaba toda esa inteligencia a ser más feliz? Para nada.

Muchas veces me he hecho la siguiente pregunta: «Si por accidente o enfermedad tuviese que perder casi toda la inteligencia, ¿podría aún hacer cosas valiosas por mí y por los demás?». La respuesta es un contundente «¡Sí!». Podría amar a los demás, ayudar a otros que tuviesen la misma enfermedad que yo y enseñar al mundo que existimos y que somos guais. Me haría el presidente de esa asociación y sería muy feliz siendo poco inteligente pero enormemente amoroso.

Qué le den a ser listo o tonto. Ya no lo necesito. Nunca más.

Ser hábil

Ésta es la tercera cualidad trampa en la que a veces basamos nuestra autoestima erróneamente. Y, al hacerlo, caemos sin darnos cuenta en el mal rollo de los complejos.

Como veremos a continuación, ser hábil tampoco da la felicidad. Por lo tanto, ¿para qué pelearse por ello?

Ser hábil significa saber hacer cosas bien o muy bien:

- No ser patoso.
- Hacerlo rápido.
- Igualar un estándar (la media).

Y, claro, abarca una cantidad infinita de actividades:

- Hacer el amor bien.
- Hacer deportes bien.
- Cocinar bien.
- Conducir bien.
- Y hacer bien MILLONES de otras tareas.

Un paciente llamado Francis me explicaba que últimamente tenía una autoestima «muy bajita». Se sentía inferior en muchas situaciones.

—El otro día fui a jugar al ajedrez con unos amigos —me dijo—. Ellos juegan juntos desde hace años. Han estudiado libros y demás. Se les da bastante bien. Jugamos unas cuantas partidas rápidas y perdí casi todas. Me sentí fatal y pensé: «¡Tengo que estudiar en casa para mejorar y llegar a un buen nivel! ¡No puedo ser tan malo!».

—Vaya. Una buena tarea... —repliqué.

—Pero, Rafael, resulta que esa misma semana fui con un amigo a un bar y nos pusimos a jugar a los dardos con otros que había allí. Apostamos unos pocos euros a ver quién ganaba. ¡Y perdimos! Y, otra vez, me dije: «¡Tengo que comprarme una diana y practicar hasta poder ganar en el bar!» —me explicó Francis con cara de agobio.

—Ja, ja. Menudo trabajo se te viene encima —apunté.

—Exacto. ¡Me voy a volver loco si pretendo ser bueno en todo! Rafael, ¿qué me sucede?

Lo que le sucedía es que había basado su autoestima en ser hábil o capaz, y, claro, se trata de un pozo sin fondo porque en este mundo hay millones de habilidades diferentes. Intentar demostrar que eres hábil es una batalla perdida. Es como intentar achicar agua de un barco que se hunde sin remedio. Nunca nadie será hábil en todo.

Por eso, como con la fealdad o la estupidez, si alguien me dice alguna vez: «¡Rafael, qué torpe eres!», responderé: «¡Por supuesto que lo soy! Soy un torpe que ama, que es lo único que importa. Esa competición te la dejo ganar a ti».

SER DEL CLUB DE GANDHI

Antes hablé de Gandhi. Desde joven siento una gran afinidad con él y recomiendo a todo el mundo leer su autobiografía.

Sus seguidores le pedían que pusiese su pensamiento por escrito y él se negaba continuamente. Hasta que al final accedió, pero con una condición: «Lo único que puedo hacer es hablar de mi vida porque mi filosofía está ahí». Y ése es su único texto: el relato de su vida.

Mahatma Gandhi es uno de los personajes clave del pensamiento humano de todos los tiempos. Fue un hombre que decidió hacer del amor lo más importante de su vida. A lo grande. Amar intensamente a toda la humanidad.

Él defendía que con el amor se puede transformar el corazón de todos —ya que todos tenemos una esencia espiritual— y se puso como objetivo conseguir la independencia de su India natal respecto a Gran Bretaña. Pero no a través de una revolución con balas y ejércitos, sino a través de amar al «enemigo».

Para sorpresa del mundo entero, lo consiguió en pocos años. No sólo Gran Bretaña devolvió la soberanía a la India sin ninguna condición, sino que Gandhi se convirtió en un héroe... ¡también para el pueblo británico! Nunca se ha visto nada igual en la historia de la humanidad. Al final del proceso, Gandhi visitó el Reino Unido y fue acogido con vítores sobre todo por la población obrera del país. Churchill y los demás mandamases no lo soportaban; la gente de a pie lo amaba.

Sin duda, Gandhi ha sido uno de los grandes de la historia de la humanidad, pero no era guapo, ¿verdad? ¿A quién le importa? ¡Era un megacrack! Su poder de atracción estaba en valores mucho más importantes que la belleza, la inteligencia (típica) o la pericia manual. Su inmenso atractivo estaba en su capacidad de amar.

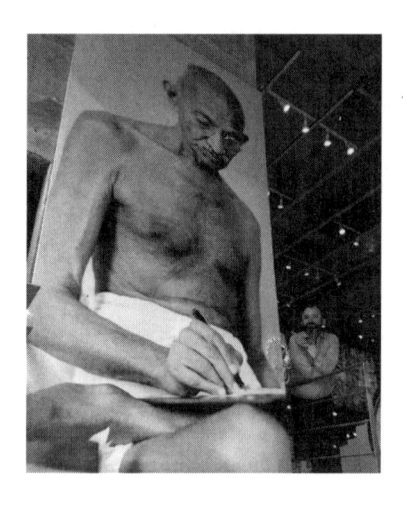

Por eso, si alguna vez siento la tentación de tener un complejo —si pienso fugazmente que no soy suficientemente guapo, listo o hábil—, traigo a la mente la foto de Gandhi de la página anterior y pienso: «¡Pero, Rafael, si tú eres del Club de Gandhi!».

Los miembros del Club de Gandhi no ponemos la autoestima en la belleza física, la inteligencia ni las habilidades, sino en lo único que de verdad importa: la capacidad de amar.

En este capítulo hemos aprendido que:

- Los complejos giran en torno a tres áreas: *1)* belleza, *2)* inteligencia y *3)* eficacia.
- La belleza, la inteligencia o la pericia manual sirven para obtener algunas cosas, pero no la felicidad.
- Mucha gente guapa es infeliz, y mucha gente fea es superfeliz.
- Todos los seres humanos somos profundamente ignorantes y no pasa nada.
- No somos máquinas y es imposible hacerlo todo bien.
- Podemos imaginar ser del Club de Gandhi, un gran grupo de personas que prefieren amar.

11

Superar el abandono y la soledad

El temible abandono

Hace toda una vida que me dedico a esto de la psicología. Empecé muy joven con mi maestro Giorgio Nardone, estudiando en su centro de la Toscana. Cada día veíamos decenas de pacientes que llegaban desde todos los puntos de Italia. Y pude apreciar que uno de los casos más comunes era la depresión por abandono.

Que el desamor sea lo que más nos desestabiliza no deja de ser curioso. El escritor Juan Cruz me dijo una vez con su característica lucidez: «Cuando te dejan, sientes realmente que te ahogas». Aun así, por muy común que sea, pasarlo mal por desamor es muy irracional, porque:

- Casi todo el mundo se recupera. Y, muchas veces, muy rápido. Por lo tanto, no es nada grave. No hay por qué ponerse tan mal.
- Cuando tenemos una nueva pareja, solemos darnos cuenta de que la anterior era un coñazo. De modo que es una tontería.
- La soledad que sentimos cuando nos dejan es irreal, porque ¡en realidad no estamos solos! Nos rodean siempre muchas otras personas maravillosas.

Y hoy puedo asegurar que, si estás bien amueblado mentalmente y te dejan, este asunto no te afecta demasiado. No te gusta, pero no te haces el harakiri. Puedes pasar una semana mal, sí, pero tras ese período te lanzas a vivir la vida sin freno, a comértela a dentelladas, porque, simplemente, ¡hay tanto por hacer! ¡El milagro de la vida nos espera ahí fuera!

Para superar rápido una separación, hay que convencerse —al máximo— de los siguientes puntos:

- Nadie necesita a nadie concreto.
- La vida está repleta de oportunidades para amar (actividades, amigos, familia...).
- Encontrar a otras personas a las que amar es la cosa más fácil del mundo (si nos abrimos).
- Mientras puedas hacer cosas valiosas por ti y por los demás, tu vida podrá ser maravillosa SIEMPRE.

Veamos algunos de estos puntos con más detalle.

NADIE NECESITA A NADIE

Nuestra sociedad nos ha comido el coco para que entendamos que amar es depender. Si pones la radio en cualquier momento del día, lo más probable es que suene una canción de amor. ¡Y todas cantan al amor neurótico! «Sin ti yo muero», «Sin ti no soy nada»... ¡Dios mío! ¿Qué les sucede a esos cantantes? ¡Están muy neuróticos!

Una vez más, se confunde «gozar de las cosas» con «necesitarlas desesperadamente». Lo correcto sería ser capaz de decirle a tu pareja: «Cariño, te quiero mucho, pero no te necesito nada» o «Si me dejas, mañana seguiré teniendo una vida maravillosa, aunque ahora prefiero seguir compartiéndola contigo».

La realidad es que nadie necesita a nadie (en concreto) porque pertenecemos a un universo de personas fantásticas y ¡todos! son nuestros posibles hermanos. ¿Por qué no activar ese AMOR a lo grande, en vez de limitarse obcecadamente a una persona?

El parque infantil

Recuerdo la primera vez que, de niño, capté la belleza del fenómeno de la amistad. Tenía siete años y mis padres me llevaron por primera vez a la escuela. Hasta entonces yo había estado en casa, feliz pero sin tener demasiado contacto con otros niños.

En mi primer día de colegio, mi madre me dejó en una clase con otros cuarenta pequeñajos. Antes de que me pudiera sentar, el niño más cercano saltó de su asiento ¡y me dio un abrazo! Con una sonrisa enorme, me dijo:

—¡Hola! ¡Soy Sergio! ¿Cómo te llamas?

Aquel chaval emanaba alegría, amor y diversión. ¡Aluciné con su entusiasmo! Por supuesto, nos hicimos mejores amigos. Por alguna razón, nunca he olvidado ese primer día con Sergio: su salto, su sonrisa, ¡su abrazo inesperado!

Ahora mismo tengo cincuenta y tres años y durante toda la vida no he dejado de comprobar que TODOS los seres humanos, en el fondo, somos ese Sergio que me recibió emocionado aquel día. ¡¿Cómo no iba a ser así?! Las personas SÓLO queremos amar.

Por supuesto que a menudo nos volvemos locuelos. Nos perdemos persiguiendo el éxito, la seguridad y demás nimiedades materiales, pero, en realidad, seguimos siendo esos niños deseosos de amar y jugar. ¡Somos eso!

Cuando confías plenamente en la bondad intrínseca del ser humano, empiezas a ver a la gente de forma diferente. Los ves como potenciales amigos, amantes, enamorados... Los ves con los ojos del pequeño Sergio.

Y ésta es la principal razón por la que nadie necesita a nadie (en concreto): porque vivimos rodeados de miles de posibles hermanos. Sólo hay que escoger algunos pocos y empezar a cultivar esa relación: autoeducarnos en el amor, la generosidad y el goce por la vida.

LA SOLEDAD

El fenómeno de la soledad me encanta porque es un ejemplo muy claro de cómo inventamos adversidades y después las sufrimos desconsoladamente. Los seres humanos somos tan trastos que creamos fantasmas y después nos asustamos de ellos.

Y es que, como veremos a continuación, en un 90 % de los casos la soledad no existe. Si no estás realmente impedido a nivel físico o mental para salir y relacionarte con otros seres humanos, la soledad es algo que estás creando tú.

Por supuesto que hay ancianos que no pueden moverse libremente (y en ese caso sí hay soledad forzada), pero lo que vemos los psicólogos una y otra vez es otra cosa: es soledad psicológica, creada por nuestra mente. Por ejemplo, la soledad del que ha perdido a la pareja o se ha trasladado de domicilio.

En una ocasión tuve un paciente, Mateo, que se fue a vivir a Londres para tener la deslumbrante experiencia de residir en el extranjero y aprender inglés. Iba muy ilusionado. Pero la primera semana me llamó asustado:

—Rafael, me ha cogido mucha ansiedad porque me encuentro muy solo. No me lo esperaba, pero, claro, es que no conozco a nadie y me he pasado el fin de semana solo, sin ver a nadie.

—Vale. ¿Y el resto de la semana? ¿Qué has hecho durante los días laborales? —le planteé.

—He estado muy ocupado buscando trabajo, aunque todavía no he encontrado nada —me aclaró.

—Y déjame adivinar: ¿verdad que durante la semana no has tenido ansiedad?

—No. He estado ocupado y bien —respondió.

—Pues fíjate bien, amigo Mateo: este fin de semana te has asustado a ti mismo porque NO hay nada que temer. NO estás solo y NUNCA lo estarás. Ahora mismo estás trabajando para construirte una experiencia londinense maravillosa y ser megafeliz —dije.

—Pero nunca en mi vida he estado tanto tiempo solo. Me he quedado en mi piso solo, sin hacer nada —se lamentó Mateo.

—Pues déjate de tonterías y ponte a disfrutar de todo lo que tienes por hacer. Por ejemplo, ¿ya conoces el metro de Londres? ¿Sabes bien cómo va? —pregunté.

—No. Y la verdad es que es enorme. Conviene conocerlo bien. Ya he llegado tarde a un par de entrevistas de trabajo porque me he perdido en los trayectos —confesó.

—Cuando tengas tiempo libre, dite a ti mismo: «Voy a pasarme el finde viajando en metro para conocerlo muy bien, dominarlo y poder moverme por Londres como un experto». No hay tiempo para fantasmas absurdos: sólo hay tiempo para disfrutar, para crear un universo vital maravilloso. Disfruta visualizándolo, disfruta construyéndolo ya. ¡La soledad no existe!

Mateo tenía que quitarse de la cabeza su propia amenaza: «¡Dios mío, estoy solo!», e implantarse esta otra idea: «¡Dios mío, qué maravilloso período de aprendizaje y aventura tengo por delante!».

La idea de la soledad era una construcción mental que se iba a hacer realidad sólo si Mateo se quedaba en casa llorando absurdamente.

Los budistas hablan mucho de este fenómeno: la creación de fantasmas mentales que diseñamos en nuestra mente y luego sufrimos pesadamente. Somos como el doctor Frankenstein, que, tras crear el monstruo, muere a sus manos.

Cuando le explico alguna desventura a Kiko, mi maestro budista, me suele decir:

—Rafael, pero ¿por qué te pones el vídeo de la preocupación? ¡No te entiendo!

—Bueno, Kiko, es que la situación es así... —respondo.

—¡Ponte un vídeo de Claudia Schiffer desfilando toda guapa! ¿No es mejor esa película? —dice, partiéndose de risa

Y es que él lo ve muy claro. ¿Por qué enredarse en una visión terribilizadora?

En la vida hay retos y situaciones cambiantes, sí. Pero ¿realmente son tan malas? Es más, ¿no serán oportunidades para desarrollar la bondad, el amor, la diversión y la inteligencia?

Aquel mismo día Mateo cambió el chip e hizo desaparecer de su mente la idea de que estaba solo. Incluso la posibilidad de estar solo. NUNCA MÁS, ni en China ni en la Conchinchina.

Al final, residió tres años en Londres y fue uno de los períodos más hermosos de su vida. Recuerdo que, durante aquella misma semana, conoció en una fiesta a dos españoles que se convirtieron en sus mejores amigos durante años.

Un unicornio llamado «soledad»

En una ocasión me llamaron de un programa de TVE llamado *Millennium*. Me proponían participar en un debate sobre la soledad.

Millennium era un programa serio, grabado en un plató oscuro que asemejaba la sala de espera de un notario parisino. El presentador era un clásico de la televisión: Ramón Colom, exdirectivo de TVE. Un hombre con un gran aplomo, voz pausada y grave.

Acepté rápidamente la invitación porque la soledad es un fenómeno que me apasiona. Todas las creaciones mentales del ser humano son el objeto de mi trabajo. Y más una tan escurridiza como ésa.

El día acordado llegué al plató y saludé a los participantes: un anciano catedrático de Filosofía y dos chicas que eran asistentes sociales.

Nos sentaron frente a frente en unos sillones bajos, formando un rectángulo presidido por el venerable periodista. Y empezó el show.

El primero en hablar fue el profesor de Filosofía. Habló un rato del carácter social del ser humano, de la importancia de las relaciones. Luego hablaron ellas y pusieron ejemplos de su trabajo con personas en riesgo de exclusión. Cuando me tocó el turno, dije:

—Me encanta lo que estoy oyendo, porque estamos debatiendo sobre algo maravilloso. ¡Algo que no existe! Es como si hablásemos del unicornio, con dibujos, mapas y presuntos avistamientos.

Se quedaron boquiabiertos. Sobre todo, el presentador del programa. Me miraba con una expresión que decía: «¿Qué haces, desgraciado? ¡Me estás arruinando el programa!».

Yo continué:

—No me refiero a los casos de los que han hablado las asistentes sociales. La soledad en casos de exclusión está justificada, pero esa soledad es sólo una gota de agua en el océano de la soledad humana. La «gran soledad», la que impera en nuestra sociedad, no afecta a personas impedidas, sino a personas que han creado esa idea en su mente y ahora la sufren. Personas jóvenes que dicen que no tienen amigos, que su pareja los ha dejado y no encuentran otro amor, etc.

No me volvieron a invitar a ese programa. Ellos se lo pierden.

Y es que la soledad es una quimera por las siguientes razones:

- El planeta está superpoblado. Lo que sobra es gente. Somos alrededor de ocho mil millones de personas en la Tierra, cuando, como especie, deberíamos ser cien millones. Si sales a la calle en cualquier momento, lo que verás es ¡gente y más gente! Estar solo es imposible.
- Los seres humanos estamos hambrientos de amor. Cada una de las personas con las que nos tropezamos cada día ¡son posibles hermanos! Descubrámoslos y amémoslos, abrámonos y démosles lo que están buscando: amor. Hay tantos candidatos a ser nuestros mejores amigos que será imposible atenderlos a todos. ¡Tendremos que escoger!
- Los animales, las cosas y las actividades también dan amor. También son compañía. Por ejemplo, yo amo mi profesión, el estudio, la naturaleza, la música, las montañas... y me siento tan dulcemente acompañado por todo ello que me siento pleno. Hasta el punto de que podría vivir como un ermitaño en una cabaña dedicado a mis cosas y al goce de la naturaleza.

Pero atención: si, pese a todos estos argumentos, nos emperramos en decirnos lo contrario: «¡Dios! ¡Me ha dejado mi esposa! ¡Estoy solo! ¡Soy un desgraciado! ¡Un pobre gusano!», nos lo creeremos y aparecerá esa cosa tan absurda llamada «soledad».

La página en blanco

A mí me encanta estar solo. Y acompañado también. Las dos cosas.

Por ejemplo, tengo la costumbre de hacer senderismo en soledad. Puedo estar una semana entera andando, escuchando música, descubriendo parajes alucinantes y gozando de la vida a lo grande. ¡Qué precioso tiempo en soledad!

En casa, mis tiempos de soledad también son abundantes. Son oportunidades para proyectar, aprender y construir un futuro brillante.

Cuando tengo toda una mañana, un día o una semana para mí, siento el privilegio de estar frente a una página en blanco, un maravilloso lienzo en el que crear mi futuro. Porque los mejores planes surgen de la planificación, y para ello necesitamos tiempo en soledad de dulce trabajo. En todas esas jornadas, me pregunto: «¿Qué proyecto de felicidad voy a empezar a desarrollar ya mismo?». Por ejemplo:

- ¿Un viaje?
- ¿Un trabajo nuevo?
- ¿Una afición maravillosa?
- ¿Buscar y encontrar una pareja fantástica?
- ¿Encontrar nuevos amigos?

El hecho de estar en el camino, de trabajar con pasión en pos de un objetivo, me hace muy feliz. Vivo anticipadamente todo eso: ¡qué felicidad! Gracias a esa página en blanco que proporciona la dulce soledad.

En este capítulo hemos aprendido que:

- La soledad muchas veces es una construcción mental.
- Para combatir la neura del abandono hay que integrar las siguientes ideas:

    1) Nadie necesita a nadie (en concreto).
    2) La vida está llena de oportunidades de amar.
    3) Encontrar a otras personas a las que amar es muy fácil.
    4) Mientras puedas hacer cosas valiosas por ti y por los demás, tu vida será genial.

- Nuestra sociedad nos ha comido el coco para que confundamos «amar» con «depender».
- Todos somos niños de cuatro años con hambre de amor.
- Los momentos de soledad son oportunidades para diseñar una nueva vida mejor.

12

No querer tener razón

Todos los días, Nasrudín paseaba por el zoco con la intención de que alguien le diera una limosna.
A la gente le gustaba reírse de él. No fallaba: cada día le mostraban dos monedas: una grande de mucho valor y otra pequeña de poco, y le pedían que eligiera una. Nasrudín se quedaba mirando las monedas, como dudando, y, humildemente, siempre elegía la más pequeña. Al instante, todos los presentes estallaban en carcajadas.
Cada día sucedía lo mismo, varias veces, por la mañana y por la tarde. Nasrudín siempre tomaba la pequeña y rechazaba la de más valor.
Un día, un amigo que estaba cansado de ver cómo lo ridiculizaban se apiadó de él. Le dijo:
—Amigo mío, la gente en el zoco se está burlando de ti. Cuando te ofrezcan las dos monedas, elige la de mayor valor. Así dejarán de reírse de ti.
Nasrudín no dudó en contestar:
—Ja, ja. Lo sé, lo sé..., pero gracias por avisarme. La verdad es que no me importa en absoluto que se rían. Mi trabajo es muy importante: vendo una pócima para compensar el complejo de inferioridad.

En psicología cognitiva solemos decir que la vía regia para una gran fortaleza emocional está en necesitar poco. A aquellas personas que necesitan muy poco, muy poco les puede asustar. Viajan a ligero. Tienen la oportunidad de disfrutar del paisaje, de la vida.

Esto se aplica tanto a necesidades materiales como a necesidades inmateriales.

Y una de esas falsas necesidades inmateriales es tener razón, una de las más absurdas y que, a pesar de parecer pequeña, causa los mayores disturbios. Sólo hay que pensar en las cenas de Navidad en familia.

Yo mismo, en algún período de mi vida, he tenido esa tonta necesidad. Aunque la he trabajado y, en gran medida, la he conseguido eliminar.

¡Qué descanso!

La necesidad de tener razón por tener razón se produce en esas conversaciones ociosas en las que no hay nada que decidir. Estamos sólo hablando por hablar. Por ejemplo, estás departiendo con tu pareja y surge la cuestión: «¿Es bueno o malo beber leche?». O «¿Era la Edad Media una época realmente oscura o se trata de un mito?». Esto es, debates intrascendentes.

En esas situaciones, por alguna extraña razón, muchas veces el debate se calienta, el tono de voz se endurece, la cosa escala y terminamos enfadados. Una dulce charla se convierte en una amarga pelea. Y la solemos acabar pensando: «¡Este es un cabezón insufrible!».

Lo curioso es que el otro opina exactamente igual de nosotros. ¿Qué ha sucedido?

El experimento

Desde hace un año, estoy inmerso en un inusual experimento personal. La idea inicial era que durase seis meses, pero me está gustando tanto que he continuado con él y me planteo hacerlo perpetuo.

El experimento consiste en darle siempre la razón a todo el mundo. Especialmente cuando veo que mi interlocutor desea tener razón. En esas ocasiones, a la primerísima de cambio digo algo así: «¡Ah, sí! Puede ser».

Nunca un esfuerzo tan pequeño me había dado unos resultados tan grandes. No puedo más que recomendarlo. Proporciona una paz y una sensación de dominio fantásticos.

Para conseguirlo, hay que seguir dos sencillos pasos:

- Dar la razón.
- Cambiar de tema rápido.

Veamos un ejemplo. Mi amigo Alberto es un tipo fantástico. Le quiero mucho. Pero es extraordinariamente cabezota: siempre —sin excepción— quiere tener razón en todo.

Creo incluso que disfruta desautorizando a los demás para demostrar lo mucho que sabe. Estoy seguro de que su complejo de superioridad esconde un complejo de inferioridad, como suele suceder. E intenta compensarlo aparentando superioridad.

Últimamente, su cabezonería se había incrementado mucho y yo había decidido verlo menos. Pensé: «Ufff, se ha vuelto muy pesado. Como máximo, puedo aguantarlo una hora. Quedaré con él, pero sólo una hora cada vez». Sin embargo, una vez iniciado el ejercicio de dar la razón a todo el mundo, me pareció que Alberto podría ayudarme a practicar, así que empecé a quedar con él mucho más y mucho más tiempo. De hecho, me lo comencé a llevar a pasear por la montaña, durante horas, charlando y charlando.

¡Y fue maravilloso! ¡Se hizo la magia! Ahora ya no me molesta en absoluto que Alberto quiera tener razón. Cero. Me lo paso genial con él porque, en realidad, es una fantástica persona.

Recuerdo que, en una ocasión, me preguntó:

—Rafael, ¿tú meditas?

—Pues no. Tengo un maestro de meditación desde hace muchos años, pero hablamos de la teoría del budismo y la meditación —contesté.

—Pero, Rafael, ¡un psicólogo como tú debería practicar meditación porque es una disciplina básica! —espetó en su tono típicamente autoritario.

—Siempre me ha dado mucha pereza... —repliqué con timidez.

—¡Pero, por favor, Rafael! ¡Tienes que empezar poco a poco y persistir!

¡Bam! En ese momento detecté su típica necesidad de tener razón y exclamé:

—¡El lunes empiezo! —Y, acto seguido, añadí—: ¿Y cómo va ese problema del trabajo que tenías por resolver?

Alberto, sin darse cuenta del abrupto desvío, se puso a explicarme sus cuitas laborales. Estaba tan feliz. Y yo también.

Analicemos el asunto. ¿Alberto quiere tener razón? Se la doy. Pasemos página. ¡No quiero ser más listo! Lo que quiero es compartir, pasar tiempo de calidad, intercambiar amor.

Es curioso que los cabezones nunca se acuerdan de lo hablado. Alberto nunca me preguntó si había empezado a meditar o no. Cuando la conversación fluye, la persona se lo pasa genial y sólo queda esa impresión en el corazón. En el fondo, los cabezones también saben que lo único importante es amar.

Advertencia: renunciamos a tener razón sobre temas intrascendentes, no cuando se trata de tomar decisiones. Si debatimos para decidir algo, lo lógico es defender nuestra posición y luego, incluso, exigir una votación. Aquí sólo hablamos de las conversaciones ociosas.

Simetría cabezona

Para que dos personas entren en una espiral cabezona, tienen que caer los dos. Esto es, ambos tienen que ser igual de cabezones. Si tan sólo uno lo evitara, nunca llegaría a encenderse la mecha.

Puede que uno sea el iniciador —hay personas más cabezonas que otras— pero eso no es una excusa para caer en la simetría cabezona. Siempre podemos decidir no ser cabezones aunque el otro lo esté siendo.

Para evitar caer en esta espiral, hay que comprender los siguientes conceptos:

- Querer tener razón equivale a basar la autoestima en algo erróneo.
- Nadie sabe casi nada.
- No querer tener razón proporciona mucha paz.
- Renunciar a tener razón nos hace superiores.
- No querer tener razón nos diferencia del borrachuzo de bar.

Basar la autoestima sólo en la capacidad de amar

En el capítulo de los complejos ya hablamos de lo sobrevalorada que está la inteligencia. Vimos que la única cualidad valiosa es la capacidad de amar.

Yo me considero una persona inteligente en algún ámbito y muy torpe en muchos otros. Y toda esa torpeza me da exactamente igual porque ya hace mucho tiempo que me amo sólo por el hecho de ser persona.

No querer tener razón es un ejercicio fantástico, porque nos centra en lo importante de verdad: el amor. Cada vez que renunciamos a tener razón estamos fortaleciendo nuestra autoestima porque la estamos basando sólo en nuestra capacidad de amar.

En el capítulo de los complejos demostramos que todos somos tontos. Por lo tanto, al diablo con la necesidad de demostrar inteligencia o sabiduría.

Ser humilde da mucha paz

No discutir NUNCA por querer tener razón proporciona mucha calma. Allí estamos nosotros, serenos como rocas, como hermosos árboles que se mecen al viento, ante la necesidad del otro de ser más listo. ¡Qué paz!

Visualízate de vez en cuando lleno de sosiego, de dulce majestuosidad, mientras tienes delante una persona que quiere sentar cátedra, que niega abruptamente tu verdad. Con serenidad, le das la razón: «Te entiendo».

Podrías usar muchas expresiones de aprobación para darle lo que desea:

- «Puede ser».
- «Ya veo...».
- «Sí, sí: comprendo».
- «Igual tienes razón».

Y sentir que la serenidad de estar por encima de todo eso nos invade. Ser libre proporciona siempre una sensación de ligereza maravillosa. En cuanto le das esa tibia razón, simplemente el debate se acaba. Ya podemos cambiar de tema con toda tranquilidad y teniendo el control de la situación.

Superioridad espiritual y capacidad de maniobra

En realidad, no tener la necesidad de tener razón nos hace superiores. ¿Por qué? Porque ya hemos visto que, paradójicamente, es una actitud más sabia (dentro de la ignorancia de nuestra especie).

Entre los cristianos, sin duda, la humildad otorga superioridad espiritual. Jesucristo decía: «Bienaventurados los mansos de espíritu» o «Has de hacerte como un niño para entrar en el Reino de los Cielos».

En efecto, al permitir que el otro nos quite la razón sentiremos esa elevación. Pensaremos: «Haciéndome ignorante me vuelvo más grande».

Visualiza que determinada persona te quita la razón de forma abrupta. Su gesto equivale a: «Yo sé y tú no. ¡Escucha y aprende!».

Puede que sepas a ciencia cierta que se equivoca. Puede que conozcas exactamente el burdo error que está cometiendo.

Tu interlocutor está obcecado en tener razón y sentar cátedra. Visualiza que eres capaz de decirle: «¡Anda! Puede ser...». Y ya.

Así estás entrando en la estirpe de los budas. Te sientes elevado, por encima de la necesidad de ser listo o tonto, versado o inculto. Puedes verte vistiendo una túnica naranja como los monjes del Tíbet: sereno, sabio y feliz.

Mi amigo y maestro Kiko me suele decir: «Rafael, yo prefiero mil veces ser aprendiz que maestro. Me encanta estar rodeado de budas. Que todos sean sabios menos yo. Porque al aprendiz se le permite fallar. Al maestro, no. El aprendiz es fresco y está ávido de conocimiento, es joven de espíritu».

Se trata de un concepto budista muy útil. Disfrutemos ocupando esa posición como cuando éramos jóvenes estudiantes, llenos de curiosidad y vitalidad. Volvamos a ser jóvenes despiertos, llenos de hambre de aprendizaje y vivencias hermosas.

No ser un borrachuzo

Una simple idea que puede ayudarnos a NO querer tener razón es visualizar al típico borrachuzo de bar. El tipo sienta cátedra acerca de cualquier tema usando su «sentido común» y «sus amplios conocimientos de la escuela de la vida». Se atreve incluso con debates médicos o científicos de alto nivel. Está en el extremo de la cabezonería y la necesidad de tener razón.

Nosotros no queremos ser así, sino todo lo contrario. Por eso, vamos a aprender a no querer tener razón, a cederla tranquilamente cuando alguien nos rete. Cada vez que tengamos tentaciones de tener razón, pensemos en el borrachuzo de bar y digámonos: «No quiero ser un borrachuzo; soy un tipo sencillo y humilde, un estudiante de la estirpe de los budas».

Comprender al otro

Otra estrategia mental para desprenderse de la necesidad de tener razón es centrarse en comprender al otro. Cuando la persona que tenemos delante está siendo cabezota y no quiere escuchar nuestros argumentos, sólo quiere demostrar que es muy listo. Entonces, con serenidad, podemos intentar adoptar «la actitud del antropólogo», es decir, querer conocer cómo piensa. En profundidad.

Nosotros no concordamos con su opinión. Está claro. Pensamos que se equivoca. De acuerdo. Ahora respetemos su decisión e intentemos saber cómo ha llegado a esas conclusiones, qué consecuencias tiene eso para su vida.

Por ejemplo, imaginemos que un amigo cree en la ley de la atracción. Es decir, que si deseas mucho algo, haces ejercicios de visualización, pronuncias afirmaciones positivas..., ese deseo acabará por producirse de una manera mágica. Y tú no estás de acuerdo en absoluto. Si captas que tu interlocutor quiere tener razón —digas lo que digas—, puedes optar por interesarte en su forma de pensar. Sinceramente. ¿No es fascinante saber cómo ha llegado a esa conclusión? ¿Qué le ha conducido a pensar así?

Y lo mismo con alguien con ideas políticas opuestas. ¿Cómo piensa la gente de ultraderecha? ¿Qué falsas creencias sostienen en su discurso? ¿Cómo han llegado a pensar así?

Cuando nos centramos en comprender, ya no deseamos tener razón. Existe algo mucho más interesante y divertido que eso: aprender, conocer.

NO QUERER TENER RAZÓN

Mi amigo Kiko, cuando empieza a discutir con su mujer, siempre le dice: «Cariño, yo no quiero que me des la razón. Sólo quiero que me comprendas».

Comprender al otro es un acto de amor, pacífico y bello. Querer tener razón es un acto de oposición tonto.

DEJAR ACABAR LAS FRASES

Cuando hemos desarrollado el feo hábito de querer tener razón, solemos interrumpir a los demás. Como el borrachuzo de bar. Muchas personas nunca dejan que el otro acabe de hablar. Como ya conocen sus argumentos, atajan. Interrumpen y se precipitan a explicar su contrargumento.

Éstos son los problemas de este mal hábito:

- Acelera las conversaciones hasta hacerlas frenéticas, lo cual es desagradable.
- Molesta porque el otro no se siente escuchado.

Aunque conozcamos perfectamente las ideas que maneja la otra persona, calma, hay que permitir que se explaye a gusto, con amabilidad. Las conversaciones son intercambios amorosos: tú me explicas y yo te explico, como un masaje mutuo de mentes.

Esto es lo que nos aportará dejar acabar las frases:

- Paz mental.
- Disfrute de las conversaciones.
- Espacio para el cariño.
- Una ralentización siempre agradable.

- La apreciación del otro, pues siente que lo comprenden y lo tienen en cuenta.

Incorporemos esta simple medida a nuestra vida y veremos que incrementamos nuestras habilidades sociales de un plumazo.

SER REALMENTE ELEGANTE

Con veintipocos años tuve una experiencia que, por alguna razón, he recordado toda la vida. En aquella época formaba parte de un grupo excursionista que organizaba salidas a la montaña. En una de esas excursiones apareció Carlos, un chico de mi edad que enseguida se puso a charlar con nosotros, los integrantes habituales.

Su trato resultaba muy agradable. Más que eso: extraordinariamente agradable. Era muy cómodo hablar con él y te hacía sentir bien. Carlos desplegaba una elegancia interior maravillosa.

Cuando acabó la jornada, mi amigo Fernando y yo nos dispusimos a regresar a casa. Yo iba en el asiento del copiloto cuando Fernando dijo:

—¡Qué agradable es Carlos! Tiene algo especial. Tenemos que llamarle para que venga más con nosotros. ¿No te parece?

—¡Sí! Tienes razón. ¡A mí también me ha caído muy bien! No sé qué tiene pero es muy agradable —concluí.

Muy pocas veces en mi vida me he tropezado con alguien con una presencia tan atrayente. Pero, ahora que lo pienso, Carlos dejaba hablar a la gente, no quería tener razón y se mostraba realmente interesado por los demás. Creo que eso es lo que le hacía tan elegante.

Si aprendemos a no querer tener razón —y dejamos que la gente se exprese—, las personas que nos rodean se volverán mucho más afectuosas. Nos apreciarán más que nunca, aunque ellas mismas no sepan exactamente por qué. De repente, nos volveremos personas como Carlos, elegantes y agradables; personas muy atrayentes.

En este capítulo hemos aprendido que:

- Necesitar tener razón es muy tonto y causa mucho malestar.
- Podemos practicar a darle la razón a todo aquel que piense que lo necesita.
- Habrá que *1)* darle la razón y *2)* cambiar de tema.
- Querer tener razón es basar la autoestima en algo erróneo.
- Nadie sabe casi nada.
- No querer tener razón proporciona mucha paz.
- Renunciar a tener razón nos hace superiores.
- No querer tener razón nos diferencia del borrachuzo de bar.
- Querer comprender profundamente al otro nos hará muy flexibles.
- No querer tener razón es muy elegante.
- Es importante dejar acabar las frases.

13

Adelgazar fácilmente I

> **ADVERTENCIA**
> El presente capítulo tiene como objetivo combatir la epidemia de obesidad que asola la salud en todo el mundo, hacer que sea fácil comer bien y tener una gran forma física. Pero si el lector tiene algún trastorno alimentario, haría bien en leerlo con un análisis crítico, compartirlo con su terapeuta y tener muy presente que a él o ella, al menos mientras esté en recuperación, se le aplican otros principios.

La psicología cognitiva es una fuerza maravillosa: es potentísima, brillante, alegre, renovadora. Todo luz. Y puede aplicarse a millones de asuntos. Por ejemplo, a adelgazar o tener una forma física estupenda.

Adelgazar es un gran ejemplo de cómo podemos hacer que la mente funcione a nuestro favor y conseguir buenos resultados. El objetivo será que el proceso cumpla estas características:

- Ser fácil.
- Ser divertido.
- Convertirse en un pilar de nuestro goce diario.

La clave, como siempre, residirá en controlar nuestro diálogo interno, tal como ya decía Epicteto, el filósofo del siglo I. Esto es, cambiar por completo nuestra mentalidad sobre la comida. Hacer que «comer bien» sea lo apetecible y «comer mal» sea aburrido y desagradable.

Lo que hacemos en psicología cognitiva se puede resumir con el símil del juego de la soga, en el que dos equipos tiran de una cuerda y gana el que arrastra al otro hasta la línea que hay en el suelo, en el centro.

Todos sabemos que existen razones para comer bien y para no hacerlo. Veamos algunos ejemplos:

Razones para comer bien	Razones para comer mal
• Mejorar la salud. • Mejorar la figura. • Sentirse poderoso. • Sentirse ligero.	• «Un día es un día». • «¿Quién quiere vivir para siempre?». • «Lo tengo controlado». • «Tengo otras prioridades». • «Mi figura ya no tiene remedio». • «Está tan rico…».

En la mente, unos argumentos tiran de un lado y los contrarios tiran del otro. Batallamos con una mente dividida. A veces gana un equipo. Otras, el otro. Todo el proceso es fatigoso y, a menudo, agotador.

La mirada cognitiva propone abandonar ese juego para siempre. El plan es dispersar al equipo contrario e, incluso, enrolar a sus componentes en nuestro equipo de forma que toda la fuerza quede de nuestro lado.

Tenemos que eliminar uno por uno todos los argumentos a favor de comer mal y añadir muchos más en defensa de comer bien. Entonces —y sólo entonces— estará chupado adelgazar. Sencillamente, todo el mundo empujará hacia el mismo lugar.

Nada de dietas

Nuestro método de adelgazamiento está en contra de las dietas, entendidas como un esfuerzo temporal e intensivo para bajar de peso. Eso no tendría sentido. Y es que no queremos un cambio temporal, sino definitivo. Por eso buscamos una transformación radical en nuestra manera de comer ¡que sea para siempre!

Para conseguir un cambio definitivo, tenemos que adoptar una forma de comer feliz, porque, si no, no la mantendremos en el tiempo. Por lo tanto, nada de hacer esfuerzos sobrehumanos. Nada de hacer intensivos. Hemos de ir implantando los cambios paso a paso y de modo que nos vaya encantando cada una de las mejoras conquistadas.

Ver la comida sana como la realmente sabrosa

Éste es el pensamiento rey en nuestro método: ver que la comida saludable es la más sabrosa, la más apetecible, la que le gusta más al paladar. Por el contrario, la comida que engorda es una basura desagradable y asquerosa, un burdo engaño que estropea la salud. Y no se trata de un truco mental. Realmente es así. Veámoslo. Nos han comido el coco durante muchos años, desde pequeños. Nos han presentado los dulces como un premio. Es decir, como algo buenísimo. Cuando, en realidad, son apelmazamientos asquerosos de azúcar procesado.

El azúcar añadido es un maldito engaño. Se parece a la glucosa saludable presente en la fruta; es una imitación torticera del azúcar bueno y nuestra mente cae fácilmente en la trampa. El cerebro piensa que nos estamos nutriendo, pero, de hecho, estamos comiendo basura. Cree que estamos ingiriendo fruta cuando, pero nos estamos metiendo una goma pegajosa y asquerosa que bloquea venas y arterias.

Hace muchos años, durante unos cuantos meses, hice el ejercicio de imaginarme los pseudoalimentos como goma asquerosa que bloquea mi sistema cardiovascular. Visualizaba el azúcar blanco (y todo ultraprocesado) como un bichito malvado que intentaba engañarme. El resultado es que ahora literalmente NO ME GUSTA.

El mejor plato del mundo

El mejor manjar, el que más me gusta, el más rico y apetecible, es una ensalada con brotes frescos de primerísima calidad, la mejor cebolla del mercado, hermosa zanahoria, tomates cherri de la huerta y cualquier otro vegetal de temporada. Aderezada con mis amadas legumbres cocidas (garbanzos, lentejas o judías) y un toque de aceite de calidad excelsa.

¿Puedes visualizar este maravilloso plato? Fresco, riquísimo: una combinación inmejorable de sabores puros. ¡Y sienta tan bien al organismo...! Lo llena de energía limpia.

Esa alimentación, combinada con el ejercicio, convierte el cuerpo en una figura hermosa y un instrumento poderoso. ¡Esa ensalada es el mejor plato del mundo!

Durante un tiempo, visualicé este plato e imaginé cómo relucía en un hermoso bol. Y, por supuesto, empecé a confeccionarlo en mi cocina con los mejores ingredientes y mucho cariño. El hecho de visualizarlo como mi plato favorito —sabroso y lleno de superalimentos— fue crucial. ¡Ahora a mi mente sólo le apetece comida sana!

Realiza esta visualización cada día durante unos meses (incluso un año). Estarás implantándote en la mente la idea de que «comida sabrosa = comida sana».

Educar el paladar

Aunque no lo parezca, en buena medida el sentido del gusto se educa. No nos damos cuenta, pero los sabores que preferimos son los que nos dieron en nuestra infancia. Y casi todos fuimos educados de modo erróneo para que nos gustase lo excesivamente azucarado. Por eso nos conviene reeducarnos. Y lo tendremos que hacer de manera intensa durante un tiempo.

Esta reeducación consiste, en primer lugar, en hacer los ejercicios de visualización antes descritos —ver el azúcar como una trampa pegajosa y las hortalizas como algo sabrosísimo— y, en segundo lugar, entrenar el gusto, es decir, comer obligadamente menos azúcar hasta que la mente se deshabitúe.

Mi experiencia con el azúcar blanco es un buen ejemplo. Yo ya no lo añado a ninguna bebida. Ni al té ni al café. De hecho, ¡me disgusta el sabor azucarado en esas bebidas! Si llevan el más mínimo rastro de azúcar, no las puedo beber. Y lo mismo con el yogur y muchos otros alimentos.

Pero no siempre fue así. Hasta los veinte años le añadía a todo dos terrones de azúcar. Pero en un momento dado decidí reeducarme el paladar. Fui añadiendo cada vez menos azúcar, y un año más tarde ya estaba limpio del todo. ¡Y magia! En dos o tres años más, el azúcar añadido me parecía repugnante.

Mucha gente ha vivido esta misma experiencia, lo cual demuestra hasta qué punto el gusto se educa. Esto mismo tendremos que hacer si queremos adelgazar de una forma fácil y divertida.

Durante un tiempo tendremos que esforzarnos para no comer comida inadecuada. Tirar de fuerza de voluntad. Hasta que la mente se readapte y volvamos a tener un gusto natural.

Tirar los dulces

Ahora casi nunca como dulces o postres inadecuados. Solamente cuando voy a un buen restaurante y ofrecen algo muy elaborado. Entonces sí me doy el capricho de comerme un tiramisú o una tarta Tatin. Pero los dulces más burdos —como bombones, caramelos, chuches, galletas y demás, que son los más azucarados— nunca. Y no me cuesta nada porque, en realidad, ya no me gustan. Mi paladar los rechaza.

En ocasiones me regalan bombones. ¿Y qué hago con ellos? Por supuesto, los acepto educadamente porque la intención es buena. Pero, en cuanto puedo, los tiro a la basura.

¿Por qué no se los regalo a alguien? Porque no quiero hacerle daño a ninguno de mis amigos. Esa comida superazucarada es asquerosa y sólo hace que perjudicar la salud.

Cuando nos concienciamos correctamente, vemos esa pseudocomida como lo que es: basura. Y al cabo de un tiempo de desintoxicación, nuestro paladar lo percibirá también como desagradable.

No comer emocionalmente

Mucha gente come para compensar un malestar emocional. Están tristes y engullen un pastel. Están ansiosos y devoran una pizza. Es algo que yo no hago JAMÁS. Y no lo hago porque me he dado cuenta de que es algo muy estúpido: comer emocionalmente es absurdo. Tanto si es mucha o poca cantidad. Veamos por qué.

No hace mucho, tuve el siguiente diálogo con una de mis pacientes, que es bulímica y se da atracones:

—Imagina —le dije— que recibo una carta de Hacienda que anuncia que me van a hacer una inspección. Me pongo muy nervioso. Tengo que presentarles todos mis documentos la semana que viene. Te explico a ti, que eres mi amiga, lo que me sucede. Me ves ansioso.

—Vale, te sigo —replicó la paciente.

—Y entonces tú me dices: «¡Rafael, tengo la solución! ¡No te preocupes más! Cómete este dónut de chocolate».

—Ja, ja, ja —rio la paciente.

—¿Qué opinas de esa solución? —pregunté.

—¿Comerse un dónut para calmarse? ¡Que es una tontería! —exclamó ella.

—Claro. Como ese placer dura muy poco, mi preocupación general no cambiaría mucho. Dime, ¿cuánto tardas tú en comerte un dónut? —inquirí.

—Unos tres minutos —respondió ella.

—Un placer tapa un displacer, pero es evidente que, tras esos tres minutos, volveré a estar mal. Veamos ahora otro escenario. Imagina que, como amiga, me propones otra solución: «Rafael, cómete estas cincuenta cajas llenas de dónuts de chocolate. Son cientos de dónuts. ¿No es genial? ¡En vez de tres minutos, vas a estar tres horas comiendo y eso ya es un tiempo considerable!» —le planteé.

—¡Menudo consejo! ¡Es horrible! Después de tal atracón, te sentirás mal y el problema con Hacienda quedará igual —concluyó.

En efecto, comer emocionalmente es siempre una tontería. ¡Cualquier cantidad, sea poco o mucho! Si es poco, porque esa distracción será demasiado fugaz. Y si es mucho, porque provocará un problema enorme que me hará estar peor. Por eso jamás como emocionalmente.

Por el contrario, cuando estamos perturbados por algo, tenemos dos buenas opciones:

1) Ocuparnos del problema de inmediato.
2) Tolerar las emociones negativas hasta que se pasen.

Lo primero consiste en ponerse a trabajar para aprender a solucionar problemas y hacernos así más maduros. En mis libros de psicología cognitiva —como *El arte de no amargarse la vida*— explico de forma detallada cómo aprender a ver los problemas como retos interesantes y disfrutar con todo lo que nos trae la vida.

La segunda opción, que tampoco está nada mal, consiste en emplear el malestar para hacernos más fuertes por la vía conductual. Sobre eso hablé en mi libro *Sin miedo*. Exponiéndonos a las emociones negativas, sin tocarlas, ganamos tolerancia a ellas. Sin defendernos, sin taparlas. Con el pasar del tiempo, la tristeza, la ansiedad o la vergüenza irán perdiendo fuerza. Es una técnica infalible que nos hace cada día más y más fuertes. Esa exposición con completa aceptación educa la mente.

En ese entrenamiento conductual es del todo aceptable no hacer nada. Cuando nos sintamos mal porque nos ha dejado la pareja, podemos ir a pasear, escuchar música... Es decir, dejar pasar el tiempo. Las emociones subirán y bajarán por su propia dinámica, pero al día siguiente serán un poco más pequeñas. Y al otro serán aún más pequeñas. Al final, un día estaremos totalmente libres de malestar. Y, mientras tanto, no nos habremos complicado la vida con una perniciosa adicción.

En resumen:

- Comer emocionalmente es SIEMPRE absurdo, comamos mucho o poco.
- Si estamos mal, podemos concentrarnos en solucionar el problema o, simplemente, no hacer nada. Ambas posibilidades son buenas.

Dejar lo bueno para los momentos buenos

Existe otra razón para no comer NUNCA emocionalmente y tiene que ver con la saturación del placer. Este fenómeno nos obliga a dosificar el placer para mantenerlo siempre alto.

Los grandes placeres es mejor limitarlos para no arruinarlos por saturación. Como la comida o el sexo. Si tuviésemos sexo continuamente, en pocas semanas lo aborreceríamos. Rogaríamos al cielo no tener que hacer nunca más el amor. Con la comida sucede lo mismo.
A mí me gusta ir de vez en cuando a un gran restaurante, pero no cada día. Sin duda, si fuese todos los días, me hartaría.
Cuando comemos para tapar una emoción, estamos desperdiciando un placer, porque, así, no podemos apreciarlo como es debido. Y, a la vez, estamos depreciándolo. Podríamos habernos ahorrado ese uso y reservarlo para momentos adecuados.
No malgastemos munición. No reduzcamos tontamente la apreciación de nuestros placeres, nuestra capacidad de goce. Dejemos el placer sólo para los buenos momentos.

Aliarse con el deporte

El deporte es el gran aliado del adelgazamiento, pero no sólo porque quema calorías, sino porque refuerza nuestra decisión de comer bien. El deporte aumenta nuestra determinación. Veámoslo.
Yo hago deporte todos los días. Y me gusta hacerlo por la mañana, a primera hora. Sobre las 7.00 ya estoy en el gimnasio, dándolo todo en la piscina. A las 7.50 continúo con un ligero entrenamiento de pesas y a las 8.30 ya estoy de camino a la oficina.
Una vez en el despacho, con un zumo de vegetales entre las manos, siento algunas agujetas, cierta fatiga muscular, pero estoy feliz y relajado. Y, cuando llega la hora de comer, por nada del mundo se me ocurriría engullir comida inadecuada. ¡¿Cómo?! ¿Tras la panzada de deporte de la mañana? ¡Ni de

coña! No voy a tirar por la borda la inversión que he hecho en el gimnasio. Comerme unas patatas bravas sería como tirar a la basura esa hora y media de duro deporte matutino.

A esto le llamo «efecto inversión». Es decir, cuando invertimos una cantidad de esfuerzo o dinero en algo y no queremos perderlo a las primeras de cambio. Debido al gasto ya realizado, mantenemos la apuesta o incluso la incrementamos.

Hacer deporte diariamente nos obliga a comer bien. Sería una tontería matarnos a hacer abdominales y luego tomarnos una Coca-Cola con patatas fritas. El deporte obliga.

En este capítulo hemos aprendido que:

- Para adelgazar con facilidad hay que modificar nuestra visión de la comida.
- Hay que eliminar todos los argumentos a favor de comer mal e incrementar los argumentos a favor de comer bien.
- No queremos dietas momentáneas, sino cambios graduales y permanentes.
- Es bueno imaginar el azúcar y los procesados como un bicho que intenta engañarnos.
- Es bueno imaginar el azúcar como una masa pegajosa que nos estropea el cuerpo.
- Podemos visualizar un plato de hortalizas como lo más sabroso del mundo.
- Educar el paladar consiste en abstenerse durante un tiempo para que el cerebro vuelva a distinguir la comida saludable de la basura.
- Es absurdo comer para paliar un problema, es inútil.
- Es mejor reservar el placer para los momentos buenos.

14
Adelgazar fácilmente II

Un criado tenía que aguantar todos los días el mal carácter del dueño de la casa.

Un día el señor volvió a casa de muy mal humor, se sentó a comer y, al encontrar la sopa fría, montó en cólera y tiró el plato por la ventana.

El sirviente, a su vez, arrojó el segundo plato, el pan, el vino y, por último, el mantel y los cubiertos. El patrón se puso como una fiera:
—¿Qué haces, insensato?
—Perdone, señor —respondió con seriedad el criado—. Creía que hoy deseaba comer en el patio. ¡Hay una temperatura tan rica y el cielo está tan sereno...!

Como veremos a continuación, cuando comemos emocionalmente para compensar un disgusto estamos haciendo como el señor que tiraba la comida por la ventana. Nuestro cuerpo será como el sirviente que tirará aún más cosas al vacío.

En el capítulo anterior hemos visto algunas estrategias mentales para adelgazar fácilmente y ponerse buenorros. Ahora veremos otras. Al acabar, relee el resumen del final de cada capítulo y ya estarás armado con todo lo que necesitas.

Deporte diario

Yo soy partidario de hacer deporte todos los días. Por varias razones.

En primer lugar, por el efecto inversión que acabamos de mencionar: hacer ejercicio cada día me ata a una política de alimentación saludable.

En segundo lugar, porque los cambios corporales y metabólicos se producen más fácilmente si entrenamos a diario. El cuerpo aprende mejor cuando el aprendizaje es continuo, sin pausas.

Veamos un ejemplo: los cambios en la tensión arterial. Está demostrado que hacer deporte tiene un efecto positivo en la tensión arterial. A medio plazo, la baja. Pero para conseguir esa mejora necesitaremos hacer deporte lo más seguido posible. Para cambiar el cuerpo, mejor si es diariamente.

Por otro lado, el ser humano, en su versión más natural, era cazador recolector. En aquella época hacíamos ejercicio todos los días. Y, sin duda, lo natural es lo bueno.

Por lo tanto, hagamos deporte todos los días. Al menos, durante una hora. Y si es posible, combinemos ejercicios aeróbicos con los de fuerza. Pongámonos más en forma. Estemos más atléticos.

Ser ambiciosos

A lo largo de mi vida, la siguiente máxima me ha funcionado genial: «Los grandes objetivos movilizan grandes motivaciones». Es decir, es mejor plantearse metas maravillosas que no mediocres. Los grandes propósitos excitan nuestra imaginación y nos aportan montañas de motivación. E imaginar es gratis.

Para ayudarnos a adelgazar, podemos visualizarnos con una forma física envidiable, vernos buenorros: «¡Dentro de unos meses estaré tremendo!».

Yo sigo esta estrategia en todos los ámbitos de mi vida, y en el gimnasio también. Mis amigos del gimnasio me conocen y saben que, entre ejercicio y ejercicio, me suelo acercar a decirles:

—Chicos, ¿sabéis algo?
—Dinos, Rafael —responden.
—Pues de aquí a junio me veréis como Schwarzenegger.

Y mis amigos bromean:
—Sí, Rafael, pero ¿en junio de qué año?

Bromeamos, pero en el fondo hay algo de verdad en lo que digo. La idea es motivarse continuamente imaginando un futuro ideal.

A la hora de adelgazar, podemos ampliar nuestra motivación. Plantearnos no sólo adelgazar, sino ponernos buenorros. Es cierto que el mayor beneficio se halla en la salud, pero también podemos servirnos de la coquetería para obtener un estímulo extra.

Ser un gladiador

Hace poco vi un documental en Netflix titulado *Conor McGregor: Notorious* sobre este luchador de artes marciales mixtas. En él se explica cómo se entrena McGregor, especialmente los meses previos a un gran combate. Durante esos dos meses, vive por y para el día del combate. Le rodean varios entrenadores, se aísla en una casa apartada y se mentaliza para estar más fino, más rápido, más letal.

Las artes marciales mixtas son un deporte de locos. Es una especie de boxeo sin reglas bastante bárbaro. Pero lo que me interesa del documental es la intensa preparación física del atleta.

Estos documentales son grandes herramientas de mentalización. Al verlos, nos entran muchas ganas de ponernos en forma, de dedicarnos cada día al mayor tesoro que poseemos: la salud.

Mirar documentales sobre atletas, ponerse fotos motivadoras como salvapantallas y demás son estrategias que siempre han funcionado. Aprovechémonos de ellas.

Comparar placeres: una vida deportiva vs. atiborrarse solo en casa

Comer comida basura puede dar placer. No lo niego. Aunque, como hemos visto, no dura mucho tiempo. Podemos estar comiendo sólo un tiempo limitado. ¿Tres horas al día a lo sumo? ¡A la jornada le quedan veintiuna horas! Se trata de un placer demasiado breve.

Si comparamos el placer de comer basura con el placer de llevar una vida deportiva, ¡gana de calle la vida deportiva! Y es que es una fuente de placer grandísima, ¡infinitamente mayor! Porque implica todo esto:

- Hacer nuevos amigos (con los que ejercitarse y hacer excursionismo).
- Hacer muchas actividades al aire libre que duran muchas horas (incluso fines de semana enteros y períodos vacacionales).
- Aficionarse a un mundo apasionante: a diferentes técnicas deportivas, a la nutrición, al excursionismo, a los viajes...

Comer comida inadecuada da sólo tres horas de placer (un placer aburrido y culpabilizador). Llevar una vida deportiva da muchísimo más:

- Nuevas amistades.
- Muchas actividades al aire libre.
- Nuevas aficiones y aprendizajes de por vida.

Si comparamos el placer de la comida basura con el placer de una vida deportiva, lo segundo gana por goleada. Por eso es muy fácil renunciar a ese esmirriado placer. El goce saludable es infinitamente mayor (y mejor).

«MUERTO EL PERRO, SE ACABÓ LA RABIA»

La comida basura es adictiva y está diseñada para engañar a nuestro cerebro. Lo inteligente es no dejarse tentar por tal trampa, no pisar arenas movedizas.

Siempre me ha sorprendido que personas que desean adelgazar tengan en casa comida basura: galletas, chocolate, dulces, etc. Incomprensiblemente, no ven ningún problema en ello.

Sin duda, lo mejor es no tener comida basura en casa. NADA. Si alguna vez comemos del cubo de la basura, que sea fuera de casa. Como suelo decir, «Muerto el perro, se acabó la rabia». O sea, hay que acabar con las tentaciones.

Hay gente que objeta que, en su caso, «matar al perro» es imposible porque viven con niños y ellos sí comen pseudoalimentos. Y siempre me pregunto por qué diantres permiten que sus niños coman esa porquería. Si esa comida es basura, ¿por qué se la dan a sus hijos, las personas que más quieren?

Es evidente que se trata sólo de una excusa. Por favor, no tengas comida nociva en casa ni se la des a tus pequeños.

El plátano al rescate

Se trata de una extensión de la estrategia anterior. Con ella, mataremos al perro también fuera de casa. La idea es llevar siempre un plátano encima para comer algo dulce en caso de crisis.

Si, por ejemplo, estamos en un restaurante y nos plantan la carta de postres delante, es posible que el cerebro patine y nos pida a gritos uno de esos tentadores postres (que, en realidad, son basura). La mejor técnica, entonces, es sacar el plátano y comérselo allí mismo. Sorprendentemente, la fructosa saciará del todo esa sed de dulce.

En el caso de ir por la calle, haciendo recados, lo mismo. Si se nos pasa por la cabeza entrar en una pastelería a comprar un cruasán, podemos acudir a la frutería más cercana y hacernos con un par de plátanos. ¡La fruta al rescate!

Y, hablando de fruta, también podemos recurrir a «la prueba de la manzana». Muchas veces nos entra un hambre caprichosa, se nos antoja algo dulce. En realidad no tenemos hambre, sino que nuestro cerebro adicto pide azúcar blanco. En ese momento podemos entrar en razón si nos preguntamos: «¿Me apetece una manzana?». La mayor parte de las veces, la mente responderá: «No. Una manzana no». Si ésa es la respuesta, es que no tenemos hambre. Si la tuviésemos de verdad, nos comeríamos encantados la manzana.

No estaría mal llevar siempre encima un par de plátanos y una manzana, «la fruta de la verdad».

Comer del cubo de la basura

Un buen régimen alimentario puede incluir un número semanal de transgresiones. Permitirse transgresiones está muy bien porque así se evita «el efecto fruta prohibida», es decir, el incremento del deseo sólo porque algo está vetado.

Por otro lado, podemos llegar a estar muy en forma permitiéndonos cierto porcentaje de transgresiones. Yo he comprobado que, de treinta y cinco comidas a la semana, puedo permitirme cinco transgresiones. Es decir, cinco comidas del cubo de basura. Como un helado, una cerveza, un pastelito o una pizza. Cualquier cosa que se aparte de lo saludable.

De todas formas, si detectamos que hay algún pseudoalimento que nos produce adicción, lo mejor es no permitírselo nunca. Por ejemplo, si notas que comer bollería industrial te complica mucho limitar tus transgresiones a cinco, no la comas nunca.

O bol de açaí o nada

El dulce suele ser la peor tentación de la persona con sobrepeso. Y por eso vale la pena combatirlo de forma contundente. Una buena estrategia es pensar que comer «azúcar saludable» no tiene nada de malo. ¡Pero sólo el saludable! De hecho, sólo el azúcar sano es el verdaderamente sabroso.

En ese sentido, a mí me gusta visualizar que el mejor postre o dulce es un buen bol de açaí con fruta fresca y frutos secos. Y si alguna vez paso por delante de una pastelería y me tienta uno de esos dulces artificiales, imagino mi bol de açaí, el verdadero buen dulce, y me digo: «Si quiero dulce, puedo tomarlo, pero mejor buscar un bol de açaí que me nutra de verdad».

Claro que prepararse un buen bol de fruta con açaí helado y frutos secos requiere tiempo de preparación. Y eso está muy bien. Nuestra nutrición necesita atención, cariño y tiempo. ¡Nada de comida rápida!

¿Qué sentido tiene no dedicar tiempo y esfuerzo a lo más importante de nuestra vida: la salud? Si no disponemos de tiempo para prepararnos un desayuno o tentempié saludable, pues no comamos nada.

Armados con estas estrategias mentales para adelgazar y ponerse buenorros, daremos inicio a una nueva vida. El cuerpo es un templo; hay que cuidarlo de la mejor manera posible y disfrutar con ello.

En este capítulo hemos aprendido que:

- Hacer deporte es un gran aliado por el efecto inversión.
- Es mejor hacer deporte todos los días.
- Nos convendrá visualizarnos gozando de una gran forma, y hay que ser ambiciosos.
- El placer de una vida deportiva es mucho mayor que comer basura.
- Es mejor no tener comida basura en casa: nada.
- Conviene llevar un plátano encima en caso de tener antojo de dulce.
- Para evaluar la realidad del hambre podemos preguntarnos: «¿Me comería una manzana?».
- Es razonable permitirse comer del cubo de la basura de vez en cuando.

15

Tener éxito I

En este capítulo y el siguiente vamos a hablar del éxito, de cómo conseguirlo o, por lo menos, cómo poner las bases para lograrlo.

Pero es esencial que subrayemos, antes que nada, que el éxito no da la felicidad. El éxito es algo que carece de importancia. Es tan sólo un juego, y únicamente cuando lo entendamos así:

1) Estaremos cuerdos y sosegados.
2) Tendremos un sistema de valores razonable.
3) Tendremos proyectos hermosos (y no locuras depredadoras del planeta).
4) Paradójicamente, tendremos más probabilidades de tener éxito.

Aunque el éxito no tenga ninguna importancia, puede ser divertido, como jugar una pachanga de fútbol con los amigos, hacer una barbacoa o tener un gran sexo. ¡Son juegos y una parte de la esencia de la vida! ¡Jugar es lo que nos hace felices!

Pero atención: ninguno de esos jueguecitos —individualmente— es importante, porque hay tantas posibilidades para jugar que ninguno en concreto merece la menor preocupación.

Si, de repente, uno de esos juegos no estuviese disponible, habría otros diez mil a nuestro alcance. Tener éxito no es importante, pero siempre podemos intentar conseguirlo: sudar la camiseta, divertirnos y aprender. Y si, además, triunfamos, ¡miel sobre hojuelas!

Dicho esto, a continuación veremos los requisitos esenciales del éxito, las habilidades que has de atesorar para conseguirlo:

1. Tener foco.
2. Aprender a disfrutar del esfuerzo.
3. Salir y disfrutar.
4. No decir nunca «Con eso no puedo».
5. Hacerte amigo de la gente que te rodea.
6. Activar la competición sana.
7. Ser creativo: las ideas mandan.
8. Aprender a tomar decisiones.
9. Decidir al azar.
10. Cumplir las dos normas del abuelo Rafael.
11. Acotar las decisiones.
12. Ser siempre honesto.
13. Dar antes de recibir.
14. Aprender a errar.
15. No creer que las cosas saldrán a la primera.

Tener foco

Uno de los errores más habituales de la gente es carecer de foco. Es decir, no centrar toda su fuerza, atención y ambición en una sola cosa.

Es posible tener éxito hasta en el ámbito más difícil (el artístico o deportivo), pero no será coser y cantar. No hay duda de que requerirá mucho esfuerzo. Si dispersamos las fuerzas, olvidémonos de conseguirlo. Si no estamos muy centrados en un objetivo, *ciao, bello*.

Yo he tenido éxito en dos ámbitos difíciles. El primero, el mundo de la psicología. En la época en que empecé, no estaba de moda. El 90 % de las personas que estudiaban esta carrera no conseguían dedicarse a ello. Y yo no sólo lo conseguí, sino que pronto tuve una de las consultas más solicitadas de España.

Tras ese primer éxito, conseguí volver a triunfar en la escritura. Este ámbito es infinitamente más difícil. Tanto que yo le sugiero a quienes lo quieran intentar que lo hagan, pero que no cuenten con tener éxito porque las posibilidades son ínfimas.

Y, no por casualidad, en ambos casos mi foco ha sido total.

Por ejemplo, cuando empecé con mi consulta privada y durante unos buenos quince años, trabajé unas diez o doce horas al día y todos los sábados y domingos, aunque media jornada. Pero, al margen de todas esas horas, lo esencial es que mi vida estaba totalmente centrada en aprender a hacerlo mejor y demostrarlo con resultados objetivos.

Veía cuarenta y cinco pacientes a la semana y estudiaba una media de tres horas cada día. Iba a congresos, acudía a cursos de especialización y leía artículos y libros separando el grano de la paja. *Non-stop.*

Mi mente estaba acampada en el terreno de la psicología, algo parecido a lo que hacen las personas con autismo con sus aficiones obsesivas. Mi universo giraba en torno a ello, y lo mejor es que me encantaba.

Esta hiperconcentración es hermosa por los siguientes motivos:

- Otorga una gran sensación de seguridad. Tenemos un hogar cómodo al que acudir y sentirnos protegidos. La mente se encuentra acogida en ese sitio que conoce y ama: nuestra dedicación.
- Gracias a ella, nuestra maestría aumenta notablemente, con lo cual el goce se incrementa. Es como una colección de sellos que crece: su poseedor está cada vez más satisfecho con ella. Cada día disfrutamos más de lo que hacemos. Es como llegar a ser un maestro del windsurf y ser capaz de ir muy rápido, hacer giros y dar saltos.

Tener foco es maravilloso y da unos resultados fantásticos. Pero, aun así, mucha gente parece incapaz de hacerlo. Generalmente se debe a dos errores típicos:

a) Ser un diletante.
b) Ser demasiado precavido.

El diletante es aquel que se aburre pronto de las ocupaciones y desea cambiar a otra cosa antes de haber profundizado. También deja las cosas a medias por pereza o porque el proyecto entra en una fase complicada.

El resultado es que el diletante se pasa la vida yendo de una afición a otra, de una ocupación a otra, sin conseguir nunca unos resultados palpables y realmente valiosos.

El diletante toca «un poco» la guitarra, sabe «un poco» de biología, sabe arreglar «algunos» aparatos cuando se estropean..., pero todo es superficial. Tampoco obtiene titulaciones, porque para ello tendría que superar el aburrimiento, el cansancio o el estrés puntual. En cuanto aparecen esas emociones, busca una excusa, lo deja todo y se dirige hacia un nuevo interés.

Pero el diletante puede superar su condición si aprende a seguir las «dos normas del abuelo Rafael», que explicaremos más adelante.

El segundo enemigo del foco es ser demasiado precavido y establecer objetivos alternativos: «Voy a intentar ser actor, pero por si acaso desarrollaré un plan B: trabajaré de profesor de inglés». Sobre papel, tener otro medio de vida podría ser una buena idea, pero el problema es que si disipamos las fuerzas nos ponemos el éxito muy difícil.

En mi experiencia, es mucho mejor comprometerse al cien por cien con una meta durante un tiempo limitado. Decirse: «Intentaré con todas mis fuerzas llegar a ser actor profesional, pero sólo durante los próximos cinco años. Al término de ese período, si no lo he conseguido, lo dejaré para siempre y pasaré a un plan B».

Tener planes B está genial, pero hay que evitar que nos distraigan o nos limiten. Es mejor activar el plan B sólo tras desestimar el plan A.

Si mientras estás trabajando en un objetivo ambicioso se te ocurren otros proyectos interesantes, dite a ti mismo: «Genial, cuando acabe el proyecto que he iniciado me ocuparé del siguiente. Primero tengo que darlo todo en éste».

Aprender a disfrutar del esfuerzo

El físico británico Stephen Hawking fue diagnosticado de ELA a la edad de veintidós años. A partir de entonces tuvo que aprender a convivir con una parálisis total. Y no sólo lo consiguió, sino que se convirtió en uno de los científicos más importantes del mundo y, sobre todo, en una persona muy feliz.

Él mismo diría que lo que más le ayudó fue concentrarse en la ciencia y trabajar duro. ¡Y resulta que descubrió que trabajar intensamente era muy divertido!

Puedo dar cuenta de ello. Yo también lo descubrí. Para mí, cualquier domingo por la tarde es mucho más divertido ir a trabajar que ver una peli regular. Y es que el esfuerzo continuado y vigoroso puede ser una gran fuente de satisfacción.

Eso es algo que mucha gente no ha descubierto todavía. Nunca han llevado a cabo un esfuerzo prolongado, durante meses o años, simplemente por el placer de hacerlo.

Si ése es tu caso, por favor, pruébalo. Escoge algo que te motive y ve ampliando el tiempo que le dedicas. Diviértete siendo capaz de estar más y más tiempo en ello, sintiéndote genial trabajando duro. Empezarás a descubrir una plenitud especial.

Salir y disfrutar

Johan Cruyff fue un futbolista y entrenador mítico. En dos lugares del mundo muy diferentes es una figura idolatrada: Barcelona y Amsterdam. Fue uno de los cinco mejores jugadores de todos los tiempos y el entrenador número uno de la historia.

Yo también caí rendido a su influjo. Por su inteligencia y creatividad, pero, sobre todo, por su desparpajo y alegría. Cruyff entendía la vida como algo divertido, para disfrutar y hacer cosas hermosas. Ofrecía siempre una sonrisa; era osado y alegre, lógico y atractivo.

Cuando se celebró la final de la Copa de Europa de 1991 en Wembley, Londres, Cruyff era el entrenador del Fútbol Club Barcelona. En el túnel de vestuarios, antes de salir al campo, les dijo a sus jugadores una frase que pasó a la historia: «Salid y disfrutad».

Y yo no tengo duda de que ése es otro componente del buen éxito: disfrutar de lo que hacemos. Es indispensable. Veamos por qué.

Conseguir grandes objetivos laborales es difícil. Hay mucha competencia ahí fuera. Requerirá grandísimas dosis de esfuerzo que no podremos movilizar sólo mediante fuerza de voluntad. Es cierto que es una gran herramienta, pero es insuficiente para conseguir un gran éxito. Para el superéxito, necesitamos un combustible más potente: el divertimento.

En una ocasión se me ocurrió empezar a correr para ponerme en forma. Salía a las siete de la mañana, antes de ir a trabajar. Cuando llevaba media hora estaba reventado. Llegaba a la oficina fatigado y les decía a mis compañeros: «Vaya palizón me he dado hoy. Me cuesta, pero estoy contento: iré avanzando y me pondré en forma».

Recuerdo que aquella misma semana fui a jugar un partidillo de fútbol con mis amigos. Era sábado por la tarde. Nos enzarzamos, como siempre, en una pachanga fantástica. Regresé a casa ¡tres horas después!, con una sonrisa en la cara, una relajación increíble y deseando que ya fuese el fin de semana siguiente. Lo había dado todo en el campo y me lo había pasado en grande.

Aquel día me metí en la cama mucho más cansado que con las sesiones de *jogging* matinales, pero mucho más feliz. Y es que había hecho cinco veces más esfuerzo ¡sin darme cuenta!

Ésa es la diferencia entre el poder del disfrute y el poder de la obligación. Con el disfrute, sin darnos cuenta, desplegamos una energía increíble. Con la obligación, nuestra energía es bastante mediocre. Las pilas parecen agotarse.

Activemos, pues, el disfrute siempre que podamos. Orientémonos al divertimento, hagámoslo todo con alegría. Y sólo entonces el éxito estará mucho más cerca.

Esto no quiere decir que la fuerza de voluntad sea una porquería. Es muy útil, pero no hemos de confiar en ella para todo. De hecho, podemos usarla como motor de arranque cuando nos dé pereza. O como motor de continuación cuando las cosas se pongan difíciles. Para arrancar y continuar. Pero, para el largo camino hacia el éxito, es mejor poner la sexta marcha: la del hermoso y poderoso disfrute.

No decir nunca «Con eso no puedo»

Hace unos quince años publiqué mi primer libro, *El arte de no amargarse la vida*. En aquella época compartía despacho con una psicóloga. Ella venía muy poco porque tenía escasos pacientes, mientras que yo estaba todo el tiempo allí porque tenía la consulta hasta arriba.

Un día que coincidimos en la zona de descanso compartida tuvimos la siguiente conversación:

—Qué chulo tu libro, Rafael. Yo siempre he querido publicar un libro con mi metodología.

—¡Pues adelante! Ponte ya —dije.

—Pero, ¿sabes?, me frena mi reparo a hablar en público. No podría promocionarlo como tú haces.

Por educación, no dije nada, pero por dentro pensé: «Con esta actitud, mejor quédate en casa y ni lo intentes».

Y es que, si queremos tener éxito, no podemos decir: «Esto no puedo hacerlo».

Ya hemos visto que el éxito cuesta, requiere muchísimo esfuerzo y bello sacrificio. Hay mucha competencia ahí fuera. No podemos permitirnos decir: «Esa parte no la quiero hacer». La actitud correcta es: «¡Por supuesto que la haré! Aprenderé a hacerlo y, me guste más o menos, alcanzaré una habilidad mínima y podré encargarme de eso también». Muchas veces, esas partes más ingratas del trabajo llegan a agradarnos, porque, al final, todo lo que se domina nos gusta.

Sin duda, el éxito requiere hacer todo lo que se necesite para lograrlo. Habrá partes más agradables y partes menos agradables. Pero, en conjunto, nuestro trabajo nos sabrá a gloria.

Todo se puede aprender. Quizá en ese ámbito no alcancemos la excelencia, pero cumpliremos el expediente y seguiremos hacia el éxito.

Hacerte amigo de la gente que te rodea

El éxito depende, en buena medida, de saber colaborar con los demás. Hay un montón de gente que nos puede ayudar, y nosotros a ellos. Podremos aunar fuerzas, trabajar juntos y divertirnos aún más, movilizar la grandísima abundancia que hay en la vida.

Para colaborar con los demás de forma fructífera y abundante hay varias habilidades que tendremos que desarrollar:

- Amar de verdad a la gente.
- Ser siempre superhonesto.
- Ser divertido.
- Desarrollar un buen carácter.

Si queremos tener éxito, no podemos dejar de lado estas capacidades. Tendremos que desarrollar la empatía, las habilidades sociales y la capacidad de hacer amigos, de acercarnos a los demás. En otras palabras: hacernos amigos —de forma sincera— de las personas con las que colaboramos.

La amistad en el trabajo es un factor importantísimo, porque por amistad se hacen muchos negocios y favores y, sobre todo, porque hace la vida mucho más gratificante.

La regla número uno para tener don de gentes es abrirse a los desconocidos con la confianza de que las personas son maravillosas. Todos los seres humanos, en el fondo, son esos niños amorosos de cuatro años que lo que desean es jugar, amar y compartir.

Desde hace años, yo tengo esta actitud de apertura incondicional y amorosa. Me dirijo a todas las personas que conozco como mis amigos potenciales, del mismo modo que haría un niño extrovertido ante la llegada de un compañero nuevo. Y es que deseo tener muchísimos amigos.

Cuentan que Julio Iglesias es así también, y en alguna ocasión ha declarado que su capacidad para hacer amigos ha sido clave en su carrera. Y ese carisma es algo que no se puede fingir. Para poder abrirnos, nos tienen que gustar las personas.

Una segunda clave del carisma es ofrecer alegría a los demás. Todos nos sentimos naturalmente atraídos por personas alegres y entusiastas que tienen una mirada limpia y divertida ante la vida. Si sacamos a relucir ese entusiasmo, la gente querrá colaborar con nosotros, estar cerca de nosotros.

Una tercera clave es ser totalmente honesto. Este punto es tan importante que lo desarrollaré profundamente más adelante, en un apartado especial.

Y, por último, la colaboración también implica saber trabajar en equipo. En este mismo libro hay un capítulo sobre esa capacidad y cómo adquirirla. Sin conocer y respetar las reglas del trabajo en equipo es muy difícil poder asociarse con otras personas y no matarse en el intento. Y eso es también aplicable a la pareja.

Si todavía no eres una persona carismática, capaz de hacer amigos en todas partes, empieza ahora mismo a desarrollar esta cualidad. A partir de ahora, ábrete a todo el mundo que te rodea, juega con ellos, diviértete y dales mucho amor.

Activar la competición sana

Existe una competición buena y otra mala.

La buena es muy divertida y un motor decisivo para el éxito. ¿Cuál es? La que se basa sólo en la diversión, no en la obligación ni la necesidad. Es la que exhibimos cuando jugamos una pachanga de baloncesto con los amigos.

En cualquier partidillo que juegues conmigo, vas a tener delante a un competidor nato. Sudaré la camiseta como en la final de la NBA. Saltaré lo más alto en cada disputa, defenderé como un profesional e intentaré meter el máximo de triples. Pero, en realidad, ¿me importa ganar o perder? En absoluto. Compito sólo porque es más divertido.

Al competir, estimulamos la motivación, el disfrute. Pero sabemos que no es más que un jueguecito. Lo único que cuenta es amar y disfrutar.

Por otro lado, la mala competición es aquella por la que creemos que DEBEMOS ganar; de lo contrario, ¡no lo soportaremos! Ufff, ésa es muy neurótica. No nos interesa.

Cuando empecé a trabajar como psicólogo, me planteé tener la mejor consulta de psicología de Europa. ¿Por qué no? Si mi amigo y mentor Giorgio Nardone, desde una pequeña ciudad italiana llamada Arezzo, había conseguido algo así..., ¿por qué no yo? ¿Por qué no cualquiera?

La competición sana hace que te fijes en lo que hacen los grandes, analices su desempeño y te plantees superarlos. Si al final no lo consigues, no pasa nada. Seguro que habrás alcanzado un buen nivel. La competición sana te da una referencia, un estándar de desempeño, y con eso podrás empezar a trabajar. Observa a los buenos y proponte superarlos.

En varias ocasiones he ido a algún restaurante malo. Una vez se había hecho tarde y nos metimos en el primer sitio que aún estaba abierto. En cuanto entramos ya vimos que la cosa pintaba mal, porque no había nadie más en el lugar. Aquello era un páramo. Y, efectivamente, todo fue nefasto. El servicio, una pena. La comida, un desastre.

Era un restaurante no lejos de mi consulta de Madrid. Al cabo de pocos meses, pasé otra vez por allí y el sitio ya había cerrado para siempre.

A decir verdad, creo que a mí no me puede suceder algo así. Yo no podría fracasar por sólo esa razón: por hacerlo mal.

¿Por qué estoy tan seguro? Porque no lo permitiría.

Mi pundonor competitivo no aceptaría que existiesen otros restaurantes en la zona, llenos de gente, mientras el mío estuviese, semana tras semana, vacío como aquél.

Si otros lo consiguen, ¡ponte las pilas! Y, como mínimo, iguálalos. Son seres humanos como tú. No son extraterrestres ni dioses. Hazlo tú también.

Para activar la competición sana te tiene que gustar competir por el simple hecho de hacerlo. Pero es algo que se puede desarrollar. Por ejemplo, si juegas al parchís con tu familia, empieza a descubrir la diversión de la competición y dite a ti mismo: «Si ellos lo han hecho, ¿por qué no yo?».

En este capítulo hemos aprendido que:

- Tener foco es dedicar todo el esfuerzo en una única dirección.
- Tener un plan B es bueno pero siempre que no distraiga. Lo mejor es dejarlo para después, una vez hayamos finalizado el proyecto principal.
- Esforzarse mucho en algo es un placer maravilloso. ¡Descubrámoslo!
- La fuerza del disfrute es enorme. Intentemos activarla todo el tiempo.
- No hay que decir que tal tarea nos supera. Todo se puede aprender.
- Saber hacer amigos en todas partes hace el triunfo más fácil. Pero tiene que ser auténtico.
- La competición sana, querer hacerlo mejor que los demás, es divertida y da grandes resultados.

16

Tener éxito II

En el capítulo anterior hemos visto algunos consejos para el éxito. Cuantos más podamos implementar, más cerca estaremos de conseguirlo. A continuación, nueve más. Algunos de ellos tienen que ver con las decisiones, un tema absolutamente crucial.

Ser creativo: las ideas mandan

El poder de las ideas es muchísimo más poderoso que el trabajo bruto. Una sola idea en la vida nos puede proporcionar un éxito arrollador. Por lo tanto, sé creativo.

Mi método para activar la creatividad es pasear —por la ciudad o por la montaña— con música en los cascos y dejar volar las ideas. Pensar en temas que me gustan y pasarlo bien dejando fluir los pensamientos.

Disfrutando del ejercicio, del aire, de la buena música y de mis propios pensamientos, de repente, ¡llega una buena idea! Y siento como un chisporroteo de electricidad. Casi noto la conexión neuronal. Me encanta. Entonces pulo esa idea, la desarrollo y la relaciono con otras. Y, por último, la registro en las notas del móvil.

Al día siguiente, cribo todo el material. Finalmente, me quedo sólo con las ideas que me parecen geniales. Sé que sólo algunas de esas buenas ideas fructificarán. La selección de la selección de la selección.

Ser creativo es producir algo nuevo, algo que nadie había hallado antes. Es un gran placer. Y, además, produce unos grandes beneficios, porque rompe la baraja, gana la partida de golpe. Da una gran ventaja competitiva y arroja una abundancia sorprendente.

Mi creatividad procede de mi costumbre de pensar por pensar, analizar fenómenos, investigar a partir de mis pensamientos. Algo que hacía ya de muy pequeño.

Con ocho años, recuerdo ir al colegio caminando. Tenía media hora de caminata solitaria por terrenos baldíos, sin edificar. Durante esos paseos me gustaba analizar pequeños conceptos matemáticos o filosóficos. Por ejemplo: «¿Es posible que los números designen, en realidad, distancias? Si las magnitudes son distancias, entonces todo es relativo; las cosas existen en nuestra mente por relatividad. ¡Qué guay!».

Intentar comprender en profundidad era un ejercicio que ya me hacía chisporrotear las neuronas de bien pequeño. Ahora hago lo mismo con mis ejercicios de creatividad.

Así pues, no seamos rácanos y nos limitemos al trabajo bruto, la productividad, el ahorro y las pequeñeces. Pensemos en grande, soñemos y creemos. Eso sí nos hará abundantes.

Aprender a tomar decisiones

Ahora hemos tocado hueso. Este tema sí que es crucial. Saber tomar decisiones es esencial y algo que la mayoría de las personas no hace bien.

En la vida y en los negocios hay que tomar decisiones (y cumplirlas). Hay que ser ágil y decidido. Es imprescindible.

En ocasiones tendremos que tomar decisiones difíciles. No nos gustará y aparecerá la tentación de evitarlo. Eso sería un gran error. La única manera de avanzar es tomando decisiones: las fáciles y también las difíciles.

Las decisiones pueden ser difíciles por diferentes razones:

- Nos falta información. No sabemos si optar por A o por B. ¡Maldición!
- Sí lo sabemos, pero nos da miedo el cambio. ¡Ufff, qué rollo!
- La decisión tendrá algunas consecuencias desagradables (aunque sabemos que es lo que hay que hacer). ¡¿En serio?!
- Es una decisión entre dos males y no nos gusta optar por algo negativo. ¡Vaya, esto no es divertido!

Pero una de las reglas más importantes a la hora de tomar decisiones es que ¡hay que tomarlas! Si seguimos sin estar seguros pasado un tiempo de análisis, habrá que decidir de todas formas.

La inacción es mucho peor que errar. Ante todo, no hay que bloquearse, posponerlo ni seguir como si nada sucediese.

Otra de las reglas para aprender a tomar decisiones es que hay que trabajarlas. Es decir, debemos dedicar mucho tiempo a estos dos pasos:

- Investigar.
- Sopesar.

El primer paso requiere que acumulemos toda la información que podamos. Puede durar horas, días, semanas o meses.

Y lo mejor es obtener el máximo de información posible. Cuantos más datos tengamos, más fácil será decidir y mejor lo haremos. Pero habrá un momento en que digamos basta. Habrá que conformarse con lo disponible. Entonces se dará paso a la segunda fase.

Sopesar consiste en hacer balance de pros y contras. Es como poner los argumentos a favor en el brazo de una balanza, y en el otro los argumentos en contra. El que más pese será el elegido.

En una ocasión, estaba en mi despacho sopesando una decisión difícil. Una psicóloga de mi equipo y gran amiga mía, María, pasó por delante de mi puerta (de cristal) y distinguió mi figura caminando por la sala. Entró y me preguntó:

—Rafael, ¿te pasa algo?

—Nada —respondí alegremente.

—¿Y qué haces yendo de un lado a otro? —rio María.

—Estoy tomando una decisión —dije, ufano.

—¿En serio? ¿Y por eso caminas por aquí? —insistió con curiosidad.

—Claro. Para tomar decisiones hay que sopesar mucho. Y caminando sale mejor.

Sopesar es revisar, una y otra vez, todos los pros y contras. De esa forma, la mente va valorando. Llegará un momento en que la decisión estará clara.

Para investigar y sopesar, lo mejor es asignarse un horario fijo en la agenda. Por ejemplo, todos los días de diez a once de la mañana. Esta rutina es muy beneficiosa porque nos saca presión. Como sabemos que disponemos de muchas jornadas para decidir ya planificadas, nos sentimos tranquilos y seguros. Sabemos que nos estamos ocupando muy bien del tema.

Pero si al final la decisión no está clara, habrá que decidir de todas formas: ¡es necesario hacerlo aunque no estemos nada seguros de la apuesta!

Un buen truco para esos momentos es pensar que, si no sabemos qué hacer y hemos investigado mucho, significa que las opciones están al 50 %. En ese caso, tanto da una opción como la otra. Lo podríamos decidir al azar. En realidad, ése el mejor de los casos, porque quiere decir que ganaremos hagamos lo que hagamos.

Decidir al azar

En muchas ocasiones, trabajando con pacientes, he propuesto el siguiente ejercicio.

—Escribe en estos papelitos todas las opciones que se te ocurran —digo.

—¿Todas?

—Sí. Todas las que se te hayan ocurrido alguna vez y te hayan parecido plausibles —aclaro.

—Vale. Éstas son —me responden.

—Muy bien, pues ahora dame esos papelitos. Los meteré en esta bolsa, escogeremos uno al azar y eso es lo que se decidirá —concluyo.

Los pacientes siempre se espantan porque les parece inconcebible que vayamos a decidir algo importante de tal forma. Pero yo razono:

—Tienes que decidir. Y si no lo has hecho hasta ahora es porque todas las opciones son igual de buenas. Venga, ¡lo esencial en la vida es no quedarse bloqueado!

Por supuesto, es mucho mejor hacer un buen trabajo de decisión (investigar y sopesar) que escoger al azar. Pero, si nos vemos bloqueados, tendremos que acudir al azar para salir de la inacción. Recordemos que lo peor es no hacer nada, no evolucionar, no aprender y arrepentirse toda la vida de los territorios que podríamos haber explorado y no lo hicimos sólo por miedo.

Si echo la vista atrás, no me arrepiento de ninguna de mis decisiones vitales, saliesen mejor o peor. Sin embargo, sí que me arrepiento de no haber decidido en alguna ocasión. De no haber apostado por nada y haber dejado pasar la ocasión de aprender. Me arrepiento de haber escondido la cabeza en la arena, algo que nunca funciona.

Cumplir las dos normas del abuelo Rafael

En mi libro *Las gafas de la felicidad* hablé largo y tendido de «las dos normas del abuelo Rafael», dos normas imprescindibles para el éxito y la fortaleza emocional. Pocas lecciones son tan esenciales. Para mí son sagradas, porque sin ellas me resultaría imposible mantenerme cuerdo y fuerte. Son estas:

- Lo que empiezo lo acabo.
- Lo que he dicho que iba a hacer lo hago.

Estas dos normas están relacionadas con las decisiones, porque, una vez tomada una decisión, hay que cumplirla. Aquí entran las dos normas: hay que mantener la decisión cueste lo que cueste.

Mucha gente no respeta estas dos normas. Les sucede lo siguiente: deciden algo (como irse a vivir a Sevilla) y a las dos semanas de estar allí empiezan a pensar en regresar porque no se adaptan al lugar, les entran dudas sobre su decisión y ¡abortan el plan! Vuelven a su ciudad de origen ya más tranquilos, pero al cabo de unos meses se aburren y vuelven a soñar con vivir en Sevilla o en otro sitio. Con frecuencia se preguntan: «¿Por qué me fui de Sevilla? ¿Quizá si me hubiese esforzado en conocer a gente o tener una ocupación interesante me habría adaptado a vivir allí?».

¡Qué lío! No saben realmente si Sevilla es una buena opción, porque no llevaron a cabo su decisión y no pudieron explorarla bien. Abortaron por miedo —una emoción pasajera— y eso les ha impedido descubrir qué les gusta y qué no les gusta.

Esto es lo que ocurre si no cumplimos las dos normas del abuelo Rafael:

- No aprenderemos. Nunca sabremos lo que nos gusta o no nos gusta. Ni lo que somos capaces de hacer.
- Aumentará nuestra inseguridad personal. Cuando la mente sabe que nos asustamos y retiramos ante emociones negativas, pasamos a ser rehenes de ellas. Nuestras emociones mandarán sobre nuestra vida.

Las emociones negativas hay que educarlas, domesticarlas. Si permites que las dudas, el temor o la vergüenza determinen tus decisiones, cada vez se harán más fuertes. Es como darle dinero a un chantajista. Cada vez nos pedirá más y más. Cada vez seremos más esclavos de sus caprichos.

Por el contrario, si acabamos todo lo que iniciamos y hacemos siempre lo acordado, nuestras emociones negativas se van achicando porque ven que no nos determinan. El chantaje finaliza.

Acotar las decisiones

Las decisiones deben definirse muy bien y acotarse en significado y tiempo.

Por ejemplo, una decisión bien acotada sería ésta: «Voy a hacer un curso de inglés durante seis meses con clase tres días a la semana y estudiaré, como mínimo, dos horas semanales». En cambio, una decisión mal definida sería: «Voy a aprender inglés». Es demasiado general y de esta forma no hay un criterio de cumplimiento.

En primer lugar, necesitamos un criterio muy claro de qué significa «cumplir». Es muy importante que sea lo más detallado posible. Y, en segundo lugar, debemos determinar cuánto tiempo nos comprometemos a ello. Ese tiempo se definirá según estas características:

- El tiempo mínimo que necesito para aprender de la experiencia.
- El tiempo mínimo para que pueda resistir, suceda lo que suceda.

Por ejemplo, ¿cuál sería el tiempo mínimo necesario para saber si me gusta estudiar la carrera de Psicología? Por lo menos, un año. Es decir, será necesario que curse todo un año para saber si dicha carrera es lo mío o no. Si, por el contrario, tres meses después de haber empezado lo veo difícil o tedioso y lo dejo, es posible que al cabo de unos años me pregunte: «Pero ¿era realmente tan difícil? ¿No me precipité y, en realidad, sí me gusta esa carrera?».

Todos necesitamos un tiempo para comprobar las cosas, para aprender algunas lecciones preliminares, para superar un período de adaptación, para llegar a conclusiones. Cada aprendizaje o situación tiene tiempos diferentes, y cada persona deberá valorar qué tiempo mínimo es necesario para llegar a conclusiones valiosas.

Pero también es cierto que tendrá que ser un período que sepa que puedo resistir aunque las cosas se pongan feas. Porque es esencial que, una vez comprometido, me mantenga fiel a ello.

Por ejemplo, puedo preguntarme: «¿Podré resistir a ir a clase todos los días durante un año?». Si realmente me parece demasiado, puedo adoptar un compromiso menor: quizá seis meses o tres. Pero, sea lo que sea, hay que cumplir, aunque aparezcan todas las emociones negativas del mundo. Por lo tanto, es mejor ser cauto y no comprometerse con decisiones que requieran mucho tiempo para cumplirlas. Es mucho mejor ir poco a poco.

La gente suele errar al no definir bien sus decisiones, no acotarlas. Toman decisiones demasiado amplias e indefinibles y ello propicia que las incumplan.

Hemos de evitarlo con todas nuestras fuerzas. Incumplir nuestra palabra, nuestros compromisos, es lo peor que podemos hacer por nosotros mismos y nuestra salud mental. Nos hace muy débiles.

Por eso, no es mala idea intentar cumplir incluso con los compromisos más pequeños o triviales. Por ejemplo, siempre que hayamos quedado con un amigo tenemos que acudir a la cita, aunque nos encontremos un poco mal o hayan surgido imprevistos. Pase lo que pase.

La idea es acostumbrarnos a que nuestra palabra tiene un gran valor: sabemos comprometernos en lo pequeño y también en lo grande.

Ser siempre honesto

Debía de tener diez u once años y estaba en Salou, un pueblo de playa donde mi abuelo Rafael —sí, el mismo de las dos normas— tenía uno de los primeros chiringuitos de playa de la España franquista.

Era uno de esos bares-restaurante a pie de playa repleto de turistas alemanes, una factoría de hacer paellas. Mi abuelo estaba retirado y vivía feliz al sol, y visitaba a diario el local y supervisaba que todo fuese correctamente.

Un día estaba yo por allí, en bañador, zampándome un helado de limón, cuando llegó el camión de la Coca-Cola. El repartidor descargó una montaña de botellas y se fue. Me fijé en un pequeño detalle y, con curiosidad, le pregunté al abuelo:

—Anda, el señor de la Coca-Cola no te ha pedido dinero. ¿Te las ha dado gratis?

—No, hijo. Ahora sólo las entrega y yo las pago el mes que viene —me respondió cariñoso.

—¿En serio? Pero, abuelo, ahora podríamos llevárnoslas todas en un camión, venderlas por ahí y quedarnos con el dinero —apunté.

Mi abuelo, sorprendido de mi ocurrencia, me acompañó a una de las mesas de aluminio de la terraza y me pidió que me sentara.

—Rafaelito, fíjate en lo que te voy a decir y no lo olvides nunca. Tienes toda la razón: robar es muy fácil. Ahora mismo no nos costaría nada. ¡Chupado! Pero déjame que te haga una pregunta: si nos llevamos todas esas botellas sin pagar, ¿podremos pedirle a este hombre más Coca-Cola en el futuro?

—Hum. Yo creo que no, abuelo. Si nos llevamos las botellas sin pagar, este señor ya no nos venderá nunca más nada —contesté mientras le daba un lametazo al polo.

—Exactamente, hijo mío. ¡Exactamente! Y se habría acabado para siempre nuestro negocio de venta de Coca-Cola. Por lo tanto, la lección es: «Sé siempre honesto en los negocios y en la vida porque robar es muy fácil, pero sólo podrás robarles a las personas una vez y eso te empobrecerá. En cambio, te enriquecerás haciendo negocios honestos con ellos toda la vida». ¿Lo entiendes, hijo?

Esa lección se me quedó grabada a fuego. ¡La honestidad es de ganadores! ¡La deshonestidad, de perdedores!

Por eso, otra de las lecciones fundamentales en la vida es «Sé escrupulosamente honesto», que todos sepan que tu integridad es absoluta. No hay mejor pasaporte que la gente confíe plenamente en ti: de esa forma, las puertas de la colaboración y sus ingentes beneficios se abrirán de par en par.

Dar antes de recibir

Hay gente que da sólo si sabe que habrá un intercambio de favores. Si no está seguro de que le vayan a corresponder, no le interesa. Tal actitud es un error.

Para abrir la maravillosa caja de la abundancia, hay que dar y dar, hacer favores, estar ahí para los demás. Y ya nos corresponderán cuando les toque.

Por supuesto, habrá gente que traicione esa correspondencia y se escaquee de devolvernos el favor. Mala suerte. Pero, aun así, la abundancia que propiciaremos con nuestra actitud será enorme. Porque sí habrá muchos que nos echarán un cable. Y tanto habremos sembrado que la cosecha será maravillosa.

Para tener éxito, hay que ser generoso y dar primero. Así crearemos las autopistas de la generosidad mutua, algo bellísimo y enriquecedor.

Aprender a errar

Fallar, equivocarse, que los proyectos no salgan... es la mar de normal. Es más, ¡es necesario! Si le tienes miedo al error, no podrás desarrollar ningún gran objetivo.

Hace unos años le pedí a un amigo profesor de economía que me recomendase alguna lectura para aprender a invertir mis ahorros. Y me prestó un libro de un experto norteamericano, también profesor de economía. Este libro se considera la biblia del inversor medio. Lo leí y aprendí muchos conceptos valiosos, y uno de ellos tiene que ver con el error.

El experto explicaba cómo invierten los grandes inversores de Wall Street. Siempre invierten en lo que llaman una «cesta de inversión»: NUNCA invierten en un solo producto, sino en un número determinado —por ejemplo, diez— y así conforman una cesta con diferentes inversiones.

Los grandes inversores analizan minuciosamente cada empresa en la que invierten, envían analistas para revisar los números, visitan las fábricas, estudian el mercado y muchas cosas más. Pero, pese a todo eso, saben que existe una incertidumbre consustancial al negocio y que algunas de esas inversiones fracasarán. De ahí que las diversifiquen en una cesta variada.

El autor del libro explicaba en sus páginas que los grandes inversores obtienen la siguiente ratio de éxito partiendo de diez inversiones:

- En tres pierden todo lo invertido.
- En cinco se quedan a la par.
- En dos consiguen unas ganancias espectaculares.

Es decir, consiguen acertar sólo en un 20 % de las ocasiones, pero esas ganancias son tan grandes que compensan sobradamente las pérdidas. Y así se hacen cada día más ricos.

Los buenos inversores consideran que perder dinero es una condición necesaria para ganar. Si no tolerasen ese error, no podrían dedicarse a ello.

Por eso, en este caso —y en casi todos— podemos decir que ¡el error es bueno!

Inspirado en este ejemplo, desde hace años empleo una estrategia que podría llamar «diversificar mis aventuras». Esto es, cada semana emprendo algunos objetivos, varios al mismo tiempo. Por ejemplo:

- Una nueva formación para los colaboradores que trabajan conmigo.
- Una charla conjunta con otro profesional que me gusta.
- Un viaje de trabajo.

Sé que algunas de estas iniciativas no darán frutos. Pero, al intentar varias al mismo tiempo, cada semana recibo buenas noticias de algún lado. Las malas noticias —los errores— no me importan tanto porque siempre recojo alguna buena cosecha. Y de este modo, en realidad, voy de éxito en éxito sin interrupción.

Así podremos perder el miedo a errar. Considerándolo un paso más hacia el éxito. Nos espera un futuro de abundancia y amor.

No creer que las cosas saldrán a la primera

Esta habilidad es una extensión de la competición sana que ya hemos visto. Para llegar a tener éxito en algo difícil como ser músico, artista o escritor, hay que tener persistencia y el prurito de decir: «¿Cómo? ¡¿Se me cierra la puerta por aquí?! ¡Pues no pasa nada, vamos por allá, en algún lado se encontrará la manera!».

Somos como un perro de caza que persigue a su presa hasta hallarla y capturarla.

Y es que muchas tareas no salen a la primera. Ni a la segunda. Ni a la tercera. Hay que probar esto. Luego lo otro. Más tarde, lo de más allá. La victoria es para los que persisten.

Si a la primera negativa nos desinflamos, nunca llegaremos muy lejos. Veamos un ejemplo. Cuando era joven, en un momento dado mi máxima ilusión era estudiar y trabajar con el célebre psicólogo italiano Giorgio Nardone. Era una figura mundial y me encantaba lo que hacía. Desde Barcelona, donde vivía yo, miraba su página web y los cursos que ofrecía. Eran muy caros. Además, debía pasar al menos un año en Arezzo, donde se impartían. Ni siquiera tenía dinero para coger el autocar y plantarme allí (por cierto, finalmente fui y lo hice en un viaje de autocar de diecisiete horas).

Se me ocurrió una idea. Le propondría a Giorgio Nardone un plan. Vi que su escuela organizaba ciertos cursos en inglés para estudiantes extranjeros y ¡yo dominaba esa lengua! ¿Y si trabajaba en la secretaría de esos cursos a cambio de poder hacer su máster gratis?

Le escribí un correo electrónico con mi fabulosa propuesta. Ninguna respuesta.

Le escribí más correos. Nada.

Le escribí a su secretaria. Tampoco.

Le volví a escribir varias veces a ella. Cero.

¿Qué podía hacer? ¡Bingo! Jordina, una de mis mejores amigas, era bilingüe en italiano y español. Los llamaríamos por teléfono y les plantearíamos el plan en la lengua de Dante.

Finalmente, un día Jordina y yo (a su lado) telefoneamos a la secretaria y le expusimos la propuesta. ¡Fue un amor! Nos pidió que le enviásemos un nuevo correo electrónico, esta vez en italiano. A ella le gustaba. Nos prometió hablar directamente con Giorgio.

A los pocos días recibí un correo que nunca olvidaré: «*Caro, Rafael, t'aspettiamo qui il prima possibile*».

En este capítulo hemos aprendido que:

- Ser creativo otorga una ventaja impresionante. Diviértete pensando y hallando grandes ideas.
- Hay que aprender a decidir.
- Hay que tomar decisiones aunque no estemos seguros del resultado.
- Las decisiones hay que trabajarlas: hay que investigar y sopesar mucho.
- Es bueno agendarse sesiones de decisión diarias hasta llegar a una conclusión.
- Hay que cumplir siempre las dos normas del abuelo Rafael: *1)* lo que empiezo lo acabo y *2)* lo que dije que iba a hacer lo hago.
- Hay que acotar las decisiones: qué implican y durante cuánto tiempo.
- La honestidad es básica para poder colaborar con los demás.
- Dar antes de recibir proporciona maravillosos frutos.
- No tengamos miedo a fallar: forma parte del juego del éxito.
- No esperemos que las cosas salgan a la primera.

TERCERA PARTE

Con los demás

17

Aprender a trabajar en equipo

En un capítulo anterior hablamos de la comuna de Osho en Estados Unidos. Como comentaba antes, cuando vi el documental *Wild Wild Country* lo que me llamó la atención no fue la cadena de curiosos sucesos que se produjo allí, sino la extraordinaria experiencia de unión entre aquellas personas. Y es que las relaciones pueden llegar a ser muy embriagadoras, gratificantes y sanadoras. No hay duda: el ser humano está programado para encontrar su máxima felicidad en la comunión con los demás.

Yo también he experimentado, en diferentes momentos de mi vida, la energía de la unión profunda con otros. Por ejemplo, cuando entré en la universidad. Yo venía de una escuela sólo para chicos, religiosa, un poco anticuada. Me lo pasé bien allí, aunque las relaciones eran bastante primarias y limitadas. Entre nosotros había un coleguismo masculino básico, pero sin demasiado cariño.

En cambio, cuando empecé en la Facultad de Psicología de la Universidad de Barcelona mi mente saltó por los aires porque conocí a un grupo de chicos y chicas muy diferente. Procedían de colegios modernos donde la gente se trataba con mucho amor. Además, aquel grupo de amigos estaba poseído por una suerte de *revival* del Mayo del 68: escuchaban a Simon

and Garfunkel y John Lennon, y hablaban de educación libre y pacifismo.
Aquello fue una revelación y una revolución. Y la abracé sin dudarlo. ¡Qué diferente era llegar al aula y darnos besos y abrazos! ¡Qué diferente era pasar las horas de descanso planeando cambiar el mundo! ¡Qué maravilloso era relacionarse con genuino amor!
A lo largo de aquel año perdería definitivamente el contacto con mis antiguos amigos del cole. Aquel tipo de relación primitiva me parecía muy inmadura y tonta. Donde me movía ahora no tenía comparación. Era como pasar del blanco y negro al tecnicolor. ¡Estaba encantado de la vida como nunca antes! ¡Quería más de eso! ¡Quería más amor!

Juntos, mejor

Convivir, compartir, amarse y sentirse unido es el gran logro del ser humano. Los niños que tienen la fortuna de pasar los veranos en el campo, entre otros chavales, viviendo gloriosas aventuras, saben de lo que hablo. Los que hemos vivido en residencias estudiantiles, también. Amar y compartir intensamente es lo más.

Pero la vida moderna nos hace desaprender nuestras congénitas habilidades para compartir. Nos vuelve desconfiados y cerrados. Nos empuja a enrocarnos en un mundo minúsculo y aburrido.

Este capítulo ofrece un sistema de reaprendizaje de esa habilidad esencial: relacionarnos con más amor. Vamos a estudiar los principios que nos permitirán trabajar en equipo de manera ejemplar, disfrutando del proceso y evitando los conflictos que a menudo aparecen en los grupos.

Saber trabajar en equipo nos permitirá abrirnos a ese maravilloso mundo de la vida en común.

Un problema que no se sabe que existe

En la actualidad, la mayoría de las personas tienen un problema a la hora de trabajar en equipo y no son conscientes de ello. A lo largo de la vida se topan con muchos conflictos que no saben comprender. Se pelean con sus hermanos, con sus socios, con su pareja... y piensan que es debido a una falta de entendimiento general o a que los otros son egoístas. Pero no: todo se debe a que no saben trabajar en equipo. Nadie les ha enseñado a hacerlo y llegan a la edad adulta completamente analfabetos a ese respecto.

La falta de cultura de trabajo en equipo provoca muchos conflictos:

1) Entre socios de organizaciones.
2) Entre miembros de la familia (principalmente, entre hermanos).
3) Entre vecinos de la comunidad de propietarios.
4) En la pareja.

Sin embargo, cuando se aprende a hacerlo ¡todo cambia!

De repente, somos capaces de trabajar felices en todas esas situaciones y nos beneficiamos increíblemente de todas las ventajas de ese alto grado de cooperación. Cuando aprendemos a trabajar en equipo, gran parte de los problemas entre socios, entre hermanos o de pareja se desvanecen y pasamos a disfrutar de la colaboración entre iguales.

No es algo difícil. Sólo necesitaremos unos principios que habrá que conocer y aplicar. Una vez hecho, todo fluirá como por arte de magia.

El caso de Laura y sus hermanos

Laura, una paciente, un día vino a verme muy afectada. Era soltera, tenía cuarenta años y dirigía una pequeña cadena de tiendas de moda. El negocio iba genial y tenía muchos amigos. Era una persona alegre e inteligente, pero un conflicto familiar le estaba amargando la vida.

Desde hacía un tiempo, su padre tenía un pronunciado deterioro de salud y ya había llegado el momento de ingresarlo en una residencia geriátrica con cuidados permanentes. Laura y sus dos hermanos habían acordado buscar un centro adecuado entre todos. En un inicio repartieron así las tareas:

- Sus hermanos pequeños, Tomás y Ana, buscarían la residencia.
- Laura, que era la mayor, pagaría las facturas, ya que ella disponía de más recursos.
- Escogerían el centro de forma consensuada: tras visitar los geriátricos, entre los tres decidirían el más adecuado.

Pero surgió un desacuerdo que lo mandó todo al traste.
Efectivamente, los hermanos pequeños se informaron sobre los centros, pero Tomás, de forma unilateral, decidió que el mejor era uno cercano a su casa. Se trataba de una residencia muy austera y hasta fea. Daba la impresión de que, en realidad, sólo quería sacarse el tema de encima. Y lo peor es que, sin con-

sultarlo, Tomás rellenó los documentos de ingreso y puso el número de cuenta bancaria de Laura.

Como era de esperar, Laura se enfadó y telefoneó a su hermano:

—Tomás, ¿cómo diablos has decidido meter a papá ahí? Sabes que aún no lo hemos debatido entre los tres. Por cierto, me ha dicho Ana que a ella no le gusta la residencia.

—Sólo tienen una plaza libre y podrían ocuparla en cualquier momento. ¡Te digo que es el sitio perfecto para papá! —argumentó Tomás con tono impositivo.

—Es posible, pero no es lo que habíamos acordado. Dijimos que lo escogeríamos entre los tres —protestó Laura.

—¡Si perdemos el tiempo, le darán la plaza a otro! Además, yo ya me he comprometido con esa residencia. ¡Si no aceptamos la plaza, yo me retiro! ¡Paso! ¡Os encargáis vosotras! —concluyó Tomás, airado.

Frente a tal actitud, las dos hermanas decidieron seguir buscando por su cuenta la mejor residencia para su padre: la más hermosa y con mejores instalaciones. Laura se tuvo que arremangar y ayudar a Ana a hacer visitas a centros, pese a que estaba hasta arriba con sus tiendas.

En la consulta, Laura me expresó lo enfadada que estaba:

—¿Lo ves, Rafael? ¡Tomás es inmensamente egoísta! Lo único que quería era sacarse el tema de encima. Le da igual si papá está bien o no. Y se pasa por el forro nuestros acuerdos. Nos toma por el pito del sereno. También le da igual que yo tenga mucho trabajo y que tenga que apechugar con todo: además de pagar las facturas, ahora tengo que buscar la residencia.

—Te diré algo, Laura: esto que os ha pasado es muy común. Sucede en muchas familias y también entre compañeros de trabajo, amigos o vecinos de escalera. El problema de fondo es que no sabemos cooperar. Nadie nos ha enseñado —apunté.

—¿Quieres decir que el problema de Tomás es sólo que «no le han enseñado a cooperar»? ¿Sólo eso? ¡Yo creo que es un problema de puro egoísmo! —se quejó Laura con amargura.

—En realidad, no. Tu hermano es un tipo maravilloso, capaz de mucha generosidad, como todo el mundo. Pero, simplemente, para hacerlo tendría que aprender la filosofía de la cooperación. En cuanto lo haga, alucinarás con lo bien que lo hace.

En familia, aprender a colaborar es muy valioso, porque tarde o temprano nos encontraremos con asuntos familiares que resolver. Por ejemplo, cuando los padres se hacen mayores y hay que cuidarlos.

«En todas las familias cuecen habas», reza el dicho. Y esas amargas habas son producto de la incultura de la cooperación, un problema que pasa inadvertido y que suele agriar muchísimo las relaciones.

Pero, como decíamos antes, si aprendemos a cooperar de forma fluida y exitosa, la familia —y la amistad— se puede convertir en una gran fuente de unidad, amor y goce en común. Veamos en qué consiste.

En el caso de Laura y sus hermanos, pudimos comprobar que el problema real era que Tomás no sabía trabajar en equipo. Y, por eso, los intentos de entenderse y colaborar resultaban siempre en ¡DESASTRE! Abundaban las discusiones, las traiciones y los sentimientos de injusticia y agravio.

Era como si los tres hermanos se hubiesen puesto a jugar al baloncesto sin acordar antes las reglas del juego. Sin saber si se puede chutar la pelota o sacarla fuera del campo.

Vamos a ver por qué se produce esa incultura de la cooperación y qué habría que hacer para superarla y aprender a tener grandes relaciones de cooperación. Es un aprendizaje para toda la vida y para multitud de situaciones: en una empresa, en una asociación, con amigos o incluso en pareja.

LAS REGLAS DEL JUEGO DE LA COOPERACIÓN

Antes de enumerar las reglas del trabajo en equipo, voy a explicar un ejemplo personal que puede servir de introducción.

Cuando tenía diecinueve años, en mi época universitaria, tuve la fortuna de formar parte de un grupo de amigos que montamos un fantástico negocio. Nos llamábamos «Sarau» («sarao» en catalán) y nos dedicábamos a organizar conciertos y grandes fiestas estudiantiles.

Sarau estaba formado por seis amigos. Nos conocíamos desde jovencitos y nos encantaba hacer cosas juntos: salir por la noche, escuchar música, ir a conciertos, viajar...

Un buen día, nos animamos a montar una fiesta temática de música de los cincuenta. Lo preparamos todo y pusimos carteles por la zona de la universidad por si se animaba a ir alguien. Esperábamos básicamente a nuestros amigos y conocidos; quizá veinte personas. Y cobramos una pequeña entrada para el alquiler del local. ¡Cuál fue nuestra sorpresa cuando el local se abarrotó con más de trescientas personas!

Ése fue el inicio de nuestra organización: una empresa que funcionó durante ocho años con un éxito económico apabullante. Organizamos conciertos multitudinarios, dirigimos discotecas y creamos grandes eventos.

Durante aquel tiempo dorado, causábamos admiración por la magnitud de nuestras movidas. ¡Éramos tan jóvenes, pero lo hacíamos tan bien! Nuestras organizaciones eran éxitos continuos. ¿Cómo lo hicimos? Hoy sé que nuestro secreto era que conocíamos las claves del trabajo en equipo.

UN PRINCIPIO Y CINCO NORMAS

¿Y cuáles son esas claves? ¿Qué es lo que nos permitirá colaborar con los demás de forma exitosa y divertida, sin apenas conflictos?

Un principio filosófico y cinco reglas prácticas.

Primero, el fundamento filosófico: la visión clara de que el trabajo en equipo es mejor que el trabajo individual.

Es un principio conceptual de base. En nuestro joven grupo, Sarau, éramos muy conscientes de que trabajar juntos era mucho mejor que hacerlo individualmente. Se trata de un concepto esencial porque sólo entonces confiaremos en el sistema y tendremos suficiente disciplina personal como para llevarlo a cabo.

Veamos al detalle, pues, las principales razones de la superioridad del trabajo en equipo:

1) Al compartir, nos divertimos y damos sentido a la vida.
2) Sumamos recursos: dinero, trabajo y conocimientos. Por separado, los miembros de Sarau no habríamos podido organizar ni una sola de nuestras producciones.
3) Nos quitamos presión. Cuando se decide conjuntamente, la responsabilidad queda repartida, diluida. A mis diecinueve años, no hubiese podido decidir invertir cien mil euros en un negocio tan volátil como la organización de eventos. Me hubiese muerto de miedo. En cambio, como las decisiones las tomábamos por votación, la responsabilidad no recaía sobre ninguno de nosotros de

forma individual. Nos íbamos a dormir tan tranquilos porque había decidido «el grupo».
4) Acertamos más. Simplemente, porque es más difícil errar cuando se sopesan diversas opiniones.

En resumen: estábamos convencidos de que el grupo era UN GRAN PODER: más diversión, más recursos, menos presión, más acierto. ¡Qué mezcla imparable!

Por supuesto, también éramos conscientes de las desventajas. Para empezar, teníamos que hacer reuniones constantemente. Antes de tomar cualquier decisión, había que consensuarla. Una sola persona, con su propio negocio, es más ágil, ya que no tiene que reunirse y debatir con nadie.

Por otro lado, de vez en cuando teníamos que «tragarnos un sapo»: asumir una decisión que personalmente no convence, y, por si fuera poco, después trabajar en ella.

Pero, aún con esos dos inconvenientes, sabíamos que la colaboración arrojaba un saldo ganador. Y, además, ¡nos encantaba!

Las cinco normas

Comprender la gran superioridad del trabajo en equipo es el primer paso. A continuación, hay que aprender la tecnología para llevarlo bien a cabo. Hay cinco pasos esenciales:

1) Reuniones de trabajo periódicas.
2) Debate sobre los temas que hay que decidir.
3) Decisiones por democracia (votaciones).
4) Reparto equitativo de tareas.
5) Acta detallando lo pactado.

Mis amigos y yo seguíamos estos pasos religiosamente. Ése era nuestro gran secreto.

Las reuniones de trabajo eran semanales, siempre el mismo día, a no ser que tuviésemos que tomar una decisión urgente. En esos casos convocábamos una reunión extraordinaria.

En los encuentros intercambiábamos información y poníamos sobre la mesa los temas que había que decidir. A partir de ahí, se abría un tiempo muy generoso para el debate. Cada uno de nosotros presentaba sus datos (sus razones, sus cálculos y su información para apoyar una decisión u otra). Ése era el momento de hablar con honestidad y libertad.

Una vez finalizado el debate, votábamos. Y aquí era esencial lo que se llama «disciplina de grupo». Esto es, lo que se decidía iba a misa. Todos y cada uno de nosotros seguíamos el rumbo grupal, tanto si a título personal estábamos de acuerdo o no.

Éste era precisamente el punto en que fallaba Tomás, el hermano de Laura. El joven no tenía disciplina de grupo. No quería doblegarse a la voluntad democrática porque, en realidad, no creía en la superioridad del trabajo en equipo.

Tomás pensaba que un grupo funcionaba bien en tanto en cuanto las decisiones fuesen del agrado de todos. Si no había absoluta coincidencia, no se podía trabajar. Y, cuando eso sucedía, se salía del grupo.

Éste era su error. Había que enseñarle que los grupos de trabajo igualitarios no funcionan así. A menudo no se coincide, pero hay que seguir adelante. Y, de hecho, la diferencia es buena porque es la que suscita el debate, la creación y el crecimiento.

Finalmente, en Sarau repartíamos las tareas y redactábamos un acta para dejar constancia de lo pactado. Durante la semana hacíamos las tareas asignadas y las llevábamos resueltas a la siguiente reunión. Estos encuentros eran muy divertidos. Explicábamos las anécdotas y cómo habían ido las diferentes misiones. Reíamos con las ocurrencias y aplaudíamos los avances de cada uno.

Y, de nuevo, seguíamos con el método: debate, votación, reparto de tareas y acta. Era un trabajo muy ágil y eficaz. Disfrutábamos mucho y tuvimos logros sorprendentes.

CUANDO SE HACE MAL

A la hora de colaborar en equipo, en muchas familias saltan chispas. Es el momento del gran choque. Ahí se rompen muchas relaciones. Simplemente, porque se carece de educación en trabajo grupal. Los miembros no tienen clara la superioridad del trabajo en equipo y tampoco la metodología de los cinco pasos que ya hemos visto.

Para empezar, Tomás temía que, si la búsqueda de la residencia se alargaba mucho, podrían verse afectados su vida personal y su tiempo libre, algo que consideraba sagrado.

No comprendía que, si bien podía perder algo, a cambio iba a ganar una gran capacidad de ayudar a su padre. La disciplina de grupo supone fastidiarse puntualmente pero conseguir muchísimo más a largo plazo. ¡Vale la pena!

Tomás tenía que descubrir que el trabajo en equipo podía mejorar su vida futura, aportarle una abundancia sin precedentes, porque después de esa colaboración podría haber muchas más, otros proyectos entre hermanos, quizá hasta montar una empresa con su hermana.

Tomás nunca había trabajado en equipo. Era empleado de una empresa y sólo recibía órdenes. No había tenido la oportunidad de aprender esa forma de colaboración compleja.

Cuando en una familia alguien no respeta la disciplina de grupo, reinan el caos, la discusión y la amargura. No respetar la disciplina de grupo es una especie de agresión porque equivale a no respetar la libertad de los demás y pretender que se haga sólo lo que uno desea. Laura, por ejemplo, estaba indignada con su hermano porque éste quería decidir por su cuenta, sin respetar los acuerdos. Pretender trabajar en equipo y no respetar las normas es como hacer trampas jugando al póquer.

En las escuelas

Creo que las escuelas harían muy bien en enseñar a los chavales estos principios. Se trataría de darles una tarea para completar en grupo: cinco o seis chicos decidirían un objetivo demandante con algún tipo de inversión —en tiempo o dinero— y tendrían que llevar a cabo los cinco pasos —reunirse, debatir, votar, repartir equitativamente las tareas y redactar un acta—. Una y otra vez. De este modo aprenderían el arte de la colaboración, algo muy importante para la edad adulta.

En la actualidad, el trabajo en equipo que se lleva a cabo en las escuelas es demasiado sencillo. No se juegan casi nada. Se reparten las tareas de forma desigual bajo el dictamen de un líder y punto. No hay debate ni votos. Eso no es auténtico trabajo en equipo.

Otro de los ejemplos típicos de mala colaboración grupal son las reuniones de comunidades de vecinos. La incultura de la cooperación es la verdadera causa de su mal funcionamiento. Siempre hay vecinos que ponen palos en la rueda en los debates y decisiones porque no tienen cultura democrática.

En este capítulo hemos aprendido que:

- La colaboración es una fuente de felicidad maravillosa.
- Pero hay que saber hacerlo. Existe una tecnología para trabajar en equipo que la mayoría de la gente desconoce.
- La incultura de la colaboración provoca un malestar insoportable en la familia, la pareja y las organizaciones igualitarias.
- El principio filosófico básico es que el trabajo en equipo es superior al individual. Ambos tienen ventajas y desventajas, pero en equipo se llega mucho más lejos.
- Éstos son los pasos del trabajo en equipo: *1)* reunirse, *2)* debatir, *3)* votar, *4)* repartir las tareas y *5)* redactar un acta.
- La disciplina de grupo significa que tenemos que aceptar sus decisiones, aunque no se crea en ellas, y remar en esa dirección.
- El trabajo en equipo requiere tolerancia a la frustración.

18

El trabajo en equipo en pareja

Una mañana de primavera, un hombre paseaba por el campo. Pasó por delante de una granja y vio un perro sentado que gemía desesperadamente. Al acercarse, se dio cuenta de que no estaba atado y no entendió el motivo de su tristeza. Lo acarició y el perro respondió con gemidos aún más lastimeros.

En ese preciso momento apareció de repente, por detrás de unos arbustos, un hombre que debía de ser el dueño de dicha granja.

—Buenos días, ¿qué se le ofrece? —saludó el granjero, con tono amable.

—Buenos días. Estaba paseando y me ha conmovido el llanto de este pobre perro. ¿Es suyo?

—Así es.

—Verá, no entiendo el motivo de que esté llorando de esta forma.

—Es porque está sentado encima de un clavo —respondió el dueño.

—¿Y por qué no se levanta? —preguntó sorprendido el caminante.

El otro hombre no tardó en contestar:

—Será que no le duele suficiente.

A veces, un mal hábito nos puede hacer sufrir una y otra vez. Podríamos evitarlo abrazando otra manera de hacer, pero en primer lugar necesitamos reconocer que nuestro método no funciona.

Si en nuestra relación de pareja discutimos mucho, hay choques, nos cuesta aclararnos..., es hora de levantarse de ese clavo para hacer algo diferente.

Acabamos de ver cómo funciona el trabajo en equipo igualitario: la principal filosofía y los cinco pasos. Los equipos que saben trabajar así tienen éxito y disfrutan colaborando. Los que no, acaban como el rosario de la aurora. En menos de un año no se soportan. Y el problema no es que el otro sea un egoísta, sino que desconoce la tecnología para colaborar entre iguales.

¿Y EN LA PAREJA?

La pareja es también un equipo de trabajo igualitario. Por lo tanto, a la hora de tomar decisiones tendrá que seguir estas normas o acabará también como el rosario de la aurora.

(Aclaración: estas normas de trabajo en equipo se refieren a grupos donde los miembros están al mismo nivel. Por ejemplo, socios de una empresa o hermanos. No se aplica en los casos en que la organización tiene jerarquías. Por ejemplo, la relación entre un jefe y sus empleados. O un capitán de barco y sus marineros. O los padres y los hijos pequeños. En estos casos, no hay igualdad de poder ni tiene que haberla. El capitán oirá la opinión de todos, pero será él —y sólo él— quien decidirá el rumbo. En un barco es esencial que únicamente haya un mando, porque hay que tomar decisiones rápidas y sin fisuras para salvar los peligros de la navegación. Asimismo, los padres deben asumir la responsabilidad porque los niños todavía no tienen criterio).

La pareja es igualitaria. Es equivalente a una sociedad empresarial en la que tres socios tienen que decidirlo todo a partir de los cinco pasos descritos. Especialmente, el debate y la votación. Pero enseguida aparece la siguiente pregunta: «¿Qué sucede cuando se empata?».

A continuación, veremos la solución. Lo esencial es que ninguno de los dos intente imponerse, que no haya presión psicológica ni enfados, que ninguno sienta que se está tomando una decisión injustamente.

Tirar una moneda

Si preguntas a cien parejas de larga duración cuál es el secreto de una relación exitosa y duradera, noventa y nueve te dirán: «Saber ceder».

Y, como veremos a continuación, se equivocan. En realidad, es una estrategia bastante mala. Funciona en alguna medida pero causa estragos en muchas otras. Al contrario, no se debería ceder casi nunca. Me explico.

Como en cualquier organización de personas que están al mismo nivel (por ejemplo, una empresa de socios), la pareja tiene que tomar decisiones. Y en muchas ocasiones se encontrará que cada persona tiene una opinión. Por ejemplo: «¿A qué cole vamos a llevar al niño: al del Opus Dei al que fui yo o al progre al que fuiste tú?», «¿Dónde comemos: en el restaurante o en casa?».

La pareja se dispone a debatir. En ese momento, lo ideal es que intenten convencerse de sus respectivas visiones con datos, números y argumentos. Con ilusión, dotes vendedoras y amor.

Se pueden estar todo el tiempo del mundo debatiendo. Pueden dedicar toda una jornada a ello o incluso varias. También se puede negociar, intentar llegar a acuerdos. Pero llegará la hora de decidir. Si entonces todavía están las espadas en alto, si nadie ha convencido a nadie, habrá que decidir al azar. Es decir, se tira una moneda al aire y quien gane tomará la decisión.

Lanzar una moneda equivale a decidir por turnos porque la estadística no falla: la mitad de las veces saldrá cara, y la otra mitad, cruz. Es implacable. En la historia de esa pareja, la mitad de los empates habrá ido de un lado, y la otra mitad, del otro.

Ésta es la estrategia de la moneda. Se trata de desencallar el empate cuando no se está de acuerdo. Ahí es donde se halla el origen del desastre, el inicio de los desencuentros, el momento de la verdad.

Las parejas no se dan cuenta, una y otra vez, de que aquí radica el verdadero problema. Les pasa completamente inadvertido que siempre discuten por lo mismo: quieren imponerse y se rebelan. Se pelean y se agotan. No tienen un sistema para resolver los empates y eso los condena al fracaso como equipo.

Las ventajas de la estrategia de la moneda son muchas:

- Antes de lanzar la moneda, la pareja se acostumbra a intentar convencerse, a debatir con buenas formas. No a presionarse, enfadarse o imponerse al otro, lo cual es tristemente lo habitual. Así pues, la pareja aprende a comunicarse educadamente.
- La pareja se da cuenta de que presionar no funciona, porque ¡ya no tiene sentido! Al final, decidirá la moneda.
- Nadie siente que cede y que la situación es injusta.

Decidir ágilmente y aprender

Las decisiones que toma una organización (o una pareja) normalmente no son para siempre jamás. Después de decidir y actuar en consecuencia, aprendemos de lo sucedido, y ese nuevo saber nos ayuda a tomar mejores decisiones en el futuro. Por ejemplo, en el caso del colegio del niño, quizá el azar hizo que la pareja lo llevase al centro del Opus. Pero esta decisión se puede revisar al término del año escolar. ¿Ha estado a gusto el niño? ¿Volvemos a poner sobre la mesa el tema de la escuela?

Es decir, no hay que tener miedo a decidir y errar, porque equivocarse forma parte de cualquier aprendizaje. Es imposible tener éxito sin cometer una porción de errores. Y lo bueno de decidir consensuadamente es que dos se equivocan menos que uno. Decidiendo en equipo, minimizamos el error, aunque jamás lo eliminaremos del todo.

Moneda vs. ceder

Antes he comentado que muchas parejas de larga duración (y felices) afirman que su secreto es ceder. En mi experiencia, ceder es un ejercicio arriesgado. Y no la mejor solución. Puede funcionar en las parejas que se parecen mucho y en las que ambos tienen un carácter muy dócil. Pero en la mayoría de los casos ceder se convierte en la espiral hacia el infierno.

La gente cede sólo ante la presión psicológica: «¡Nunca haces nada por mí!», «¡Eso sería intolerable!». Y si empezamos a tomar decisiones por presión, cada vez nos presionarán más porque aprenderán que ese mecanismo funciona. De hecho, los dos miembros del equipo presionarán cada vez más y mejor (lo cual es cada vez peor para la relación).

Imaginemos que en una empresa de tres socios uno de ellos lloriquea porque quiere que se decida su opción. O se enfada: «¡Si no hacemos esta inversión, me pondré frenético!». Es evidente que los otros dos socios fliparán y le dirán: «Pero ¿qué haces? Aquí sólo valen las razones y los argumentos..., no tus pataletas». Y, sin duda, lo expulsarán de la sociedad. Las parejas, cuando ceden, están atendiendo a pataletas y no a razones. Simplemente, están haciendo algo ilógico y las probabilidades de que esa sinrazón escale son enormes.

Pero, por fortuna, la lógica nos ofrece una solución maravillosa: la técnica de la moneda. Es decir, jamás nadie impondrá nada. Ni lo intentará. Sólo valen las razones, los argumentos, la lógica.

Los límites de la decisión consensuada

La estrategia de la moneda es fantástica. La pareja se transforma en un sistema eficiente y respetuoso de debate y toma de decisiones. Pero también tiene sus límites. Es decir, hay cuestiones que no se pueden decidir así, temas nucleares en los que tiene que haber coincidencia plena: los pilares de la pareja. Y eso sucede en la pareja, pero también en la empresa y en cualquier organización entre iguales.

Los temas nucleares son aquellos que definen el propósito de la organización: ¿qué objetivos tiene el grupo y cómo se van a conseguir?

Por ejemplo, en un grupo de viaje, antes que nada se define qué viaje queremos hacer, cuánto va a durar y qué presupuesto tenemos. En esto ha de haber coincidencia plena. Es absurdo que emprendamos un viaje con alguien que desea ir al extranjero y gastarse mucho dinero cuando lo que desea el otro es quedarse en el país y gastar lo mínimo.

En una empresa, se define de antemano qué se va a vender, dónde y cómo. Es decir, la misión de la empresa y los valores básicos.

En una pareja, esos pilares básicos son los siguientes:

- ¿Vamos a tener hijos?
- ¿Seremos una pareja monógama?
- ¿Qué estilo de vida tendremos?

Si no hay coincidencia en lo nuclear, no deberíamos crear esa asociación. Simplemente, porque no vamos a ir a ningún sitio.

Ahora bien, una vez estamos de acuerdo en lo nuclear, todo lo demás debe ser consensuado sin ceder nunca, dejando que el debate y el azar decidan.

Cuestiones nucleares en pareja	Cuestiones no nucleares en pareja
• Tener hijos. • Estilo de vida general. • Monogamia / relación abierta. • Practicar una religión en familia.	• Adónde ir de vacaciones. • A qué colegio llevar a los niños. • Comprar un coche u otro. • Dejar el trabajo para emprender.

Las cuestiones nucleares pueden ser diferentes para cada pareja. Por ejemplo, si una persona tiene creencias religiosas muy comprometidas y siente que es esencial que su esposo se adhiera a esa fe, eso será nuclear. Para muchas otras personas, no será nuclear que su pareja sea creyente o no. Depende de la importancia que le den a tal opción en su estilo de vida.

Pero, una vez definidos esos puntos nucleares, tenemos que estar preparados para calificar de «no nucleares» el resto de las decisiones. Si queremos trabajar en equipo, tendremos que ser capaces de renunciar a beneficios puntuales por un bien mucho mayor. Ya lo hemos visto: cooperando lograremos bienes mayores que de forma individual.

Tener razón

Mi paciente Gustavo me contó por qué se separó de su esposa. Él trabajaba como arquitecto técnico en un ayuntamiento con un contrato que le iban renovando año por año. Ganaba un sueldo no demasiado alto, pero no se quejaba. Su esposa, Helena, era contable en una empresa y tenía un contrato indefinido.

El problema que llevó al traste su matrimonio llegó cuando el mejor amigo de Gustavo le ofreció asociarse en su despacho de arquitectura. Felipe llevaba cuatro años trabajando por su cuenta y las cosas le empezaban a ir bastante bien. Muy ilusionado, Gustavo le dijo a su esposa:

—Creo que voy a aceptar la propuesta de Felipe. ¡Por fin podré trabajar construyendo viviendas! Es la oportunidad que he estado esperando siempre. ¿No es genial?

Pero, para su sorpresa, a Helena no le pareció tan buena idea.

—Pero, Gustavo, ese trabajo no es nada seguro. Felipe tiene clientes ahora, pero igual dentro de un año ya no. Deja,

deja. ¡Con los niños aún pequeños no podemos correr estos riesgos!

«¡¿Cómo?!», pensaba Gustavo. «¡La vida es para disfrutarla, no para estar siempre trabajando como un esclavo en algo tan aburrido!». Además, a su parecer, no había tanto peligro. Si lo de Felipe no funcionara, siempre podría encontrar un trabajo igual o mejor que el del ayuntamiento.

La cuestión es que Helena era muy conservadora. Le encantaba tenerlo todo bajo control y odiaba correr el más mínimo riesgo en la vida. Así que estuvieron debatiendo el tema durante meses.

Al final, Felipe, que iba hasta arriba de trabajo, urgió a su amigo a tomar una decisión. En caso de no aceptar, buscaría otro socio. De repente, estalló la contienda. Gustavo anunció que iba a aceptar la propuesta y Helena amenazó con lo siguiente:

—Si dejas tu trabajo para emprender esa loca aventura, yo me separo.

¡La situación tomó tintes dramáticos! Casi temblando, Gustavo aceptó la propuesta, y Helena cumplió su amenaza: en menos de seis meses, estaban separados. Llegaron a un acuerdo sobre la custodia de los niños y demás, pero su relación se deterioró para siempre. Prácticamente, no se volvieron a hablar más.

Cuando Gustavo le contaba a alguien su historia, todos reaccionaban igual:

—¡No me lo puedo creer! ¿Cómo es posible que tu esposa obrase así? Hiciste muy bien en no ceder ante su chantaje. Tenías toda la razón.

Pero cuando lo consultó conmigo, yo no lo vi así. Ni Gustavo ni Helena lo hicieron bien.

Después de intentar convencerse mutuamente (o negociar), tendrían que haber tirado la moneda y dejar que decidiese la fortuna. Ni Helena ni Gustavo tenían derecho a imponer una decisión que atañía a la pareja.

De haber salido la propuesta de Helena, Gustavo tendría que haber seguido en el ayuntamiento, quizá durante un año. Al término de ese período, podría volver a plantear la cuestión con nuevos argumentos, nuevos datos. Y, otra vez, podría haber sometido la cuestión al mismo procedimiento.

De haber ganado Gustavo, lo mismo: tendría que haber probado durante un año a ser emprendedor y volver a decidir al final de ese período.

La razón

El gran enemigo del trabajo en equipo es dar demasiada importancia a la razón. ¡La razón! ¡Cuántos desastres se han cometido por culpa de la idea de que «Yo tengo la razón»!

Cuando se trabaja en equipo, tener razón, acertar o hacer lo correcto NO es lo más importante. Lo más importante es PODER TRABAJAR EN EQUIPO. Veámoslo con un ejemplo.

Imaginemos que somos tres socios y tenemos una empresa de construcción. Un miembro propone comprar un terreno y construir veinticinco apartamentos para después ponerlos a la venta. Nos explica todos los números y detalles.

Tras varias reuniones, mucha investigación y debate, sólo él vota a favor de hacerlo. Los otros dos socios no lo vemos claro y votamos en contra. Por lo tanto, se decide no invertir.

Pero imaginemos que luego se descubre que sí habría sido un gran negocio. La competencia sí construye y se forra. La pregunta es ésta: «¿Hemos trabajado bien en equipo?».

Por supuesto que sí. Es obvio que si dos miembros no ven el negocio, no se atreven a hacerlo o lo que sea, no tienen por qué jugarse su dinero. Habrá más oportunidades y en un futuro muy próximo se acertará. Pero, a nivel organizativo, sería inviable que un miembro intentase imponer su visión por mucho que crea que es la acertada.

Acertar o no acertar no es tan importante como poder trabajar en equipo durante mucho tiempo. Si no tenemos disciplina de grupo, la sociedad estallará en pedazos. Por otro lado, fallar de vez en cuando es normal. Todos fallamos, tanto si trabajamos solos como en equipo. Lo esencial es que, a largo plazo, los aciertos superen los errores.

¡Pero atención! Frecuentemente, en pareja creemos que tenemos razón y ¡no podemos tolerar que el otro NO acepte nuestra propuesta! Nos decimos: «¡Clama al cielo que no quiera que el niño vaya al mejor colegio de la ciudad!» o «¡Cómo puede ser tan irracional! ¡No puedo aceptar tamaña insensatez!». Ya estamos: usando la razón como arma arrojadiza para imponer nuestra voluntad. Qué desastre.

Lo que es inadmisible, desde el punto de vista del trabajo en equipo, es negarse a aceptar una propuesta del otro por el motivo que sea. Mientras estemos en una sociedad (y la pareja lo es), hay que aceptar CUALQUIER PROPUESTA. Todo el mundo tiene derecho a pensar de determinada forma, a tener su opción: ¡incluso a errar!

Pensar que uno tiene la razón es la excusa perfecta para querer imponer al otro una decisión. Es la excusa típica. No podemos caer en esa trampa.

Volvamos al ejemplo de la sociedad constructora. Imaginemos que el socio que proponía la inversión compra por su cuenta el solar con el dinero de los socios sin tener la aprobación del grupo. Y su excusa es ésta: «¡Como tengo razón, he hecho la inversión por los tres!».

¿Qué tal sería eso? ¡Sería inadmisible, claro está! Porque que TODO se haya de decidir con un sistema participativo es una condición *sine qua non*.

Lo contrario sería una locura que sólo propiciaría la desconfianza, el malestar, las discusiones y, finalmente, una violenta ruptura.

Hay que grabárselo a fuego: en el trabajo en equipo, tener razón es secundario.

¿CUÁL ES EL LÍMITE?

Muchas veces me han preguntado: «Pero, Rafael, ¿cuál es el límite del trabajo en equipo? ¿Hemos de aceptar propuestas indebidas o locas?».

La respuesta es que sí. Hay que aceptarlo todo mientras estemos en esa asociación. Es lo que hay. No existe otra forma de trabajar. Pero, por supuesto, si se dan esos casos, si las propuestas de tu socio son disparatadas, la opción más lógica es salir de esa sociedad lo antes posible. ¡Hoy mismo, sin pensarlo dos veces!

Esto también se aplica con una empresa o cualquier organización. Si ves que tus socios han perdido el juicio, lo mejor que puedes hacer es vender tus participaciones y salir de allí corriendo. Sólo hemos de asociarnos con personas en las que confiemos, a las que consideremos inteligentes, juiciosas y sensibles.

¿Quién formaría una sociedad y se jugaría los cuartos con dos pirados?

La cuestión de los límites es muy importante, porque a menudo las parejas ponen líneas rojas por todas partes con la excusa de que algo «es inaceptable», lo otro «es demasiado peligroso»... Eso es absurdo y tan sólo una excusa para querer imponer la voluntad. Si fuese verdad que las propuestas son inaceptables o peligrosas, querríamos dejar la relación inmediatamente, no seguir con ella (pero imponiendo tu voluntad).

¿Y LA JOYA DE LA CORONA?

También me han preguntado numerosas veces esto: «Y cuando la cuestión es muy importante, como una gran inversión o la educación de mi tierno niño, ¿también se debe decidir con ese método tan poco serio de la moneda?».

Por supuesto que sí. En esos casos tan cruciales, ¡todavía es más importante operar con este sistema! Porque pensémoslo: ¿cuál es la alternativa? ¡Imponerse! Y querer imponerse ante cuestiones MUY importantes es DOBLEMENTE negativo.

Imaginemos la empresa de tres socios de antes: se propone comprar un solar, la mayoría vota en contra de ello, pero alguien pretende imponer su opinión de todos modos. Ante un hecho tan importante —una inversión millonaria— es evidente que es esencial respetar el sistema de votos. Pretender imponerse en una inversión así sería prácticamente un delito penal.

Por lo tanto, en la educación de los retoños, en cualquier

inversión, ¡en lo que sea!, el sistema de la moneda también es el idóneo, incluso más. Imponerse en esas cuestiones críticas sería un suicidio organizativo, porque no olvidemos que las dos únicas opciones son la moneda o la imposición, no existe alternativa.

¿La moneda no es algo demasiado trivial?

Hay quienes aducen que el método de la moneda les parece demasiado trivial cuando nos enfrentamos a decisiones importantes. Sin embargo, nunca hemos de olvidar lo que expongo a continuación:

- Con la moneda se decide entre dos opciones muy pensadas por personas lógicas e inteligentes. Dos opciones que, en efecto, se han estudiado y defendido. La moneda no decide en ningún caso sobre cualquier opción al azar. No es como la ruleta de un casino, que decide al tuntún entre montones de opciones arbitrarias, de manera que cualquiera de las dos opciones tiene su lógica.
- La moneda da un 50 % de resultados a uno y al otro. En realidad, equivale a decidir por turnos. Así que no se trata de decidir puramente al azar ni de dejarlo a la suerte.
- La moneda evita los enfados y la presión psicológica, como veremos más adelante. Es crucial evitarlos, y la única forma de disciplinarse en NO PRESIONAR es la moneda.

Mejor la moneda que los turnos

A veces me preguntan por qué no aplicar turnos en vez de emplear la moneda. La razón es que la técnica de la moneda propicia la argumentación y la negociación, y los turnos no. Me explico. Cuando se produce una diferencia de opiniones («¿Dónde cenamos: en casa o en el restaurante?») y las dos personas tienen ideas muy diferentes, empieza la fase de intentar convencer al otro. Más adelante, veremos algunos consejos para convertirnos en grandes argumentadores. Podemos dedicar mucho tiempo a convencer al otro, incluso durante días o meses. Y también podemos negociar, es decir, llegar a acuerdos intermedios.

Al aplicar la moneda, como sabemos que la suerte decidirá en caso de no aclararnos, nos espabilamos para intentar convencer al otro y desarrollamos grandes capacidades de persuasión. «¡Ufff, más vale que la convenza ahora!», porque vete a saber qué sucederá con la monedita.

Y no queda otra que hacerlo desde la alegría y el entusiasmo. Como veremos, los enfados no tienen cabida, porque ser desagradable sólo precipitaría el uso de la moneda: «Cariño, espera, déjame que te explique... ¡No te precipites, no lancemos la monedita todavía!». Si es necesario, antes de arriesgarnos a lanzar la moneda podemos ofrecer ingeniosos pactos, lo que sea.

En cambio, si se opta por los turnos, la persona que sabe que le toca decidir ya no se esfuerza en convencer al otro. Usará directamente su turno y nos perderemos la maravilla de la comunicación profunda y la negociación

La moneda es mucho mejor que los turnos.

La dinámica de las peleas

Cuando analizamos lo que sucede en las parejas que se llevan fatal, vemos que siempre ocurre lo mismo. Aparece un tema para el cual los dos miembros que la conforman tienen voluntades diferentes y, en vez de intentar convencerse el uno al otro, de inmediato empiezan a METER PRESIÓN PSICOLÓGICA.

Presión es todo aquello que no son argumentos ni razones. Por ejemplo: «¡Es que nunca haces nada por mí!». Básicamente, lo que se expresa es: «¡Si no haces esto, me enfadaré!», y se materializa en malas formas, amenazas, tono de voz imperativo, malas caras... Y, claro, el otro se defiende con la misma metodología. Es decir, más presión: enfado, malas caras, tono desagradable...

Los dos ahora, a todas luces, se están metiendo presión para conseguir que el otro haga «lo correcto» (según su criterio, obviamente). La pelea escala y llega un momento en que se agotan.

El agotamiento puede llegar rápido o puede tardar varios días o semanas, pero al final uno de los dos cede porque no puede más. Pero atención: esa cesión se registra como una imposición, como una agresión que se sumará a otras y que conformará una lista de agravios intolerable. Al cabo de unos años, las dos personas se quejarán con argumentos como éste: «El otro me obligó a vivir una vida que no era la mía».

Éste sería el esquema de lo que sucede cuando NO se emplea la moneda.

DIFERENCIA DE OPINIÓN → Presión por parte de uno: «¡Es que nunca haces nada por mí!».

El otro se defiende. Devuelve la presión y añade un poco más: «¡Tu opción es una absoluta tontería!». → Las malas formas, los reproches, las desautorizaciones, el tono imperativo... **ESCALAN**.

AGOTAMIENTO → Uno de los dos cede, pero anota esa cesión como una imposición.

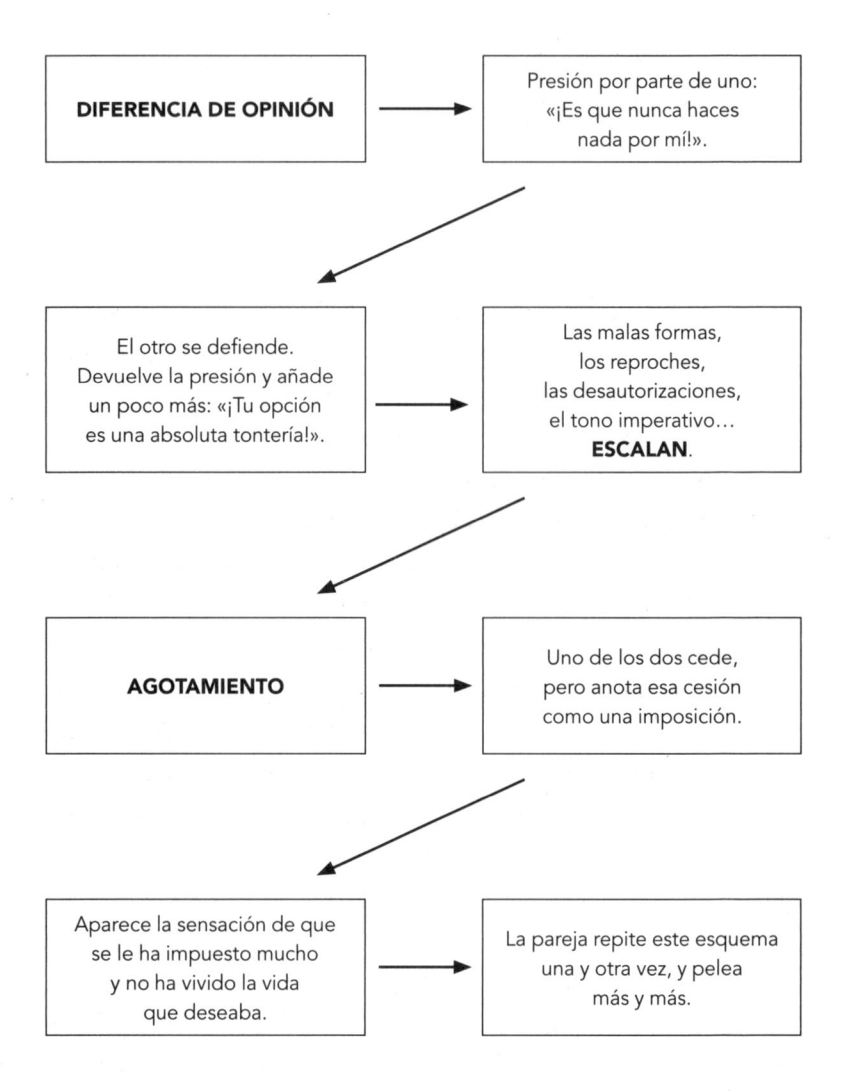

Aparece la sensación de que se le ha impuesto mucho y no ha vivido la vida que deseaba. → La pareja repite este esquema una y otra vez, y pelea más y más.

Imaginemos, por un momento, una empresa en la que los socios montaran estas peloteras en vez de decidir las cosas de acuerdo a sus argumentos. Sin duda, sería un drama que acabaría en la amarga disolución de la compañía. ¡Pues eso es lo que hacen infinidad de parejas! Y, por eso mismo, sin nuestro sistema tienen los días contados.

A veces, en lugar de peloteras, la pareja opta por otras medidas igual de inadecuadas:

- Hacer uso del poder.
- Actuar por su cuenta.

Hacer uso del poder consiste en pretender tener más peso en la decisión porque se trata de un ámbito donde esa persona trabaja más intensamente o tiene la sartén por el mango. Por ejemplo, muchas mujeres que se ocupan más de los niños pretenden tener más poder de decisión en ese ámbito sólo porque ellas trabajan más en ello. O el que cocina más tal vez quiera decidir sobre la dieta. O el que aporta más dinero a la unidad familiar desee decidir sobre las inversiones.

Eso es un error porque, aunque uno se ocupe más de un ámbito determinado, las decisiones tienen que ser igualitarias. Volviendo al ejemplo de la empresa de antes, a pesar de que uno se encargue del marketing, no puede pretender tener más peso a la hora de decidir qué inversiones de publicidad se harán. Seguramente, los miembros tendrán más en cuenta su opinión ya que conoce bien el tema, pero al final serán los socios quienes lo voten todo.

En la empresa que fundé de joven junto con otros socios, Sarau, había un miembro que se encargaba del diseño gráfico. Era muy bueno en ello. Pero, aun así, en las reuniones decidíamos entre todos cada detalle de los carteles publicitarios que hacíamos. Este compañero no tenía una potestad especial a la hora de decidir, por ejemplo, si poníamos una imagen u otra, una tipografía u otra. En Sarau aplicábamos un sistema democrático SIEMPRE.

Actuar por su cuenta

En muchas parejas muy disfuncionales sucede lo peor: los miembros se toman la justicia por su mano y deciden cosas sin ni siquiera avisar. Por ejemplo, uno llega a casa con un coche comprado por sorpresa, despide a la niñera sin consultarlo, contrata las vacaciones que le gustan... Estas imposiciones traicioneras se viven como algo intolerable. Y es que lo son. Pero tales agravios suceden porque la pareja está harta de discutir —de la dinámica de presiones mutuas— y pretende ahorrarse todo ese agotamiento.

La técnica de la moneda evita todo ello:

- Ejercer presión psicológica (o generar discusiones).
- Crear ámbitos de poder.
- Llevar a cabo acciones sin consultar.

Las micropresiones

Existe un fenómeno curioso al que llamo «micropresiones». Son pequeñas maniobras de presión, como elevar un poco la voz, dar sutiles órdenes, hacer ligeros gestos de enfado... Son letales.

Por ejemplo, tuve una pareja, Laura, que se calificaba a ella misma de «mandona» y, efectivamente, lo era. Empleaba con frecuencia las micropresiones.

Recuerdo una ocasión en que la acompañé a comprar una mesa para su casa. La compramos y la metimos en el maletero de mi coche, al que ya le habíamos bajado los asientos traseros. Se trataba de una mesa redonda grande, con un pie en medio. Iniciamos el viaje a casa y, desde el principio, se empezó a mover peligrosamente en la parte de atrás del coche. No la habíamos fijado bien. La mesa comenzó a ir de un lado a otro dando golpes en los laterales. En un momento dado, me giré para ver qué demonios estaba pasando, perdí un poco el control del volante y estuvimos a punto de chocar con otro vehículo.

Nervioso, detuve el coche de inmediato y le dije:

—¡Ufff, tenemos que fijar la mesa de alguna forma!

Salimos y vimos qué podíamos hacer. Laura tomó la iniciativa y puso dos pequeñas mochilas a los lados de la mesa para intentar fijarla.

—¡Ya está! —exclamó—. No se moverá.

Yo no lo veía claro.

—Uy, mejor saquemos parte de la cinta aislante del envoltorio para fijar la mesa a los laterales del coche —apunté.

Y Laura:

—¡No, no! ¡No rompas el envoltorio, que está muy bien puesto! ¡Ya está bien con las mochilas!

Y lo dijo con un tono de voz elevado e imperativo. Como una orden acuciante.

La obedecí, volví al volante y conduje muy despacio, con toda la atención puesta en el espejo interior, sin quitar ojo a la mesa. Ésta se seguía moviendo, pero eran ondulaciones más pequeñas. En cualquier momento podía volver a girar endiablada. Yo estaba nervioso porque tenía miedo de provocar un accidente con otro volantazo, pero al final llegamos a casa a salvo.

No fue una decisión consensuada. Laura no debería haber empleado la micropresión para forzarme a conducir así. Tenía que haberme dejado argumentar y, en todo caso, usar la moneda.

Cuando, al cabo de unos días, le comenté lo sucedido, ella negó haber empleado ningún mal tono. Estaba tan habituada a meter esa presión que ni se daba cuenta. Muy segura de sí misma, respondió:

—Te lo dije bien. No es verdad que te echase bronca.

El problema de las micropresiones es que, aunque sean ligeras, son el primer paso de la escalada. Cuando uno hace uso de ellas, lo normal es que el otro las devuelva (y un poco más intensas). Así, en sólo unos minutos, se llega a la bronca mutua.

En el coche, yo podría haber replicado: «¡¿Cómo que las mochilas ya valen?! ¡No digas tonterías!». Y ella podría haber dicho: «¡Te digo que no desembales la mesa! ¡Se va a rayar y la arruinarás! ¡Déjalo como te digo! ¡Ya conduzco yo!». Y con cada intercambio habríamos usado un tono más imperioso. Y, al final, hasta nos habríamos gritado.

Las micropresiones son fáciles de negar, puesto que son sutiles y las personas están tan habituadas a efectuarlas que les surgen automáticamente. «¿Yo, presión? Ni de coña».

Pero son muy nocivas porque son el inicio de las discusiones. La chispa del incendio. Cuando nos micropresionan, lo normal es responder con otra micropresión. Muy pocas personas son capaces de no reaccionar ante una micropresión, aceptar y callar.

Uno de nuestros principales aprendizajes será evitar producir micropresiones. A partir de ahora, sólo valen los argumentos, las buenas formas, el cariño... Ya no valen el tono fuerte, las quejas, las malas caras, los apremios... ¡Nada de presión, se ha acabado!

Sacar la moneda

Con la práctica he ido viendo que la mejor forma de habituarse a NO propinar micropresiones es hacer el gesto de sacar la moneda antes que nada. Se puede aplicar cuando sintamos alguna de estas emociones hacia nuestra pareja:

- Enfado.
- Impaciencia.
- Reproche.
- Ganas de reñir.

En vez de expresar todo eso, es mejor que hagamos el gesto de sacar la moneda como muestra de que haremos una propuesta constructiva y permitiremos que el otro también haga una. Es decir:

| **NO** enfadarse | ⟶ | Proponer algo |

Por ejemplo, en el caso del coche y la mesa tambaleante, Laura, en vez de tratar de imponerse con una micropresión, podría haber sacado una moneda del bolsillo y decir: «Yo propongo que pongamos las mochilas a los lados de la mesa y ya». Eso me hubiese estimulado a generar otra propuesta: «Ufff, creo que no será suficiente fijación y tengo miedo de que tengamos un accidente. Encontremos otra solución, como emplear parte de la cinta aislante del envoltorio».

Si al final no hubiésemos llegado a un acuerdo, habríamos lanzado la moneda y punto. Sin micropresión. El gesto de lanzar la moneda propicia el abandono de la posibilidad de hacer micropresiones e imposiciones. Nos obliga a pensar en argumentos.

Las parejas no deberían enfadarse jamás. No deberían alzarse la voz, ponerse malas caras, desautorizar al otro... Simplemente, porque no son animales a los que se azota para que tiren de un carro. Son personas capaces de dialogar. Y, todavía más, son dos individuos comprometidos a cooperar, amarse y hacerse felices. Son dos personas con la firme determinación de comprenderse, darse el uno al otro y ser el activo más importante de su vida.

Éstas son las claves para no enfadarse jamás:

- Transmutar los enfados en propuestas.
- Poner siempre las ideas de cada uno sobre la mesa.
- Darle al otro la oportunidad de equivocarse (no imponer jamás).

En este capítulo hemos aprendido que:

- La pareja es un equipo de trabajo como cualquier otro.
- Debe aprender a ajustarse a los cinco pasos del trabajo en equipo y tener disciplina de grupo.
- Cuando empatan en las votaciones, hay que desempatar usando una moneda para decidir.
- Cualquier alternativa a la moneda es intentar imponer.
- Antes de tirar la moneda, podemos intentar convencer al otro o negociar tanto como deseemos.
- Pero en ese trabajo de debate es esencial no meter NUNCA presión psicológica.

- La presión psicológica es la verdadera fuente de malestar en las parejas: enfadarse, quejarse, llorar, gritar, usar palabras fuertes...
- Las decisiones tomadas con la moneda durarán un tiempo (que hay que definir) en el que podremos comprobar los resultados que han arrojado.
- La pareja debe tener unos pilares en los que debe haber consenso total: si tendrán hijos, su estilo de vida general...
- Mientras se esté con determinada pareja hay que ajustarse a este sistema de decisiones sin excepción.
- Usar la moneda es equivalente a decidir por turnos, pero mejor todavía porque se incentiva la argumentación y la negociación.
- Las micropresiones son gestos o frases que expresan: «DEBES hacer lo que yo digo o me enfadaré». Hay que evitarlas siempre porque, de lo contrario, se caerá en una espiral mutua que acabará en pelea.

19

La pareja: el sistema de la moneda

En el capítulo anterior hemos visto cómo la tecnología del trabajo en equipo también se aplica a las relaciones de pareja. Y que el momento crucial llega cuando hay un desacuerdo, cuando se empata en una decisión. ¿Cómo deshacer el empate? La solución está en lanzar una moneda y permitir que uno de los dos se lleve el gato al agua. Pero sin imposiciones. Esa decisión conducirá a un aprendizaje común y, después de un tiempo, podremos tomar otra decisión, que nos hará llegar más lejos. Pero, eso sí, conjuntamente, como un verdadero equipo. Sin que nadie imponga nunca nada.

Veamos más principios que nos permitirán dominar la técnica de la moneda.

Los activos de la empresa

Como sucede en las empresas, en la pareja hay unos bienes comunes (y unos bienes personales).

En una empresa, los socios aportan un dinero, que conforma el patrimonio de ésta. Al margen de eso, cada uno tiene su propio dinero personal que sólo los atañe a ellos.

En la pareja, habrá que decidir cuál es el monto grupal. Un miembro puede aportar más a la economía común, pero, una vez este dinero pase a ser comunitario, serán ambos miembros quienes decidirán de forma igualitaria sobre él. El hecho de que uno aporte más dinero no le concede mayor poder de decisión. La pareja es un equipo igualitario y tiene que decidir con el mismo peso sobre todo lo relativo al equipo.

Las actividades comunes

Una pareja con la que hacía terapia me explicó el siguiente miniconflicto. Ella se ocupaba del 90 % de las tareas de la cocina, pero le gustaba que él también colaborase de vez en cuando. Y él lo hacía de buen grado, pero se quejaba de que entonces ella se ponía muy mandona:

- «¡Así no! La cebolla córtala asá».
- «¡De esta manera no! Los platos ponlos en el lavaplatos asá».
- «¡De esta forma no! El jamón córtalo asá».

Ella argumentaba que la cocina era su dominio. Por lo tanto, lo lógico era que él siguiese sus directrices. Error.

De forma análoga al dinero de la familia, nada de lo que se hace en común es dominio de nadie. O se trabaja en equipo o no se hace. Hubiese sido mucho mejor que ella hubiese dicho: «Yo corto la cebolla de esta forma. Y me parece mucho mejor así. ¿Cómo lo ves, cariño?». Es decir, se trataría de ofrecer una propuesta clara y permitir que su pareja defienda otra. Nada de imposiciones, aunque ella sea la que domina la cuestión.

Cuando se opta por trabajar en equipo, «acertar» no es de ningún modo el principal objetivo, sino poder colaborar a largo plazo.

Yo cometí el mismo error con Laura, la chica de la que hablé con anterioridad. Laura y yo éramos aficionados al senderismo y teníamos una diferencia de opinión respecto a una cuestión. Yo defendía que lo mejor era cambiarse de calzado al empezar y acabar las excursiones. Así, al entrar de nuevo en el vehículo, después de una pateada larga, no ensuciaríamos las alfombrillas de barro o polvo. Laura no lo veía.

Cometí el error de enfadarme por ello. Es decir, intentar por todos los medios imponer mi criterio. Y creía que hacía bien por dos motivos:

- Porque estaba convencido de que tenía toda la razón: ¡clamaba al cielo!
- Porque el coche era mi dominio: era de mi propiedad, me ocupaba de su mantenimiento y lo limpiaba yo.

Pero me di cuenta de que mi actitud era errónea. El senderismo era nuestra actividad común; éramos un equipo. Por lo tanto, todo lo relativo a ello debía decidirse entre los dos, en igualdad de poder. El hecho de que yo aportase un medio —el coche— no me daba potestad sobre las decisiones de la actividad.

Aportar más medios en determinada situación no da derecho a romper la igualdad de poder. Una vez se aporta un bien, pasa a formar parte del patrimonio temporal del equipo. Al menos mientras se lleva a cabo la actividad.

Comunicación y confianza

Mucha gente cree que la pareja falla por tres problemas: la comunicación, la capacidad de negociación y la confianza. Pero se equivocan. Todo el mundo sabe comunicar lo que siente o piensa, aunque lo consiga de forma más o menos elegante. Es fácil porque sólo hay que explicarse. Lo hacemos en millones de situaciones cotidianas sin problemas. Y, por otro lado, todo el mundo sabe negociar: lo aprendimos de bien pequeños (un dulce para ti y otro para mí).

La cuestión es más bien la siguiente: ¿por qué no nos comunicamos CON NUESTRA PAREJA cuando en realidad sí sabemos hacerlo? ¿Por qué mágicamente perdemos nuestras capacidades negociadoras?

¡Por la tendencia a la imposición! Porque ésta bloquea los siguientes aspectos:

- La comunicación profunda.
- La negociación.
- La confianza.

Sí: el problema vuelve a ser lo de siempre. La pareja tiene que aprender a trabajar en equipo, a no imponer jamás decisiones. En las sociedades familiares, donde también se carece de cultura de trabajo en equipo, se produce el mismo fenómeno: incomunicación, escasas posibilidades de negociación y nula confianza.

Cuando la pareja lleva un tiempo imponiéndose —y ya se ha convertido en su hábito principal—, en cuanto aparece un choque de visiones ya no activa sus habilidades comunicativas y negociadoras. ¿Para qué?

Como ambos creen que tienen la razón absoluta, como creen que tener la razón es el objetivo único, sólo ven una salida: llevarse completamente el gato al agua mediante la presión. «¡Lo quiero todo!». ¿Para qué hacer el estéril esfuerzo de explicarse o negociar? ¡Lo que piensan que tienen que hacer es empezar a presionar cuanto antes, porque el que golpea primero golpea dos veces!

Sin embargo, las parejas que emplean la moneda intentarán intensamente convencer al otro antes de recurrir a ella: «¡Cariño, espera! Escúchame bien antes de lanzar la moneda: hacer esto o lo otro me resulta doloroso por esta razón o la otra. Y, además, mi opción nos permitirá lo de más allá...».

Incluso se esmerarán mucho en proponer un acuerdo. Como ya han descartado totalmente imponerse, son conscientes de que pueden perder, y, ya se sabe, mejor un mal acuerdo que un juicio perdido (la moneda). Si la moneda le hace perder, ya no habrá más que hablar, con lo cual es mejor intentar convencer al otro o negociar.

Cuando descartamos la imposición, ¡de forma natural comunicamos y negociamos muy bien! Si no lo hacemos es porque la fantasía de imposición lo impide.

La confianza

Y con la confianza sucede algo análogo. Se pierde por culpa de las peleas y la intención repetida de imponerse. ¿Cómo vamos a confiar en alguien que parece que va a la suya?

El problema es que los miembros de la pareja impositiva no se dan cuenta de que ambos hacen lo mismo: ambos intentan imponer y ambos han tirado la confianza del otro por la borda.

Por el contrario, cuando vemos que nuestra pareja tiene absoluta disciplina de grupo —no se impondrá jamás y todo será susceptible de voto—, se establece una confianza muy sólida.

Lo mismo sucede en las empresas con socios y en los partidos políticos: si los miembros cierran filas con las decisiones grupales, la confianza en la institución y los miembros es clara.

Enamorarse y desenamorarse

Una pareja que sabe trabajar en equipo coopera muy bien, y sólo ese hecho hace que la relación sea muy hermosa. Los socios que cooperan muy bien se sienten unidos, se divierten y se tienen mucho afecto.

En esos casos, mantener el enamoramiento es fácil.

En cambio, ¿cómo vas a sentir mariposas en el estómago por alguien en quien no confías, que va a la suya, con quien discutes como un poseso? Es casi imposible.

El fenómeno del desenamoramiento por desconfianza se observa mucho entre hermanos. Como hemos visto, muchos hermanos discuten agriamente cuando tienen que trabajar en equipo. Intentan imponerse, se gritan, consideran que el otro los ha traicionado... ¡y dejan de hablarse!

Es decir, cuando empiezan las traiciones (al grupo) se desenamoran muy rápido. Normal.

Laura, la paciente que discutió con su hermano Tomás por el asunto de la residencia de su padre, se llevó una gran desilusión, y la relación se vio muy dañada. Laura pensaba: «Tomás es un egoísta y ahora nos deja tirados porque sólo mira por sus intereses».

¿Cómo vas a estrechar la relación con alguien que es incapaz de cooperar? Es lo que le sucede a la mayoría de las parejas que no saben trabajar en equipo. Cada vez discuten más, cada vez van más a la suya, hasta la amarga separación. Conclusión: el verdadero facilitador del amor es aprender a trabajar en equipo.

Decisiones acotadas

Las decisiones, en general, deben acotarse en el tiempo y en el contenido. Las que tomamos con nosotros mismos también.

Por ejemplo, en vez de decidir: «Voy a ir al gimnasio», habría que definirlo: «Voy a ir al gimnasio tres días a la semana durante un mes. Y cada sesión durará una hora y media». Si no definimos muy bien el contenido de nuestras decisiones, será muy difícil evaluar si las estamos cumpliendo.

Por otro lado, las decisiones siempre deben estar acotadas en el tiempo: «¿Durante cuánto tiempo como mínimo me comprometo a ir al gimnasio?». Tomar decisiones limitadas en el tiempo hace que sea mucho más fácil tomarlas, porque sabemos que después podremos enmendar un posible error.

Por ejemplo, si la pareja difiere sobre qué colegio escoger para el niño —el del Opus Dei o el progre— y limitan el período a un año, la decisión se vuelve más liviana. Si después de un año la cosa ha sido un desastre, podrán volver a debatir y decidir un nuevo rumbo.

Deben ser tiempos lógicos que nos ayuden a sacar conclusiones acerca de lo que hacemos. Cada decisión —por sus características— manejará tiempos mínimos diferentes.

En terapia de pareja, me llama mucho la atención lo que llamo «el relato de los agravios». Sucede al inicio, en cuanto se sientan delante.

—¡Fíjate, Rafael, lo que me hizo Eva la semana pasada...! —exclama Ramón.

Ella se defiende:

—Rafael, no le hagas caso. Lo que sucedió es que él se puso hecho una furia porque pretendía...

¡Pamplinas! Yo no quiero saber nada de eso, porque, en realidad, me están arrojando sus argumentos de presión y eso no es lo que queremos.

Entonces les pido:

—¡Ramón, por favor, no me cuentes historias! Dime ahora mismo qué propuesta haces tú. —Y saco una moneda del bolsillo y se la muestro.

Siempre se quedan bloqueados de repente.

—¿Propuesta? ¿A qué te refieres? El problema es que Eva es irracional y bla, bla, bla... —insiste él.

—¡No, no, Ramón! ¡Detente, por favor! Responde a mi pregunta, porque yo te estoy pidiendo una propuesta clara, no que me cuentes historias. Sólo necesito una frase corta: «Yo propongo que hagamos esto y lo otro». Punto.

En ese momento, la persona, un poco desorientada, empieza a razonar y acaba diciéndome algo:

—Yo querría... que Eva hiciese más el amor conmigo.

—Muy bien, Ramón. ¡Eso es! ¿Cuántas veces a la semana? —pregunto.

De nuevo, Ramón se queda bloqueado porque todavía no se había parado a definir con exactitud lo que desea. Sólo se quejaba de forma general del poco interés sexual de su mujer. Y eso sucede porque han perdido totalmente la costumbre de comunicar, intentar convencer o negociar. Cuando no tenemos un sistema claro, la gente sólo se queja de cosas generales, indefinidas.

—Vale, Rafael. Te entiendo. Yo creo que... estaría bien hacerlo tres veces a la semana.

¡Por fin! Es increíble que los miembros de la pareja no sepan definir propuestas claras, que son las únicas con posibilidades de éxito. Sólo el sistema de la moneda es capaz de darles claridad mental porque deja claro que *1)* es un problema de decisión, *2)* hay que convencer al otro y *3)* hay que proponer ideas ganadoras.

PROPUESTAS ALEGRES Y POSITIVAS

Querer transformar a las personas queridas es buenísimo. Yo, por ejemplo, intento que todos mis amigos dejen de fumar. Les hablo del libro *Es fácil dejar de fumar si sabes cómo* y de cuánto me ayudó a dejarlo hace más de veinte años.

O los llevo a mi restaurante favorito de Madrid, Lobito de Mar. Quiero que descubran lo mejor de la vida.

A la pareja, cómo no, también tratamos de influirla para contribuir a su felicidad —y a la de los dos—. Pero sólo intentamos convencer de cosas:

- Maravillosas.
- Ventajosas para tu pareja.
- Ventajosas para ambos.

¿A quién diantres le interesaría un cambio que fuese un peñazo o a peor? ¡A nadie!

¡Todo lo que nosotros propondremos será cañón! La vida es demasiado corta como para perder el tiempo en obligaciones y pesadeces. Yo no hago ni una sola de esas cosas. ¡Disfruto de cada minuto de mi vida!

También es cierto que me esfuerzo y hago cosas por los demás, pero sólo porque el beneficio es enorme. Por ejemplo, durante un tiempo colaboré con un centro para indigentes. Les ofrecíamos ducha, peluquería y ropa limpia. Cada semana, podían ir y acicalarse como es debido ¡y salían estupendos! ¿Quién fue el principal beneficiado de ese trabajo? ¡Yo! ¡Me encantó conocerlos e intimar con ellos! Aprendí mucho sobre la vida. Y es que cada cosa que hacemos puede llevarse a cabo con todo el amor y convertirse en una joya más de nuestra vida.

Por eso, cuando le propongamos algo a nuestra pareja, habrá de ser desde:

- La alegría.
- El amor.
- La diversión.
- La pasión.

Tendremos que emplear EXCLUSIVAMENTE un lenguaje positivo y entusiasta, que es el que moviliza las mayores energías.

¿Qué nos suscitaría una invitación como ésta?

—¡Rafael, estoy harto! ¡Tenemos que ir YA al restaurante mexicano! ¡Nunca vamos a restaurantes de esta clase! Si no vamos HOY mismo, ¡no te hablaré nunca más!

No apetece mucho, ¿no?

Pero si, por el contrario, nos proponen esto:

—Rafael, déjame que te enseñe estas fotos: son del nuevo restaurante mexicano del barrio. ¡Es brutal! La comida es auténtica mexicana. Fernando ha ido y me ha dicho que es el mejor que ha probado en su vida.

¡Ya estamos reservando mesa!

Se trata de la misma propuesta, pero una está planteada desde la obligación y la negatividad, y la otra desde el entusiasmo, la positividad y la alegría.

A la hora de hacer propuestas, es mucho mejor hacerlo como lo haría un gran vendedor. Influir en los demás requiere saber vender las bondades de nuestras ideas.

A veces, los pacientes se quejan de que no son buenos vendedores y jamás podrán llegar a serlo. No se dan cuenta de que es muy importante abrirse y adquirir esa habilidad. Porque, si no llegamos a ser «buenos vendedores», seremos «buenos abusadores». Es decir, personas mandonas, impositivas y agresoras.

En vez de escoger la alegría, estará escogiendo la agresividad, porque sólo se puede hacer de una forma u otra. Lo que es seguro es que querrán influir en los demás y dar su opinión.

Lo que sucede es que a menudo no se dan cuenta de que, en realidad, presionan. Lo hacen indirectamente. A veces hasta llorando. Pero lo hacen.

Por eso, antes de hacer cualquier propuesta hay que pensarla bien y diseñar una forma ganadora de explicarla, poniendo el acento en sus maravillosas ventajas.

RELACIONES ELEVADAS

Hace años me ocurrió una anécdota curiosa. Tenía unos treinta años y conocí a una joven de veinte, marroquí, que hacía la limpieza en uno de los pisos de mi edificio. Fátima era una chica muy guapa y divertida, y quedamos para tomar un café.

Nos caímos muy bien y empezamos a ser amigos. Un día, entre risas, me comentó que podríamos hacer buena pareja. A mí no me parecía mala idea porque realmente Fátima era una joya. Y empezamos a hablar de cómo sería la cosa. Entonces dijo:

—Rafael, ya sabes que yo soy creyente y, por lo tanto, virgen. Yo me entregaré a mi esposo totalmente. Si fueses tú esa persona, lo decidirías todo. Yo cuidaría de los niños y de la casa y serías muy feliz.

Me sorprendió mucho que Fátima, a las puertas del siglo XXI y viviendo en España, pensase así y mucho más que creyese que a mí me seduciría su propuesta. Le expliqué que yo sólo querría tener una relación igualitaria. Así que no acabamos saliendo.

Fátima abogaba por una relación de las de antes, en las que el hombre era el jefe y la mujer, su subordinada. Yo, por una relación igualitaria moderna.

Muchas veces me han preguntado por qué las parejas de antes funcionaban mejor y, en cambio, ahora el índice de separaciones es tan alto. Y es que hoy en día el 50 % de las parejas no aguantan diez años. Mi respuesta es que en los últimos años intentamos hacer algo mucho más elevado y, por lo tanto, más difícil: convivir democráticamente.

Antes el hombre era el jefe y la mujer tenía que obedecer. Esa clase de relación es más sencilla a nivel estructural. Por eso, es más fácil hacerla funcionar.

Es algo análogo a la gobernación autoritaria frente a la democrática. Un rey absolutista o un señor feudal lo decide todo, no tiene que reunirse con nadie, no organiza votaciones ni hay parlamentos ni constituciones. El dictador se ahorra todo el aparato democrático con sus mecanismos de participación. Es más fácil pero menos elevado, menos hermoso.

La pareja igualitaria —o democrática— es más complicada que la que proponía Fátima, pero también más hermosa. Sin embargo, requiere saber ponerla en práctica. Necesita el trabajo en equipo.

Hoy en día, la mayor parte de las personas desea una pareja democrática pero desconoce cómo hacerla funcionar. Por eso, los matrimonios actuales fracasan. Y seguirán fracasando hasta que no lo aprendan.

¿Podemos imaginar un país que intente organizarse democráticamente pero desconozca que hay que organizar partidos, votaciones, una constitución...? ¡Qué caos!

Las parejas actuales se han embarcado en un proyecto para el que no están preparadas. Ése es el auténtico problema de los matrimonios modernos.

Los consejos del entorno

Las parejas suelen consultar con amigos y familiares los conflictos que tienen, y muchas veces es peor el remedio que la enfermedad. La razón es que ellos tampoco saben trabajar en equipo. Su mirada es errónea también.

Por ejemplo, en el caso de Gustavo y Helena, todo el mundo le decía a él: «Pero ¿cómo se atreve tu mujer a prohibirte trabajar en lo que más deseas?». Esto es, tomaban «la razón» como principal criterio de decisión, y ya hemos visto que tener razón no es lo más importante, sino trabajar con un sistema disciplinado e igualitario.

En cambio, el consejo más adecuado para Gustavo habría sido éste: «Tienes que decidirlo con la moneda, porque no le puedes imponer un cambio tan grande a tu mujer. Ella tiene todo el derecho del mundo a verlo así (incluso a equivocarse), y tú, en todo caso, sólo puedes intentar convencerla».

Pero nadie le dio ese consejo jamás. Todos echaban más leña al fuego, todos le aconsejaban algo que iba a reforzar el patrón disfuncional.

Por eso, lo mejor es no explicarle a nadie esos conflictos si no es un profesional con nuestra mirada. O, al menos, permitir que el otro también dé su versión de los hechos a los demás.

En este capítulo hemos aprendido que:

- La pareja debe asignar un monto de dinero a disposición del equipo. Sobre este dinero se decidirá como con el resto de los temas: igualitariamente.
- Las actividades también se rigen por las normas del trabajo en equipo, aunque uno aporte más medios: por ejemplo, cómo se limpia el coche o la cocina.
- El problema de las parejas no se halla en la falta de comunicación o confianza, como creen muchos, sino en no tener un sistema de trabajo en común. Y esto es lo que produce falta de comunicación o confianza.
- Las parejas se desenamoran principalmente porque no saben trabajar en equipo.
- Tenemos que aprender a hacer propuestas concretas y positivas.
- Hay que evitar explicar al entorno los conflictos de la pareja. Es mejor contarlos sólo a un experto en terapia de pareja, porque el entorno suele dar malos consejos y así acrecienta el conflicto.

20
La pareja: el sistema del cheque en blanco I

Una señora se disponía a hacer un viaje en tren. En la estación, dijeron por megafonía que se iba a retrasar una hora. Un poco malhumorada, fue a la tienda y se compró un paquete de galletas y un botellín de agua. Y se sentó a esperar en un banco.

Mientras leía una revista, un joven se sentó a su lado y comenzó a leer un libro. De repente y sin decir palabra, el muchacho cogió el paquete de galletas, lo abrió y se metió una en la boca. La señora se quedó petrificada, pero no se atrevió a decir nada. Parecía tan decidido y seguro de sí mismo... La única reacción de la mujer fue tomar el paquete de un manotazo, sacar otra galleta y comérsela mirando al joven con fijeza.

Poco después, increíblemente, el muchacho alargó el brazo y ¡cogió otra galleta! Y esta vez no sólo eso, sino que encima miró a la señora a los ojos y le sonrió mientras masticaba.

Ufff, nuestra protagonista estaba muy enfadada. Cogió otra galleta y, con claras señales de enojo, se la comió mirándolo aún más fijamente.

El chico ni se inmutó. Se limitaba a sonreír. Pero al cabo de poco ¡tomó otra galleta! Y así siguieron un rato.

Al final, la señora se dio cuenta, horrorizada, de que sólo quedaba una galleta. «¡No podrá ser tan sinvergüenza!», pensó mientras miraba alternativamente al joven y el paquete.

Entonces, con mucha calma, el joven alargó la mano, tomó la galleta que quedaba y tuvo la desfachatez de partirla en dos. Le guiñó el ojo a la dama y le alargó una de las mitades con una sonrisa de amabilidad.

—¡Muchas gracias, señorito! —gritó ella arrancándole el trozo de galleta.

—No hay de qué —replicó el joven con alegría.

De repente, el tren anunció su partida.

La señora subió a su vagón, furibunda. Desde la ventana, miró al muchacho del andén y vio que incluso la saludaba con la mano. «¡Dios santo, cuánta desvergüenza!», pensó.

Al rato, sintió sed y abrió el bolso para sacar el botellín de agua. Y cuál fue su sorpresa al descubrir que allí estaba su paquete de galletas intacto.

Este cuento explica que, en innumerables ocasiones, nuestras suposiciones acerca de los demás son el verdadero problema. Desconocemos sus intenciones, su argumentario y su manera de ver las cosas, y lo que construimos es un universo equivocado en torno a ellos que sólo hace que crear loca animadversión.

Hace poco estaba comiendo con Javier, un amigo que es psiquiatra y profesor en la universidad, y le explicaba mis hallazgos en terapia de familia:

—En mi próximo libro explicaré cómo conseguir tener una relación de pareja feliz y duradera.

—¡Qué bueno! ¿Será un sistema de autoayuda para que cualquiera pueda implementarlo? —preguntó.

—Sí. Pero, en realidad, son dos sistemas —apunté.

—¿Cómo? ¿Qué quieres decir? —repuso Javier.

—Yo ofrezco dos sistemas, no sólo uno. Los dos son igual de buenos. Podrás escoger uno de los dos.

—¿En serio? —dijo, riendo—. ¿Te das cuenta de que eres el único que ofrece no una sino dos soluciones al mismo tiempo? ¡Eres lo que no hay!

—Ja, ja. Incluso se pueden combinar las dos —concluí.

En este capítulo explicaré ese segundo sistema, al que llamo «cheque en blanco». Parte de la filosofía de base de la psicología cognitiva que yo practico, la que nos permite dejar de terribilizar y nos proporciona paz interior y felicidad en todos los ámbitos de la vida.

De hecho, el cheque en blanco es una extensión de no necesitar. Es decir, todo lo que hemos leído a lo largo de este libro.

«A PARTIR DE AHORA, TÚ MANDAS»

El sistema del cheque en blanco requiere que le digamos a nuestra pareja lo siguiente:

—Cariño, a partir de ahora, en TODAS las decisiones relativas a la pareja ¡mandarás tú! Te entrego TODO el poder. Tú serás el jefe y yo el subordinado. Te amo tanto que, a partir de ahora, mandarás tú. Y yo seré tu servidor.

Y, acto seguido, añadimos una sola condición:

—Sólo te pediré que me concedas algo: que me dejes intentar convencerte de mi visión. Tantas veces como quiera. Eso sí, lo haré siempre desde la diversión y el entusiasmo. Pero que quede muy claro: al final serás tú quien decida. SIEMPRE.

Es decir, con el cheque en blanco le damos a nuestra pareja TODO el poder de decisión. ¿Qué intentamos conseguir con ello?

- Demostrarle que nuestras intenciones son buenas y siempre lo serán.
- Que baje totalmente sus defensas y se abra de forma genuina a nuestras argumentaciones.

Como veremos, este radical acto de confianza y entrega produce unos resultados espectaculares.

Sugerir en vez de exigir

Las personas reaccionamos muy mal a las exigencias. Y maravillosamente bien a las sugerencias divertidas y emocionantes.

En el capítulo anterior hemos visto el ejemplo del restaurante mexicano. Teníamos la opción A, que podría ser ésta:

—¡Ya estoy harto! ¡Nunca vamos a restaurantes mexicanos! ¡Esto es intolerable! ¡O vamos a este restaurante mexicano o no sé de lo que seré capaz!

¿Tendré éxito? ¿Le entrarán al otro muchas ganas de ir? ¡Por supuesto que no!

También teníamos una opción B, por ejemplo:

—¡Ostras! Enrico fue el otro día a un nuevo restaurante mexicano y alucinó. ¡Mira las fotos! Sirven comida mexicana auténtica. Enrico dice que es flipante. ¿Vamos?

Ahora es mucho más probable que nuestro interlocutor responda así:

—¡Sí! ¿Qué tal este finde? ¡Invitemos a Fernando y Marián!

¡Se trata del mismo restaurante y la misma propuesta! Pero hecha de una forma u otra. Cuando exigimos, destruimos la alegría y el entusiasmo. Y aparecen otras sensaciones:

- La negatividad.
- La presión.
- El estrés.

El resultado es que al otro ya no le apetece nada el plan. Es más: como la exigencia es una manera de agresión, el otro nos devuelve la negatividad en forma de otra exigencia. Por ejemplo:

—¡Lo que tenemos que hacer es quedarnos en casa, que no es momento de gastar! ¡Eres un manirroto!

Hace muchos años que hago terapia de pareja y al inicio me sorprendía que los cónyuges fuesen enormes sacos de exigencias:

—¡Llevamos cinco años sin sexo! ¡Es intolerable! ¡No has hecho el mínimo esfuerzo para que tengamos una vida sexual decente! —podría decir él.

—Es verdad. ¡Pero tú has rechazado siempre a mi familia! El día que tú te portes mejor con mis padres, yo me esforzaré más con el sexo —respondería ella.

—Eso es verdad. Pero yo dejé de ver a tus padres porque tú me prohibiste ir a jugar al tenis los sábados. El día que tú me dejes ir al tenis, yo me esforzaré con ellos.

Los cónyuges no hacían más que lanzarse exigencias el uno al otro. Y, al mismo tiempo, se negaban cabezonamente a casi todas esas peticiones. Eran sacos de exigencias mutuas.

Al principio me parecía un oscuro enigma que personas sensibles y amables hubiesen entrado en una dinámica así. Enseguida me di cuenta de que el problema no estaba en ellos, sino en la propia dinámica. Se habían acostumbrado a exigir —como en el ejemplo del mexicano— y eso provocaba el efecto contrario. Todo producía agobio y los dos se negaban por sistema.

- La solución estaba en romper la dinámica: no exigir nunca más, tan sólo sugerir con amor. Y de ahí surgieron las cartas semanales de las sugerencias, la herramienta básica que empecé a emplear y tuvo un éxito arrollador.
- Cada semana, al menos uno de los cónyuges tiene que escribir una carta en la que explique sus sugerencias de cambio siguiendo este modelo, más o menos:

> Querido Juan:
> Eres la persona más maravillosa que he conocido. Tengo una suerte increíble de tenerte a mi lado. Si tuviera que ponerte una nota sería un diez. Pero, como siempre se puede mejorar, se me ha ocurrido una idea fantástica. Creo que sería genial si hicieses... [espacio para la sugerencia].
> Pero si no puedes o no quieres hacerlo, por favor, TIRA ESTA CARTA y olvídalo. Yo te querré siempre igual: ¡incluso cuando tengamos cien años y estemos ya casi en el otro barrio!

Lo esencial es que las cartas sólo sugieran, NUNCA impongan. Y que sugieran de una forma especial:

- Ponemos el acento en lo que funciona, celebramos lo bueno.
- No nos quejamos: sólo hablamos de mejorar algo que ya es maravilloso.
- El otro tiene la opción de aceptar o rechazar: ¡la libertad es esencial!

¿Te imaginas que te pidiesen las cosas de esta forma? Vaya cambio, ¿no?

Pero ¿por qué mediante una carta? ¿Por qué una vez a la semana?

El formato epistolar tiene varias ventajas. La primera es que evitamos las reacciones en caliente y no respondemos como un resorte en cuanto aparece el problema. Ese tiempo es esencial para calmarnos, ganar perspectiva y poder decir las cosas de forma hermosa.

La carta —a diferencia de una conversación— también impide que nos enzarcemos en una discusión. Como las personas estamos tan habituadas a exigir, muchas veces el debate se nos va de las manos. Es mejor no arriesgarse a una escalada de reproches.

La periodicidad semanal permite mantener un canal de comunicación abierto. Es importante comunicar, decir lo que creemos. Pero, a veces, para mantener el buen ambiente evitamos decir cosas difíciles, y eso tampoco es bueno porque dejamos temas irresueltos que tarde o temprano acabarán por dañar la relación. Saber que cada semana tenemos que escribir una carta de sugerencias estimula esa comunicación, incluso la más difícil.

Cartas para leer o no leer

Es importante también que el otro NO se vea obligado a leer las cartas. Si quiere las lee, y si no quiere, pues nada, que las tire a la basura. Hay que impedir que se sienta presionado en ningún sentido.

Pero lo más curioso es que en todos los años que llevo prescribiendo este ejercicio nadie ha dejado de leerlas. ¿Por qué? Porque la curiosidad es una fuerza poderosísima. Todo el mundo quiere saber qué habrá escrito su pareja en esa ocasión, aunque sea leyéndola por encima, rapidito.

¡Y pam! Una vez la lee, el impacto es enorme.

En primer lugar, porque el lenguaje escrito es mucho más solemne que el verbal. Lo que nos escriben deja una huella mucho más honda.

En segundo, porque, al ser una carta, ha pasado un tiempo desde que se dio el incidente. El receptor ya ni se acuerda del tema y la misiva lo pilla desprevenido. Piensa: «¡Ostras, este tema debe de ser muy importante para que surja ahora, días después!».

En tercero, porque, al no poder hablar inmediatamente, la persona se queda con el mensaje y no puede evitar darle vueltas. Lo mastica e, inevitablemente, intenta entenderlo bien: «¿Por qué le molestará eso a mi esposa? ¿Será por tal cosa? ¿Será que lo que hago es realmente molesto?». La persona hace por sí sola un trabajo de comprensión e integración precioso.

El cambio real necesita tiempo

A menudo, los padres gritan a sus hijos para que dejen los zapatos en el zapatero. Y los chavales, reticentes, los colocan en su sitio. La madre o el padre les ha lanzado una orden imperante y, en el mejor de los casos, los hijos cumplen. Pero lo malo es que le tendrán que gritar eso toda la vida, una y otra vez. ¡Qué cansancio!

Las personas SÓLO cambiamos —sólo adquirimos nuevos hábitos— cuando estamos convencidas de que son MUY beneficiosos para nosotras. Si no lo estamos, no los incorporamos a nuestro repertorio.

¿Por qué nos cepillamos los dientes cada día sin excepción? Porque un día, siendo niños o adolescentes, comprendimos que era mucho mejor hacerlo. Ahora, si un día no podemos lavárnoslos, no estamos cómodos.

Es mucho mejor buscar el convencimiento que no un cambio obligado. Sólo tras convencerla, la persona incorporará ese nuevo hábito a su vida. De otra forma, tendremos que estar siempre chillándole para que hagan esto o lo otro.

Con la estrategia de las cartas buscamos convencer al otro con argumentos y sin presión: sólo si él mismo llega a persuadirse.

Trabajar más ahora para descansar después

Muchas veces, a la gente le parece que las cartas de las sugerencias son un procedimiento muy largo y laborioso. Me dicen: «¡Como si no tuviera ya suficiente trabajo!». Pero no se dan cuenta de que es mucho más costoso (y frustrante) tener que echar bronca continuamente.

Actuar con dulzura y paciencia es mucho más rápido y efectivo, en realidad. Cuando hayamos transformado a nuestra pareja en infinidad de temas, gracias a las sugerencias con amor, podremos descansar y gozar de una relación maravillosa.

Además, el método de las sugerencias no tiene coste emocional. En cambio, enfadarse y pelearse es muy desgastante. Podríamos escribir mil cartas sobre el mismo tema y estaríamos felices y alegres como el primer día. Al activar sólo el amor y el entusiasmo, ese trabajo de influencia es divertido y estimulante.

El orgullo

Todos queremos sentirnos orgullosos de nosotros mismos y de las cosas que hacemos bien. Ducharme a diario e ir guapo me hace estar cómodo. Tratar a la gente con respeto y amabilidad, también. Y así con todo. No olvido nada de eso. Es parte de mi personalidad, de mi identidad.

Pero el orgullo sólo se aplica a aquello que hemos decidido hacer NOSOTROS. Las obligaciones —por parte de los demás— no lo generan.

Cuando un padre chilla a su hijo para que coloque bien las zapatillas y el chaval lo hace, ¿eso le hace sentir orgullo? ¡No! Lo deja indiferente porque colocar las zapatillas no ha sido decisión suya.

Por eso es tan importante que en las cartas de las sugerencias le demos al otro la opción de hacerlo o no hacerlo. Así, cuando finalmente lo convenzamos, cuando haya decidido incorporar ese cambio, se sentirá genial: porque habrá sido su voluntad, su conclusión. Se sentirá orgulloso y eso será parte de su nueva identidad.

El mito de John Wayne

En mi primer libro, *El arte de no amargarse la vida*, hablé del mito de John Wayne. Cuando yo era pequeño, todo el mundo veía sus pelis. Este actor encarnaba el prototipo del sheriff del Oeste americano. El guion era siempre así: en un pueblo había un problema de delincuencia mayúsculo, pero llegaba Wayne y en unas semanas lo arreglaba a base de tiros.

El mito de John Wayne (y otras historias parecidas) ha hecho mucho daño, porque ha propagado la idea de que los conflictos humanos se pueden resolver así, dando un golpe sobre la mesa. Es mentira. Aunque seamos contundentes y creamos que nos ampara la razón, por la vía de la presión y del enfado obtendremos unos resultados muy pobres.

Piensa en las reclamaciones que has hecho de esta forma. ¿Cuántas veces te han hecho caso? Como mucho, una de cada veinte. En las diecinueve restantes, te gritan de vuelta, te toman por loco o pasan de ti. Eso da un porcentaje de éxito de un 5 %. En cambio, con las sugerencias con amor obtendrás lo que deseas en un 90 % de los casos. ¡Y sin coste emocional! ¿No es mucho mejor?

¡Por supuesto! Lo que sucede es que nos han comido el coco para pensar que las exigencias funcionan. Cada vez que hacen dimitir a un político, que se toma una medida populista, que se aplica la pena de muerte..., nos venden que hay un líder omnipotente capaz de resolver las cosas de un plumazo. Mentira.

La mayoría de los problemas sólo se resuelven analizando muy bien qué sucede e implementando un proceso de transformación inteligente y constructivo. John Wayne es mentira.

Nuestras cartas de sugerencias son lo que de verdad funciona.

En este capítulo hemos aprendido que:

- Disponemos de otro método para las parejas: el cheque en blanco.
- Cuando damos el cheque le comunicamos al otro que obedeceremos siempre, pero, a cambio, pediremos poder intentar convencerlo con amor tantas veces como deseemos.

- El resultado es que el otro baja las defensas y se deja influir de verdad.
- La idea es escribir una carta cada semana con sugerencias con amor.
- En ese momento no podemos protestar ni enfadarnos: hay que aceptarlo.
- En la renuncia está la fortaleza: el que da el cheque se hace muy fuerte a nivel mental.
- El que da el cheque consigue transformar al otro de forma espectacular.
- Habrá que tener paciencia para ver los cambios en el otro, pero irán llegando y serán definitivos.

21

La pareja: el sistema del cheque en blanco II

En el capítulo anterior hemos estudiado el sistema del cheque en blanco y de la sugerencia con amor. Se trata de una alternativa al método de la moneda y tiene la ventaja de que sólo se necesita una persona para ponerlo en marcha. Asimismo, como veremos a continuación, supone un gran crecimiento personal para quien lo lleva a cabo.

Veamos algunos conceptos más sobre el sistema del cheque en blanco.

Retener la energía

La técnica del cheque en blanco es maravillosa. Lo he comprobado en mi vida personal y con centenares de pacientes. El cambio es alucinante. De repente, se hace la armonía y la pareja empieza a acercarse como nunca. Y, además, el resultado llega bastante rápido. En tan sólo un mes, ya se nota mucho la diferencia.

Pero, como todas las cosas excelentes, requiere esfuerzo. Lo más difícil de la técnica del cheque en blanco es retener la energía negativa (o aguantarse).

Cuando nos hacen una jugarreta, nuestra mente quiere reaccionar de inmediato: reclamar justicia, aclarar la situación, resolver el problema cuanto antes. La sensación de urgencia es una trampa de nuestra mente neurótica. Entonces será esencial evitar caer en la tentación. Habrá que dilatar la respuesta, dejarlo para al cabo de una semana, cuando por fin entreguemos la carta.

Esas horas —o días— de retención son muy importantes y difíciles. Hay muchas ganas de responder y emociones negativas exageradas: rabia, impotencia, etc. En esos momentos hay que aprender a aguantarse, quedarse con el malestar y no reaccionar. Es como un maravilloso ejercicio de meditación: dejar que la energía suba y baje por sí sola. Así es como se gana tolerancia a la frustración y aprendemos a dominar nuestra mente. A medida que progresamos en ello, cada vez las adversidades nos afectan menos. A eso se le llama «fortaleza emocional» o «salud mental».

Si nuestra pareja nota que no estamos bien, lo mejor es poner una excusa: «Me duele la cabeza». Es crucial prohibirse confesar nada. Si abrimos la boca, lo más probable es que acabemos discutiendo. Así pues, se impone una «conjura del silencio». Es duro, pero da lugar a un crecimiento personal fantástico.

Además, en muchísimas ocasiones, pasados unos días nos damos cuenta de que NO teníamos razón. La calentura del momento nos hizo ver la cuestión de forma equivocada.

En mi caso, en el 80 % de las veces que me he enfadado, pasados unos días me he dado cuenta de que NO tenía razón. ¡Un 80 %! Y todas esas veces me he alegrado mucho de no haber reaccionado, de haberme dado esos benditos días de gracia.

Gana el que da el cheque

Sin duda alguna, en esta estrategia el que más gana es quien otorga el cheque, no al revés, como se podría creer. Esto es por dos razones fundamentales:

a) El que renuncia es el que hace el mayor trabajo de crecimiento personal.

b) Además, se guarda la potestad de intentar convencer al otro y ésa es la herramienta de transformación más poderosa. Con lo cual, es el otro el que termina cambiando según nuestras ideas. Acabará comiendo de nuestra mano (para beneficio de ambos).

Ceder el poder a la persona que más amas es una forma de renuncia, y en los primeros capítulos de este libro ha quedado claro que en la renuncia está la fortaleza. Cuando aceptamos sin rechistar las decisiones del otro y estamos dispuestos a perder lo que sea, nos hacemos muy fuertes y somos capaces de una felicidad sin precedentes.

Nos podemos imaginar como monjes en un monasterio zen. Estamos desarrollándonos, creciendo. No necesitar que las cosas sean de determinado modo es la clave número uno del bienestar psicológico.

Por otro lado, el que da el cheque es el que más gana porque transformará al otro. Su campaña de persuasión dará unos frutos insospechados. Sin embargo, el que lo recibe se beneficiará de la nueva paz pero no transformará a su compañero.

Hace unos años salía con una chica llamada Raquel, a la que yo daba el cheque. Ella sabía perfectamente que, ante cualquier diferencia de opinión, se haría lo que ella creyese oportuno.

Pero yo llevaba a cabo, puntualmente, mi divertida labor de transformación. Recuerdo que cada semana, mientras hacíamos senderismo por las montañas, le hablaba de las cuestiones de debate del momento:

—Cariño, ¿te acuerdas de aquello que hablamos la semana pasada? ¿Qué te parece? ¿Has pensado en ello?

Raquel reía y decía:

—No. No lo he pensado, la verdad. A ver, ¿cómo iba el tema?

Ella reía porque yo planteaba las cuestiones desde el humor y la curiosidad, como un divertimento, un ejercicio de crecimiento mutuo. Yo intentaba convencerla de mi parecer, pero sólo un ratito. Luego, seguíamos hablando de cualquier otro tema.

Un par de años más tarde, una noche estábamos cenando con más gente y su mejor amiga, Lidia, exclamó:

—¡Raquel ha cambiado tanto últimamente...! Parece otra. ¡No sé cómo lo ha hecho Rafael, pero ahora piensa como él! ¡La tiene abducida!

Lo decía en tono amable y reímos con ganas. Y, en realidad, tenía razón. Raquel había cambiado mucho porque se había dejado persuadir por mis propuestas positivas, divertidas y constructivas.

Quien otorga el cheque concede mucho, pero obtiene muchísimo más. Como siempre, el poderoso es quien tiene la inteligencia de empezar dando.

«No lo siento»

Muchas veces, trabajando con pacientes, alguna persona me ha dicho esto un poco apenada:

—Cuando escribo «Hagas lo que hagas, seré feliz igual» al final de la carta, no puedo creerlo ni sentirlo.

Y yo les suelo contestar:

—Pues, amigo, lo tienes que llegar a sentir; ése es tu trabajo.

El crecimiento personal exige esfuerzo. Renunciar y darse cuenta de que no necesitamos la perfección puede ser un auténtico reto.

En capítulos anteriores hemos estudiado a modelos de fortaleza como Davide Morana, mi amigo paralímpico. Podemos preguntarnos: «¿Qué nos diría él de tal adversidad?». Y la respuesta será: «Si Davide es feliz pese a haber tenido que renunciar a mucho, yo también puedo hacerlo».

No lo olvidemos jamás: el verdadero crecimiento personal está en esas renuncias cotidianas que haremos. Y eso nos exigirá esfuerzo. Tendremos que convencernos una y otra vez de que podemos ser felices en prácticamente cualquier circunstancia.

Abramos la mente y alegrémonos de haber iniciado el camino hacia la verdadera felicidad. Con cada renuncia, estaremos más cerca de una madurez dulce y armónica.

Divertirse convenciendo

El trabajo de convencer al otro —*piano, piano*— debe ser algo divertido. Porque la vida es para disfrutar y para hacer cosas bellas.

Mostrar a otra persona las cosas buenas de la vida es maravilloso. Yo he sido profesor durante varias etapas de mi vida y me encanta enseñar, porque es como hacerle un regalo a otra persona. O, mejor aún, como caminar juntos hacia un lugar hermoso que estamos a punto de descubrir.

Cuando enseñamos de forma agradable y festiva, el otro se abre por completo. Desea aprender. Goza.

Un trabajo para toda la vida

Saber convencer es una habilidad que todos deberíamos desarrollar. La vida en común demanda saber hacerlo: en casa, en el trabajo, con amigos... Porque querer influir en los demás es bueno, querer que descubran cosas es genial y colaborar exige mostrar nuestra visión desde ese ángulo más hermoso.

En el trabajo, saber convencer es una habilidad esencial. Cuando queremos que el jefe nos suba el sueldo o que el reparto de las tareas sea más justo, podemos tratar de conseguirlo al modo John Wayne o por medio de la sugerencia entusiasta. Sin duda, la sugerencia es lo mejor.

Así que siempre que nos dispongamos a intentar convencer al cónyuge, hagámoslo sabiendo que nos estamos entrenando para la vida, para todos sus ámbitos. Es un aprendizaje que vale la pena.

¿Cómo deben ser las sugerencias?

Las sugerencias deben tener las siguientes características:

- Positivas.
- Sin noes.
- Alegres.
- Entusiastas.
- Fáciles.

Positivas y sin noes

En vez de decir: «Me gustaría que NO les gritases a los niños», es mucho mejor decir: «Sería genial llegar a enseñarles con calma, inteligencia y armonía; hasta las cosas difíciles. ¿No te gusta la idea?».

La diferencia es muy grande. Decir las cosas en positivo, sin noes, es muchísimo más persuasivo, porque los planes divertidos y emocionantes nos encantan a todos. Y TODO se puede expresar de esta forma. Veamos otro ejemplo.

En vez de decir: «Me gustaría que NO bebieses tanto», es mejor decir: «Sería genial empezar una vida supersaludable, de renovación interior, y llegar a estar en forma, sentirse fuerte y lleno de vida. ¿Qué tal si aprendemos a comer bien, hacemos deporte y nos sentimos como Schwarzenegger? ¡Sería una pasada, y todo el mundo lo puede conseguir!».

Hay que aprender a decirlo todo en clave positiva, acostumbrarse a ello de forma que se convierta en un hábito fantástico, en la reacción natural.

Alegres y entusiastas

El entusiasmo se contagia. Es una energía que se transmite de un corazón a otro. Y, una vez más, todo se puede transmitir con entusiasmo, incluso lo que parece imposible. Para generar entusiasmo, imaginemos que nuestra propuesta es un viaje para descubrir un lugar maravilloso.

Lo que queremos transmitir es la bomba. Es como un coche deportivo reluciente y hermoso. ¡Es algo que nosotros descubrimos hace tiempo y que deseamos que el otro descubra también!

Pongámonos la sonrisa. Imaginémonos como la persona más simpática y fresca del mundo (como Michael J. Fox en *Regreso al futuro* o cualquiera que te parezca entusiasta). Derrochemos esa alegría que todos atesoramos dentro.

Fáciles

Y, por último, cuanto más fácil lo hagamos, mejor. A la hora de plantear un cambio, si le hacemos ver al otro que sufrirá, que quizá no lo consiga, que tendrá que orientarse en la penumbra..., es muy difícil que le entren ganas de emprender el cambio. Pero si la cosa es fácil, si está a un tiro de piedra, será coser y cantar. Nos entrarán muchas ganas de alcanzar esa fruta madura.

Por ejemplo, a los estudiantes siempre les planteo que sacar muy buenas notas está chupado (y de verdad lo pienso). Sólo hay que hacer tres cosas: estar superatento en clase, estudiar un poco cada día y pedir ayuda a un profe particular si vamos atrasados. Esos tres trucos, empleados al unísono, lo hacen megafácil.

Cuando los convenzo de que el éxito es fácil, se les iluminan los ojos y ya están deseando ponerse en marcha.

Si se lo ponemos fácil de alguna forma, ya tenemos medio camino recorrido. En ese sentido, es muy útil facilitar al otro una tecnología para conseguirlo.

La tecnología del cambio

En catalán existe una expresión que siempre me ha gustado: «*La bona eina fa la feina*» («La buena herramienta hace el trabajo»). Y, en este ámbito, podríamos suscribir ese lema: «La tecnología hace el trabajo». Con un buen método, todo es mucho más fácil.

Las personas no cambian no porque sean perezosas, descuidadas o cabezonas, sino porque no saben hacerlo. Cuando creemos que somos torpes para algo, nos cuesta mucho ponernos a ello, sentimos rechazo interior. Por ejemplo, la mayor parte de la gente siente aversión hacia las matemáticas porque de pequeños llegaron a la conclusión de que no se les daban bien.

Por eso, tendremos muchas más probabilidades de transformar al otro si le ofrecemos un método fácil para conseguirlo. La carta de sugerencias es el lugar ideal para proponer métodos, tecnologías, trucos y atajos.

Por ejemplo, podemos hacer la siguiente propuesta: «Sería genial que tuviésemos más sexo porque nos lo pasaríamos genial, nuestra unión se estrecharía y compartiríamos más». Pero sería aún mejor ofrecer alguna idea para conseguirlo: «Podríamos ir a un sexólogo, ver pelis porno o ir a un club de intercambio. (¿Te atreverías?)».

Es decir, dibujamos lo que podría ser un camino fácil y divertido para el cambio. Y para todo cambio hay una metodología para conseguirlo. Sólo hay que afinar el ingenio, ser creativo y activar el disfrute.

Enseñarle al otro con el ejemplo

Un efecto colateral del método del cheque en blanco es que, al practicarlo, el otro aprende de nosotros y se va volviendo más flexible y amoroso. En cambio, si somos impositivos y echamos broncas, el otro aprende a hacer lo mismo análogamente.

Por eso, hemos de confiar en que el cheque —arrodillarse y aceptar el criterio del otro— es lo mejor porque quizá un día desee hacer lo mismo: darnos la potestad de elegir para siempre. ¡Qué hermoso sería darse un cheque en blanco mutuamente!

En cualquier caso, con toda seguridad, suavizará su estilo, será más comprensivo y amoroso.

Los límites del cheque en blanco

En el capítulo anterior, hablando de la estrategia de la moneda, vimos este mismo punto: ¿qué límite tiene el sistema? ¿No hay propuestas intolerables que atentan contra nuestros valores?

La respuesta, de nuevo, es que no hay límites. Mientras formemos equipo con alguien, hay que aceptarlo todo.

Pero atención: si tu pareja empieza a hacer propuestas de locos, realmente inadecuadas, que no coinciden con tus valores y tu moral, debes dejarla de inmediato. ¡Sería un disparate continuar asociado con tal persona!

Lo mismo haríamos con un socio de una empresa que empieza a desbarrar y a exhibir un criterio peligroso. Abandonaríamos la sociedad corriendo.

La cosa está muy clara: o permanecemos asociados con alguien o nos separamos. Pero, si continuamos juntos, hay que seguir las reglas. Es absurdo estar en misa y repicando, o estar asociado y negarse a trabajar en equipo.

A veces, en el momento de la perturbación emocional pensamos que algo es intolerable y en realidad no lo es. Es simplemente una visión diferente y hay que respetarla. Y recordemos que, aunque el otro esté equivocado, tiene derecho a estarlo.

Conjugar ambos métodos

Acabamos de estudiar dos métodos diferentes para aprender a trabajar en equipo: la moneda y el cheque en blanco. Los dos son igualmente eficaces. La moneda servirá para todo tipo de grupos de trabajo. El cheque en blanco, sólo para la pareja.

El cheque en blanco tiene la ventaja de que únicamente necesita una persona. El que otorga el cheque lo transformará todo; no hace falta la participación de los dos miembros. La moneda, en cambio, requiere el acuerdo total y la participación coordinada de los dos.

En terapia, suelo aplicar primero el cheque en blanco y, después, la moneda. La terapia se basa fundamentalmente en que un miembro de la pareja otorgue el cheque en blanco, pero animo a que los dos cónyuges simulen el empleo de la moneda. Así aprenderán a ser objetivos, a convencer al otro y a negociar.

Veámoslo con un ejemplo.

En una ocasión, una pareja me explicó la siguiente situación de conflicto. Pedro había tenido una jornada de trabajo especial el domingo anterior, una larga reunión anual de los directivos de su empresa. Al finalizar, había una fiesta para tomar unas copas en un entorno distendido.

Pedro le había dicho a Claudia, su esposa, que no pensaba ir a la fiesta. Al acabar la reunión volvería a casa, que era un trayecto de una hora. Así podrían hacer juntos alguna actividad dominical divertida, como ver una peli.

Pero ocurrió un suceso inesperado: en la jornada apareció el director general a nivel mundial, un alemán llamado Otto que vivía en Nueva York, una de las personas más influyentes del planeta. Pedro había coincidido con él en alguna ocasión y habían trabado una buena relación. Cuando se vieron, el magnate dijo:

—Pedro, amigo, he venido por sorpresa. Luego, en la fiesta, nos tomamos una cerveza y nos ponemos al día.

¡Ostras! A Pedro le impactó la familiaridad del gran jefe. No invitaba a cualquiera a tomar algo de esa forma. Enseguida avisó a su esposa:

—Cariño, ¡ha venido por sorpresa el director general! Y dice que me quiere ver en la fiesta. ¿Qué te parece si me quedo? Supongo que llegaré tarde.

Ésta fue la respuesta de Claudia:

—¡No! ¡Me has dicho que vendrías! Me prometiste que los fines de semana estarías conmigo, sin trabajar. Así que, por favor, te espero aquí.

—Pero es que Otto viene a España sólo una vez cada tres años y es clave llevarse bien con él. Todos en la empresa darían lo que fuese por tomarse unas cervezas con el gran jefe —suplicó Pedro.

—¡No lo veo! Siempre tienes excusas para trabajar los fines de semana. Te espero aquí —concluyó Claudia.

—Vale, cariño. Yo sigo pensando que lo mejor es ir a la fiesta, pero, si tú no lo ves, haré lo que dices porque tú tienes el cheque —dijo Pedro

Como Pedro ya había empezado a trabajar conmigo, supo reaccionar según el plan. El regreso a casa fue todo un reto para él porque sólo le venían a la mente ideas como éstas: «¡Qué mujer tan irracional!», «¡Cómo ha podido decir que siempre tengo excusas...! Primero, no es "siempre". Quizá han sido seis o siete fines de semana al año. Y no son excusas, son motivos de trabajo importantes» y «¡Cuando se necesita dinero para gastos extras nunca se plantea cómo lo tengo que ganar, pero bien que lo gasta!».

Pero, a cada rato, se decía también: «¡Pedro, éste es tu camino de crecimiento! La madurez no está en reaccionar emocionalmente, sino en aceptar. Prohibido quejarse. Mañana será otro día y ya no lo verás tan mal».

Llegó a casa, le dio un beso a Claudia e intentaron ver una película. Pero Pedro no podía concentrarse. Así que, al cabo de un rato, le dijo a su mujer que le dolía la cabeza y se fue a dormir.

Una semana más tarde, paseando por la playa, sacó el tema y le contó a Claudia por qué él creía que aquello fue un error. Le explicó en qué consistía su trabajo como directivo, a diferencia de su trabajo como funcionaria. Él podía ganar más y el trabajo en sí le resultaba emocionante. Pero, a cambio, tenía que dar el do de pecho y trabajar a veces fuera de horas. Ser funcionario, recalcó, estaba genial. Tenía sus ventajas, pero también sus desventajas.

Claudia se abrió y le explicó que, personalmente, ella no podría tener su propia empresa ni ser directiva porque necesitaba proteger su tiempo de ocio en lugar de vivir para trabajar.

Charlaron desde el amor.

Al final, Claudia admitió que se había equivocado. Y entre los dos llegaron a un acuerdo: «Cuando haya algo importante, permitiremos que se trabaje incluso en fin de semana, siempre que no sumen más de diez fines de semana al año». Ese día establecieron una norma de pareja inteligente y hermosa.

Pedro, con paciencia y el cheque en blanco, había convencido a Claudia. ¡Para siempre! Sí, tuvo que frustrarse aquel domingo de marras, pero consiguió un cambio profundo en ella.

Al cabo de un tiempo, Pedro le planteó a Claudia cómo lo hubiesen hecho de haber empleado el sistema de la moneda:

—Aquel domingo, tras oír mi idea de quedarme en la fiesta, ¿qué propuesta podrías haber hecho tú si hubiésemos usado la moneda?

—La que tenía en mente: que regresases a casa respetando nuestra norma de tener los fines de semana libres —dijo ella.

—Pero había una información nueva: que Otto estaba aquí por sorpresa y me citaba para la fiesta. Así pues, podíamos haber tomado otra decisión. ¿Cuál hubiese sido tu propuesta para dirimirlo con la moneda? —preguntó él.

—Mi propuesta hubiese sido la misma: regresar a casa y respetar el trato de no trabajar los fines de semana —insistió ella.

—Muy bien. Si hubiese salido esa opción, yo hubiese regresado y hubiese sido feliz de todas formas. ¿Y tú? De haber salido lo contrario, ¿habrías aceptado felizmente el dictamen de la moneda?

—Ufff, ¡creo que no! ¡Es que es injusto! ¡Siempre estás con excusas y yo me quedo sola muchos findes! —replicó ella.

—Pero, cariño, eso es «justo para ti» pero no lo es para mí. ¿Lo ves? Tenemos que ser capaces de respetar la visión del otro: si la moneda dice que le toca decidir al otro, hay que aceptarlo y seguir.

—Lo veo lógico, pero una parte de mí no quiere aceptarlo —confesó Claudia, un poco confundida.

—Claro, cariño. Eso es porque no estamos acostumbrados a frustrarnos y aceptar la disciplina de grupo. Seguiremos aprendiendo —concluyó Pedro.

Aunque empleaban el cheque en blanco, también estudiaban cómo hubiese sido usar la técnica de la moneda. De esa forma, aprendían a no imponer, a no enfadarse, a no utilizar nunca la presión.

Al cabo de unos meses, empezaron a emplear cada vez más la moneda.

Un año más tarde, tras acabar la terapia, tuve una sesión de seguimiento con Pedro y me explicó que su relación había dado un vuelco maravilloso: estaban más enamorados que nunca y ya no discutían. Pedro tenía la sensación de que estaban cada vez más compenetrados.

En este capítulo hemos aprendido que:

- El sistema requiere retener la energía negativa y no actuar aunque estemos enfadados.
- En la renuncia completa a que las cosas sean de determinada forma está el trabajo más hermoso de esta técnica.
- A la hora de convencer al otro hay que ser alegre, feliz y muy persuasivo.
- Y también proporcionarle un método fácil para cambiar.
- La técnica del cheque en blanco también le enseña al otro a no exigir, ya que aprenderá por imitación.
- Podemos conjugar el método de la moneda con el cheque en blanco: proponerle al otro decidir con la moneda, pero sólo si quiere. En caso contrario, decidirá él o ella.

22

La pareja: cómo avivar el enamoramiento

Cuentan que un día un maestro les preguntó a sus discípulos:
—¿Por qué grita la gente cuando está enfadada?
Los discípulos reflexionaron durante unos instantes y respondieron:
—Porque pierden la calma.
—Pero ¿por qué gritar cuando la otra persona está a tu lado? —inquirió el maestro—. ¿No es posible hablarle en voz baja?
Los discípulos se quedaron en blanco.
Finalmente el maestro les explicó:
—Cuando dos personas están enfadadas, sus corazones se alejan mucho. Para cubrir esa distancia deben gritar. Cuanto más enfadados estén, más fuerte tendrán que gritar para escucharse a través de esa gran distancia. ¿Y qué sucede cuando dos personas se enamoran? No se gritan. Todo lo contrario: se hablan con suavidad porque sus corazones están muy cerca. La distancia entre ellos es muy pequeña. Cuando se enamoran aún más, ¿qué ocurre? Que no hablan, sólo susurran. Al final, no necesitan ni siquiera eso: basta con que se miren. —Para finalizar, el maestro añadió—: Cuando discutáis no dejéis que vuestros corazones se alejen. No digáis palabras que os distancien más, porque llegará un día en que la distancia será tan grande que no encontraréis el camino de regreso.

La pareja que sabe trabajar como un equipo sofisticado funcionará toda la vida y se lo pasará en grande haciendo cosas juntos, compartiendo la vida. Pero todavía puede ponerse una guinda en el pastel: consiste en encender dulcemente el enamoramiento, en mantener el fuego del amor, la admiración y las mariposas en el estómago.

Esto lo conseguiremos aprendiendo a valorar más al otro, aguzando el sentimiento de cercanía y amor mediante un sencillo procedimiento: las cartas de amor.

Todo lo que comunicamos en la vida es como un bumerán que vuelve al que lo lanza. Cuando le expreso a mi pareja que DE VERDAD es la reina de mi corazón, me estoy hablando a mí mismo también. Me estoy convenciendo a mí mismo. ¿Hay algo más hermoso que inundarnos de una emoción tan elevada?

Con los años, he descubierto que las cartas de amor son una herramienta maravillosa a la hora de expresar amor, que es lo mismo que avivar el amor. Son un clásico, en realidad, pero siguen siendo un mecanismo potentísimo de comunicación amorosa.

La comunicación escrita es algo mágico. Un mensaje plasmado en papel tiene más peso que mil palabras en voz alta. Y es que lo escrito nos parece eterno. Podemos leerlo y releerlo. Una carta es un objeto físico que podemos conservar: un tesoro.

Cuando era jovencito tuve una relación a distancia con mi novia Tomoe. Nos conocimos en Inglaterra, salimos juntos un año y después nuestros caminos se separaron: ella a Tokio y yo a Barcelona. Nos escribíamos cartas todas las semanas. A veces, dos o tres. Eran misivas intensas y hermosas. Las guardo en una caja como oro en paño. Debe de haber más de cien, y son una parte importante de mi vida.

Este inmemorial instrumento —la carta de amor— sigue siendo la misma bomba de repartir felicidad que en los tiempos de Cleopatra, y mi consejo es reaprender a escribir dulces e intensas cartas de amor.

A continuación, transcribo una carta mía que iba dirigida a Maite, mi novia de hace unos años. (Antes que nada, debo aclarar que todo lo que digo en esta carta es absolutamente sincero. No sería ético exagerar o no decir la verdad y tampoco serviría de nada).

> Querido amor:
> Lee esto cuando tengas un ratito para ti. Quiero abrirte mi corazón, compartir lo que estoy sintiendo, la transformación de mi interior. Y es que estoy sintiendo cosas tan hermosas y potentes que, a veces, lo flipo.
> Cada vez siento más amor por ti. Y estoy alcanzando cotas que desconocía que fuesen posibles.
> Ayer, por ejemplo, estaba en la montaña contigo y, de repente, lo veía todo tan hermoso... Los prados verdes, los gruesos árboles con sus melenas de hojas al viento, la corriente destellante del río... Y sé que todo eso es más hermoso gracias a ti. A que comparto mi vida contigo. A que estás a mi lado.
> Ayer fui feliz cada minuto que estuve contigo: desayunando frente a ti, charlando en el coche de nuestros chismes, subiendo la montaña con la lengua fuera, comiendo sentados en la hierba, acariciando tu espalda desnuda...
> En varios momentos del día sentí que quería fundirme contigo, ser tú, ser una sola alma. Te observé y me pareció que todo tu cuerpo, tus brazos, tus piernas, son la cosa más maravillosa del mundo.
> Ya hace un tiempo que esto me pasa con frecuencia. A veces estoy haciendo algún recado, caminando por la ciudad, y, de repente, pienso en ti. Y siento que soy el hombre más afortunado del mundo. Por cierto, entonces me entran unas ganas locas

de ir a una tienda y comprarte un vestido o una joya, y es cuando aparezco por la tarde con algo para ti, aunque luego lo tengas que cambiar porque no es tu estilo. :)

El otro día, amor, me preguntabas qué me gusta más de ti. Éstas son las cosas que me enamoran más:

- Me encanta lo feliz que eres. Eres positiva y estás siempre dispuesta a disfrutar de las pequeñas cosas de la vida. Estar con alguien así es lo mejor. A veces tienes problemas, pero enseguida estás alegre y me contagias tu alegría. Eres una joya alegre.
- Me encanta tu humor, cuando dices cosas divertidas, frases hechas, o haces gestos graciosos. En muchas ocasiones pienso que éste es tu don y lo admiro y me pone feliz. Pienso: «¡Qué dulce y divertida!».
- Me encanta que te encante la naturaleza, como a mí. Tu flexibilidad cuando me dejas leer durante horas bajo un árbol. Que sepas estar a mi lado, con tus cosas, simplemente compartiendo la vida.
- Uno de los grandes placeres de mi vida es charlar contigo. Por ejemplo, cuando viajamos en coche y me explicas tus cosas y yo te explico las mías. Cuando caminamos por la montaña y hablamos del cielo y del infierno. Hablar contigo genera momentos maravillosos que me dan paz y felicidad.
- Me encanta hacer el amor contigo. Siento una combinación única y maravillosa de atracción sexual (animal) y amor delicado. Hay días que deseo hacer el amor contigo sólo para fundirme en ti. Estar dentro de ti y captar todo tu amor.
- Me encanta que te guste estar con mi familia y que me hayas introducido en la tuya. Tus padres son la caña y los quiero.

Es tan genial que te guste también estar con mis amigos... Y eso que algunos son muy diferentes y hasta frikis. Lo haces fácil y divertido. ¡Gracias, cari!

Por supuesto, existen otras formas de encender el amor: sorprender a tu pareja con un regalo, decirle cada día lo mucho que la amas, tocarle una canción de amor con la guitarra, acariciarla durante horas...

Lo esencial es alimentar siempre esa llama. Toda esa comunicación está dirigida a la otra persona, pero, aún más importante, está dirigida a ti.

CUARTA PARTE

Punto final: la muerte

23

Superar un duelo y el temor a morir I

En este capítulo vamos a hablar de algo muy fuerte. De hecho, creo que es el tema más impactante del que se puede hablar. Algo alucinante y totalmente transformador. Tan asombroso que es difícil de creer. Tiene que ver con la muerte y la pervivencia de la consciencia más allá de esta vida.

La carta especial

Los psicólogos a menudo nos reunimos y discutimos conjuntamente sobre casos difíciles. Ponemos en común experiencias y perspectivas. En una de esas supervisiones, Ana, una psicóloga de nuestro equipo, comentó lo siguiente:

—Tengo una paciente con una situación límite y no sé por dónde tirar. Se llama Lola, tiene treinta y nueve años, dos hijos pequeños y trabaja como alta ejecutiva. Le han diagnosticado ELA. Sabe que sólo le quedan tres o cuatro años de vida y está abatida.

—¿Y tiene ya muchos síntomas de ELA? —pregunté.

—Algunos. Lo que más le aterra es morir y dejar a sus hijos huérfanos.

—En mi opinión —apunté— has de jugar con ella la carta de la espiritualidad. Para estos casos, es lo mejor.

—¡Pero es atea! Y me dice que no puede creer de ninguna forma —aclaró Ana.

—Da igual. Mi consejo es que continúes intentándolo. Vale la pena. Muéstrale argumentos nuevos. Que investigue. Que se abra.

Y, acto seguido, le recomendé algunos libros muy bien fundamentados que podían abrir la mente de hasta los más escépticos.

Al cabo de unos meses, en otra de esas reuniones, le pregunté por Lola.

—¡Rafael, está mucho mejor! —respondió—. Ha entrado en el terreno espiritual con mucha fuerza, y no te lo pierdas: ¡se siente serena! ¡Hasta feliz!

—¡Qué alegría! Para estos casos, no hay nada como la carta de la espiritualidad.

Pasaron los años y en otra de nuestras sesiones de trabajo hablamos nuevamente de la ansiedad ante la muerte. Me acordé de Lola.

—Por cierto, Ana, ¿cómo está Lola? —pregunté.

—Murió, Rafael. ¿No te lo dije? Pero fue una maravilla trabajar con ella.

—¡Ostras, claro! Ya han pasado más de cuatro años... Bueno, brindo por ella: ha tenido una vida muy valiosa —concluí.

Ése es el poder de la espiritualidad.

A lo largo de los años, en centenares de casos de proximidad a la muerte o de un duelo severo, he visto que la espiritualidad es la gran herramienta. La más potente. Y, a veces, la única.

Yo creo que todos los psicólogos deberían tener una formación profunda en esta gran herramienta para saber despertar esta dimensión en las personas. Y lo ideal es que pasen ellos mismos por un proceso psicoespiritual igual de poderoso y transformador. En los siguientes párrafos veremos cómo iniciar esta aventura vital. Seguramente, la más importante del ser humano.

El más allá

Yo siempre he sido una persona científica y, por qué no decirlo, escéptica. De los que no han creído, por ejemplo, ni en la homeopatía ni en la acupuntura. ¡Sólo lo comprobado con estudios serios!

Me he considerado hijo de la ciencia, rendido admirador de Charles Darwin e Isaac Newton. Pero, aún envuelto en la toga del conocimiento riguroso, hace unos años me sucedió un hecho paranormal que volteó mis creencias acerca de la realidad y del más allá. ¡Sucedió y no puedo sustraerme a ello!

Fue hace cinco años. Llamó a nuestro centro de psicología un chico de unos veinticinco años con la siguiente demanda:

—Mi madre es admiradora de Rafael y me encantaría regalarle un libro dedicado. Tiene un cáncer terminal y eso le haría mucha ilusión.

Accedí inmediatamente y se me ocurrió que, como también residían en Barcelona, podrían venir a mi despacho y tomarnos un café.

Al joven le pareció una gran idea:

—¡Será genial! Un día que se encuentre bien, la meto en un taxi y le damos la sorpresa. Le encantará.

Y, efectivamente, al cabo de poco allí los tenía. Fue muy bonito.

Conocí a una persona excepcional. Laura tenía unos sesenta años. Era muy alegre y estaba completamente en paz consigo misma, pese a saber que iba a morir pronto. Hablamos de lo preciosa que había sido su vida y comprobé que no tenía ningún miedo. Ninguno.

—Dejo a mi hijo ya crecido e independiente. Estoy segura de que le irá muy bien porque es un muchacho estupendo —dijo sonriendo.

Costaba entenderla porque, a causa del cáncer, le habían extirpado parte de la mandíbula, pero, aun así, la conversación era muy agradable, mágica.

Estuvimos alrededor de una hora charlando. Al despedirme, añadí:

—Ha sido un placer pasar este rato con vosotros. ¿Por qué no venís la semana que viene y hacemos otro cafecito?

Me lo había pasado tan bien que quería verla más. Su alegría y serenidad eran contagiosas. Pero dos semanas después recibí una llamada:

—¿Rafael? Soy Antonio. Nos vimos hace unas semanas con mi madre en tu consulta. ¿Me recuerdas?

—¡Claro! Estuvo genial. ¿Cómo estáis? —respondí con alegría.

—Mamá ha fallecido. Sólo quería que lo supieras. Le encantó conocerte. ¡Muchas gracias! —concluyó.

Pasó el tiempo y no volví a ver al joven Antonio. Proseguí con mis numerosos proyectos y, simplemente, almacené aquella experiencia en mi memoria como algo muy hermoso.

Pero al cabo de un año aquel encuentro regresaría de golpe a mi vida. ¡Y de la forma más sorprendente!

Me hallaba en Bilbao promocionando mi libro *Ser feliz en Alaska*, recién publicado. Aquella fresca mañana tenía que acudir a una emisora de radio para hablar del libro. Todo fue normal, pero justo antes de finalizar la entrevista la periodista dijo algo que nunca olvidaré:

—Rafael, me ha encantado tu libro y estoy de acuerdo con todo, salvo cuando dices que se puede estar sereno frente a la muerte, o incluso feliz. ¡Eso me parece demasiado! Con el miedo que yo le tengo, lo veo imposible.

Me quedé unos segundos pensativo y, de repente, no sé por qué, se me ocurrió hablarle de Laura. Con el micrófono abierto, hablando a las ondas, expliqué que aquel encuentro era una demostración de que, al menos para algunos, la muerte no es amenazante. Laura era un maravilloso modelo de sosiego y paz mental.

Y ahí finalizó la entrevista:

—Muchas gracias, Rafael. Ha sido un placer tenerte con nosotros.

No sé por qué mencioné a Laura. Nunca había hablado de ella. De hecho, no había vuelto a pensar en nuestro encuentro desde entonces. Pero aquel día, ante la pregunta de la periodista, apareció en mi mente.

Tras la entrevista, me dirigí al hotel en taxi. No tenía nada más hasta la noche, cuando iba a dar una conferencia. Subí a la habitación y, bam, sucedió el hecho paranormal.

Recuerdo perfectamente, como en fotogramas, la secuencia de todo lo que pasó.

Dejé la americana en el respaldo de una silla y, acto seguido, me acordé de que tenía que llamar a mi consulta de Madrid para una gestión. Saqué el móvil del bolsillo interior de la chaqueta y pulsé las cuatro cifras de desbloqueo: 4-7-8-3. Y, para mi monumental sorpresa, en el fondo de pantalla ¡había una foto de Laura, la lectora fallecida!

¡Me quedé helado!

Pero, en décimas de segundo, reaccioné: «Vamos a ver, ¡en esa foto salimos ella y yo! ¡Y estamos en mi despacho! Pero

¿quién la tomó? Ah, sí, ahora me acuerdo. Fue su hijo antes de despedirse. Sí, y me la envió por WhatsApp».

La había olvidado completamente. La tenía archivada entre muchas otras. Entre más de mil fotos. Y, en efecto, la había tomado su hijo aquel día. Desde entonces no la había vuelto a ver.

¿Cómo demonios se había puesto de fondo de pantalla? La probabilidad estadística de que, por casualidad, se tocasen consecutivamente las cuatro teclas de desbloqueo y se pusiese esa foto allí era increíblemente reducida. Casi imposible.

Para poner una foto en el fondo de pantalla se necesitan, al menos, tocar otras tres teclas de forma certera. Y, además, se trataba de una foto entre más de mil.

Eran demasiados acontecimientos casuales seguidos: las cuatro cifras de desbloqueo + las teclas para poner la foto ahí + una sola foto entre mil. Ufff, era prácticamente imposible.

Con todo eso en la cabeza, durante dos segundos me quedé pasmado. Pero de inmediato sentí una cálida sensación, como un amoroso abrazo. Intuí que Laura me saludaba desde el más allá.

Tengo una mente científica y sólo creo lo que veo. Pero aquel día asistí a un hecho que parece antinatural.

No fue algo que «creí ver», «percibí» o «sentí». No. Ese día ocurrió algo material, físico. Delante de mí tenía una prueba sólida. El hecho es que una foto entre mil se había puesto allí sola, superando una probabilidad estadística casi imposible. Además, había sucedido en el mismo momento en que hablaba de esa persona por primera vez. ¡Y había pasado un año desde que la había conocido!

Aquel día algo cambió en mi interior. Porque si Laura contactó conmigo significa que las personas sobrevivimos a la muerte física. Y, desde donde sea que estemos, podemos presenciar lo que sucede en la Tierra.

A partir de entonces, mi curiosidad natural me empujó a investigar qué sabemos del más allá. ¿Había algún estudio serio sobre hechos similares al mío? Para mi sorpresa, descubrí que sí.

Experiencias cercanas a la muerte

Y, un día, navegando por internet, tropecé con el cardiólogo holandés Pim van Lommel y su libro *Consciencia más allá de la vida*. Este libro marcaría un segundo hito en la alucinante transformación que se estaba produciendo en mí: de escéptico materialista a convencido de la supervivencia de la vida más allá de la muerte.

Pim era un joven cardiólogo que había destacado en la universidad por su inteligencia y capacidad de trabajo. Alto, bien parecido, amabilísimo, ya en el primer hospital donde trabajó, en Países Bajos, le encargaban los casos más complejos. Y entre baipases y operaciones a corazón abierto, empezó a ser testigo de un fenómeno extrañísimo que no pudo pasar por alto. Eran las experiencias cercanas a la muerte (ECM).

Éste es el relato de su primer encuentro con una ECM:

> Estamos en 1969. En la unidad coronaria suena una alarma. El monitor señala que el electrocardiograma del paciente está plano. Ese hombre ha sufrido una parada cardíaca. Dos enfermeras se precipitan hacia el paciente, que ya no responde, y corren las cortinas alrededor de su cama. Una de las enfermeras comienza la reanimación mientras la otra le pone una mascarilla para administrarle oxígeno. Una tercera llega con el carro de resucitación que contiene el desfibrilador. Éste se carga, las pa-

las se embadurnan de gel, todos se retiran ligeramente de la cama y el paciente es desfibrilado.

Aunque recibe una gran descarga, nada sucede. Se continúa el masaje cardíaco y la respiración asistida. Se decide aumentar la medicación por la vía que lleva puesta en el brazo. Acto seguido, el paciente es desfibrilado de nuevo. Esta vez, se reestablece el ritmo cardíaco y, tras un periodo de inconsciencia de unos cuatro minutos, el paciente recobra la consciencia, para gran alivio de las enfermeras y el médico a cargo. Ese doctor era yo. Había iniciado mi formación en cardiología ese mismo año.

Todos están felices tras el éxito de la resucitación. Todos, excepto el paciente. Para sorpresa de todos, está muy descontento. Habla de un túnel, una luz, un hermoso paisaje y música celestial. El término «experiencia cercana a la muerte» no existía todavía y yo nunca había oído hablar de alguien que se acordase de lo sucedido durante su parada cardíaca. En la carrera, me habían enseñado que eso era imposible: estar inconsciente significa no percibir nada —y lo mismo se aplica tanto a una parada cardíaca como a estar en coma—. En esos momentos es imposible ser consciente de nada o tener recuerdos porque todas las funciones cerebrales han cesado. En el curso de una parada, el paciente está inconsciente, no respira y no tiene pulso ni presión arterial.

El doctor Van Lommel se iría encontrando con más y más casos similares y, para su asombro, llegó a la conclusión de que aquello no eran alucinaciones, sino experiencias reales e incluso verificables.

Al final, valientemente, se decidió a diseñar un estudio en varios hospitales del país. Enroló a algunos colegas cardiólogos y se pusieron manos a la obra: estudiarían durante dos años a todos los pacientes que hubiesen experimentado una muerte clínica en sus unidades de cardiología. Les preguntarían por la experiencia y anotarían todos los detalles posibles: medicación, condiciones clínicas, tiempo de la parada... Y, sobre todo, qué presenciaron en el otro lado.

Al cabo de pocos años publicó el primer estudio científico sobre las ECM nada menos que en *The Lancet*, una de las revistas médicas más prestigiosas del mundo, donde aceptan pocas participaciones. Sólo los estudios mejor elaborados y sustentados.

En qué consiste una ECM

El análisis de miles de estas experiencias ha revelado unos componentes típicos. Dependiendo de la duración de la ECM, se experimentan más o menos. Los más afortunados perciben todos ellos con una viveza espectacular que jamás olvidarán.

Éstos son los componentes clásicos de las ECM:

- Experiencia extracorpórea: salir del cuerpo y contemplar, desde arriba, lo que sucede en la sala de operaciones o el lugar del accidente. Ver el cuerpo propio y darse cuenta de que uno ya no está alojado en él. La persona es consciente de que está muerta.
- Entrada en un túnel que se recorre a gran velocidad hacia una luz. La persona está fascinada por lo que sucede.
- Llegada a un espacio de paz, felicidad y plenitud total. La experiencia es indescriptible, mucho más potente de lo que han vivido jamás en la Tierra. Mil veces mayor que el bienestar provocado por cualquier droga. Es incomparable. Han llegado a decir: «No es de este mundo».

- Asombroso reencuentro con familiares o amigos fallecidos, con los que se puede conversar. A veces, incluso uno se topa con parientes lejanos que no sabía que estaban muertos.
- Encuentro con personajes espirituales (con una poderosa luz interior). Sin duda, es lo que las religiones han denominado «ángeles», «dioses», etc.
- Revisión de la vida. Todos los hechos de la vida pasan por delante como en una pantalla y se autoevalúan según fueron actos positivos o negativos, meritorios o censurables.
- Sensación de que, si se traspasa una frontera, ya no se regresará. (A veces es una puerta, una línea, un lugar...).
- Voz que anuncia que debemos regresar: el día de nuestra muerte no ha llegado. En algunas ocasiones se trata de una elección personal, y otras veces es un mandato de los seres espirituales. La persona, generalmente, no desea regresar: siente que la plenitud y su hogar están en el más allá.

Por increíble que parezca, todo esto sucede de verdad. Una y otra vez. Para su asombro, millones de personas en todo el mundo han experimentado ese viaje, que describen como totalmente real. Ni un sueño ni una alucinación.

Éstos son los componentes básicos, aunque existen otros fenómenos, como adquirir un conocimiento increíblemente vasto, tal como si allí se pudiera acceder a una inteligencia infinita. Otros tienen la oportunidad de recorrer dependencias del más allá, lugares espirituales con habitantes de esas dimensiones.

Pero lo más común son los ocho componentes antes descritos. Y, como decíamos, no todo el mundo los experimenta todos. Algunas personas tan sólo salen del cuerpo. Otras se encuentran de golpe en un lugar de luz celestial. Pero todos ellos quedan impactados de por vida. Muchos, completamente transformados.

A continuación comparto un fragmento de *Evidencias del más allá*, de Jeffrey Long. Es el relato de una ECM con algunos de los componentes típicos, según le sucedió a Sheila:

> He tenido diferentes alergias durante toda mi vida. Pero sólo eran una molestia; nada preocupante. Hasta aquel fatídico día en que tuve que someterme a una operación. Ya les había advertido al cirujano y al anestesista sobre mis alergias y dijeron que procederían con sumo cuidado. Pero, a pesar de todo, tuve una reacción alérgica a alguna de las medicaciones que me pusieron.
>
> La reacción fue tan severa que se me paró el corazón. Inmediatamente, me encontré al nivel del techo. Podía ver la máquina que monitorizaba el corazón: marcaba una línea plana. Los médicos intentaban frenéticamente devolverme a la vida. La escena que presenciaba allá abajo era casi de pánico, pero, sin embargo, yo sentía una paz muy profunda. No me dolía nada en absoluto.
>
> Entonces, mi consciencia se trasladó de aquella sala de operaciones a una sala de enfermería. Inmediatamente me di cuenta de que era la sala donde había estado justo antes de la operación. Desde mi perspectiva elevada, cerca del techo, podía ver a las enfermeras ocupadas en sus tareas cotidianas. Estuve un rato observándolas, cuando de repente se abrió un túnel delante de mí. Fui atraída hacia el túnel y me introduje en él.
>
> Al final, había una luz muy brillante. Sentí mucha paz. Al final del túnel, me encontré en una zona hermosísima, con

una luz mística. Frente a mí, había varios familiares fallecidos a los que amaba mucho. Fue un reencuentro precioso. Nos abrazamos.

Después, me encontré con un ser místico poseedor de un amor y una compasión abrumadores. Me preguntó: «¿Quieres regresar?». Yo respondí: «No lo sé», con la habitual indecisión que tenía en aquella época.

El ser espiritual me hizo ver que era una decisión que debía tomar yo, pero realmente me costaba mucho. Era un reino tan amoroso. Era realmente mi hogar.

Finalmente, regresé a mi cuerpo. Me desperté en la UCI un día después. Tenía cables y tubos por todas partes. No podía explicarle a nadie lo que había vivido.

Después, me llevaron de vuelta a la planta inicial y reconocí la sala de enfermería que había visitado durante mi ECM. Finalmente, reuní el coraje de explicarle a una enfermera todo lo que había visto.

¿Te imaginas que te sucediese eso a ti? ¿Te imaginas ese abrazo con un familiar amado después de tanto tiempo separados?

Las ECM en todo el mundo

Las ECM son un fenómeno masivo. Millones de personas las han experimentado. Se calcula que un 20 % de las personas que tienen muertes clínicas temporales las viven y recuerdan. Y, como las técnicas de resucitación son cada vez más eficaces, cada día se producen más casos.

No se trata de algo moderno, producto de una moda o un contagio cultural, ya que se conocen desde la antigüedad, cuando no existían ni internet ni apenas libros. De hecho, es seguro que el hombre del paleolítico las vivió también.

Existe un cuadro sorprendente, pintado por el célebre Bosco alrededor del año 1500 y titulado «La ascensión al Empíreo», en el que se representa una ECM con total claridad.

No sabemos si fue él mismo quien tuvo la experiencia o si le fue relatada, pero el detalle es tan sumamente preciso que, de ser un relato, tuvo que ser alguien cercano que lo explicase de primera mano.

Desde el inicio de los tiempos, el ser humano ha tenido esta experiencia alucinante: la más impactante que existe. Algo increíble a caballo entre lo mágico y lo religioso, lo cosmológico y lo científico, lo moral y lo psicológico.

Uno de los primeros relatos de una ECM lo cuenta Platón en su libro *La República*, nada menos que en el siglo IV a. C. Todavía no se había inventado el cristianismo. A continuación, hago una traducción libre del relato:

> Lo que te voy a contar es la auténtica historia de Er, el armenio, de la tribu panfilia.
>
> Este bravo combatiente cayó un día muerto en el campo de batalla. Cuando al décimo día recogieron los cadáveres putrefactos, extrañamente a él lo hallaron en buen estado, aunque tan muerto como el resto.
>
> Sus desconsolados familiares lo trasladaron a su casa para darle sepultura. Lo limpiaron y lo llevaron a una pira para incinerarlo.
>
> Allí, para asombro y espanto de todos, ¡el joven Er volvió a la vida!
>
> Y así, resucitado, contó lo que había visto en su viaje al Otro Lado.
>
> Explicó que, cuando su alma dejó el cuerpo, se puso en camino junto con muchas otras almas y llegaron a un lugar maravilloso...
>
> Había unos jueces sentados. Una vez pronunciada su sentencia, ordenaban a los justos que caminaran hacia arriba y les colgaban un pergamino indicativo de su sentencia, y a los injustos que caminaran hacia abajo, portando otros letreros.
>
> Cuando llegó el turno de Er, sin embargo, los jueces decidieron que debería regresar a la vida para llevar al mundo de los vivos un informe de lo que había visto.
>
> Los que iban arriba y los que iban abajo, todos ellos se entremezclaban en la meseta, mientras se encontraban con

fallecidos que habían conocido en vida. A los justos se les veía llenos de alegría, en tanto que los malvados se lamentaban llorosos.

Er aprendió que cada acto de la vida tenía que ser compensado durante un tiempo entre las tinieblas, con castigos para los que habían sido malvados y con espléndidas recompensas para los que habían hecho el bien.

El relato de Platón continúa explicando muchos más detalles acerca del más allá, hasta que al final Er regresa y despierta en la pira, justo a tiempo para no morir definitivamente entre las llamas.

Para Platón, esas experiencias eran reales y explicaban cómo era el paso de la consciencia a la otra dimensión. Toda su filosofía quedó impregnada por esa realidad. En diferentes ocasiones, gentes de aquí y allá le explicaron su ECM tal como buenamente pudieron integrarla y traducirla a palabras e imágenes terrenales.

Sin lugar a dudas, las ECM han ocurrido desde que el primer ser humano puso el pie en la Tierra. Algún hombre prehistórico, con su arco y sus flechas, debió de caer por un precipicio y le ocurrió lo mismo que a Er. Lo mismo que al Bosco. Lo mismo que a los pacientes del doctor Van Lommel. Lo mismo que a una persona anónima que ahora mismo está regresando de una muerte clínica en un moderno hospital.

Está claro que esas primeras experiencias se convirtieron en la fuente principal de la espiritualidad humana y el germen de todas las religiones. Fueron esos primeros viajeros del más allá los que dictaron los libros sagrados.

En este capítulo hemos aprendido que:

- La espiritualidad es la metodología estrella para superar un duelo complicado o la proximidad a la muerte.
- Para activar la espiritualidad podemos acudir a los estudios científicos sobre las ECM.
- Una ECM es una experiencia espiritual que se produce en un período en el que una persona está clínicamente muerta.
- Cada vez hay más personas (millones) que las experimentan debido a las mejoras de las técnicas de resucitación.
- Las ECM son un fenómeno antiguo y presente en todas las culturas: hay relatos de ellas en la antigua Grecia y en el Medievo.
- Las ECM tienen una serie de componentes típicos: salida del cuerpo, entrada en túnel, encuentro con la luz, paz y armonía, encuentro con seres queridos fallecidos y revisión de la vida. Esa increíble coherencia es una evidencia a favor de su realidad.
- Por ahora, el análisis objetivo y sin prejuicios de las ECM arroja el veredicto de que NO se trata de alucinaciones.

24

Superar un duelo y el temor a morir II

Había una vez dos buenos amigos que estaban haciendo una excursión por la montaña. El plan era pasar la noche en un sencillo refugio.

Caminaron alegres durante toda la jornada. Como estaba previsto, al anochecer dispusieron los sacos sobre el suelo de la cabaña. Estaban fatigados y durmieron profundamente.

De madrugada, una pesadilla despertó de forma abrupta a uno de ellos. Se frotó los ojos, zarandeó a su compañero y, al despertarlo, le pidió:

—Por favor, sal afuera y dime si ha amanecido.

El amigo salió y vio que todo estaba oscuro. Volvió al refugio y le dijo:

—Está todo tan negro que no puedo ver si ha salido el sol.

—¡No seas idiota! —exclamó su compañero—. ¡Enciende la linterna para saberlo!

Esta divertida historia pone de relieve que todos los seres humanos somos ignorantes. El que se crea listo, inteligente o culto es como el compañero que, irritado, le reclama al otro que encienda la linterna para ver el sol.

Las ECM infantiles

Las ECM que experimentan niños muy pequeños —de tres, cuatro o cinco años— son especialmente reveladoras por varias razones:

- Esos niños no han sido aún culturizados con los conceptos de muerte, espiritualidad ni religión.
- Ni siquiera son capaces de comprender bien qué significa morir.
- Nunca tendrían alucinaciones con un contenido tan ajeno a ellos.

Sin embargo, ¡los niños explican la misma experiencia una y otra vez! Se ven desde una posición elevada fuera del cuerpo, recorren un túnel y aterrizan en una dimensión gloriosa en la que familiares los reciben con amor. En ocasiones son personas desconocidas para ellos, y sólo después descubren que eran abuelos fallecidos antes de su nacimiento.

Esto es un dibujo de una ECM infantil cedido por el investigador y pediatra Melvin Morse:

El pequeño de seis años de edad primero se dibuja a sí mismo en la mesa operatoria tal como se vio desde arriba y, acto seguido, se dibuja en ese «cielo», donde hay un hermoso arcoíris y tres personajes, uno de los cuales luce más brillante que los demás. Como es habitual, le indicaron que no era su hora: debía regresar.

Melvin Morse publicó en los años ochenta varias investigaciones sobre decenas de niños que regresaron contando increíbles encuentros en el más allá.

Un niño de once años que sufrió una parada cardiaca debida a una enfermedad congénita lo explica así en el libro *Closer to the Light*, de Melvin Morse y Paul Perry:

> Recuerdo estar en el hospital y sentir un vuelco en el estómago como cuando hay un cambio de rasante en la carretera. Y un zumbido en los oídos. De repente, estaba en el techo, en una esquina, viendo mi propio cuerpo. La sala estaba bastante oscura pero mi cuerpo tenía como una luz que salía del interior. Podía ver a los médicos y enfermeras trabajando en mí.
>
> Mi doctor estaba entre ellos. Una de las enfermeras, que se llamaba Sandy, dijo: «Me sabe fatal tener que hacerle esto». No sabía a qué se refería pero entonces un médico me puso un gel en el pecho. Curiosamente también me fijé en que tenía el pelo grasiento y deseé haberme duchado antes de ir al hospital. Me habían cortado la ropa que llevaba para llegar al pecho, pero los pantalones seguían puestos. Oí decir a uno de los médicos: «Todos atrás», y acto seguido vi cómo apretaba un botón en una de las palas que llevaba en las manos. De repente, regresé al cuerpo.
>
> Fue automático: de estar allá arriba mirando las coronillas de los médicos a, pum, verle de frente la cara al doctor. Fue pulsar el botón de las palas y de un sitio pasé a otro.

Y, chico, ¡eso dolió! ¡Me duele sólo recordarlo! Nunca lo olvidaré. A veces, tengo pesadillas en que revivo el dolor del choque eléctrico.

Nunca había oído antes hablar de una ECM. Ni siquiera veo mucho la tele. Si leo algo, son cómics. Y no, no le dije nada a mis padres. No sé por qué. Supongo que no quería que pensasen que estaba loco. Y, por supuesto, tampoco les conté nada a mis amigos.

El doctor Morse explica en su investigación que es imposible que un niño de once años supiese describir un proceso médico de resucitación con tal precisión si no lo hubiese presenciado de verdad. La descripción del botón en una de las palas, el gel, los pasos atrás que pidió el médico a cargo y muchos más detalles exactos que dio...

Las ECM infantiles apoyan de forma poderosa la idea de que este fenómeno no es una alucinación, ya que los pequeños nunca alucinarían con algo que desconocen por completo.

Los niños muy pequeños:

- Desconocen el significado de la muerte.
- Desconocen los procedimientos médicos típicos.
- No han oído hablar de ECM, túneles, luces y demás.

Los niños relatan la experiencia con naturalidad y usando sus propias palabras. Por ejemplo: «Vi a una mujer muy guapa que me acompañó por el túnel», «El abuelo me dijo que no tenía que preocuparme» o «Me dijeron que tenía que regresar, que mamá me necesitaba». Declaraciones que dejan atónitos a sus padres.

De tratarse de alucinaciones, los niños alucinarían sobre el mundo que conocen: sus padres, sus compañeros, el osito de peluche, el pato Donald, etc. Nunca con una fenomenología completamente nueva y, en gran medida, incomprensible para ellos.

Las ECM de invidentes

Otra prueba a favor de la realidad de las ECM son las inauditas experiencias que han tenido ciegos de nacimiento. Estos invidentes nunca han visto colores ni imágenes. Su cerebro no ha aprendido a generar esas impresiones. Cuando sueñan, oyen sonidos, perciben el tacto y les suceden aventuras y desventuras, pero siempre en esa modalidad perceptiva sin imágenes.

Vicky Noratuck es invidente de nacimiento. Y experimentó nada menos que dos ECM y, sorprendentemente, pudo ver imágenes por primera vez en su vida. Ésta es su historia, tal como ella misma la relata:

> Yo nunca he podido ver nada. Jamás. Ni luz, ni sombras, ni colores. Pero a los veintidós años tuve un gran accidente de coche que me provocó una fractura de cráneo y lesiones por todo el cuerpo. Sobreviví de milagro.
>
> Por aquel entonces yo era música y había estado cantando en un restaurante. De vuelta a casa por la noche, íbamos en coche y nos golpeó otro vehículo. Salí despedida y aterricé de cabeza en la carretera. Allí, en el suelo, salí de mi cuerpo y me vi.
>
> Flotando en el espacio, tenía otra clase de cuerpo: era de luz, aunque con brazos, piernas y todo. Era yo misma con mi conciencia y mis recuerdos. Y salía y entraba repetidamente de mi cuerpo físico. Al principio, estaba asustada porque no entendía qué estaba pasando. Me veía entrar y salir del cuerpo y

quedarme de pie en la carretera. Después hubo un período de silencio y lo siguiente que sé es que estaba en el hospital.

Allí ya estaba totalmente fuera del cuerpo, en el techo de la sala de urgencias. Y un médico dijo lo siguiente: «Le sale sangre por el oído izquierdo. Como también se quede sorda, vaya faena». La doctora que lo acompañaba replicó: «Si sobrevive ya será un milagro. Y si lo hace, lo más seguro es que quede vegetativa».

Me enfadó que estuviesen hablando de mí tan a la ligera.

Otra cosa que me llamó la atención fue ver mi propio anillo de casada. Sabía cómo era por el tacto: tenía dos brillantes, uno más grande que el otro. Lo reconocí al instante. Y, en realidad, así supe que ése era mi cuerpo, con esas formas, con ese cabello negro y rizado que tengo.

Los médicos estaban nerviosos. «¡No la recupero! ¡No la recupero!», exclamaban.

Extrañamente, también podía percibir lo que sentían. Estaban muy preocupados. Quise hablarle a la médica, pero, como es obvio, no me oía. Quería decirle: «No pasa nada. Si no vuelvo a la vida, está todo bien».

Allí fuera, en el techo, no sentía ningún dolor. Estaba tan tranquila. De repente, salí de la sala de urgencias atravesando el techo y me encontré en el exterior. ¡Fue maravilloso! Podía moverme a placer sin el riesgo de caerme a cada paso.

Luego entré en una especie de túnel y llegué a una dimensión donde me esperaban varias personas: creo que uno de ellos era Jesús; otra era mi abuela, que había muerto hacía dos años; y también había dos amigos de la infancia fallecidos. Era un lugar precioso, con flores, hierba y demás».

Vicky explica su experiencia en un documental de 2002 titulado *The Day I Died*, dirigido por Kate Broome y producido por la BBC, que se puede encontrar en internet en inglés.

Vicky nunca había visto imágenes. Simplemente, no puede hacerlo. Ni siquiera alucinando. Ni hasta arriba de LSD. Es algo que su cerebro no puede hacer.

Kenneth Ring, psicólogo e investigador de las ECM, publicó en 1999 un libro titulado *Mindsight: Near-Death and Out-of-Body Experiences in the Blind* en el que recogía más casos como el de Vicky. Todos estos testimonios son indicios poderosísimos en favor de la existencia de las ECM. Si no se trata de alucinaciones, sólo nos queda admitir la posibilidad de que los millones de ECM que suceden en el mundo sean experiencias reales que nos ocurren a los seres humanos cuando fallecemos

El origen de la espiritualidad

Las ECM son experiencias abrumadoras que transforman a las personas y, como hemos visto, se han producido desde el principio de la humanidad.

Desde el inicio, el ser humano ha intentado explicar esta experiencia, que, por otro lado, es inefable. Es imposible ponerla en palabras. Es tan inconmensurable que la gente suele decir: «Me resulta imposible describir lo que viví; puedo poner algunas metáforas, explicarlo de alguna manera, pero me voy a quedar ridículamente corto».

Muchas veces, la persona sabe que lo que se percibe allí, las entidades que le salen al paso, son más una representación que la cosa exacta. Es decir, los seres de luz se les presentan con una forma estereotipada de Jesucristo, Buda, un señor con barba o un ángel, algo que pueden integrar. Pero, en realidad, podrían aparecerse de cualquier otro modo. Escogen esas personalidades para poder comunicarse mejor.

Sin embargo, el mensaje que expresan es siempre el mismo: el objetivo de la vida es aprender a amar. Y, no por casualidad, ése es el contenido de todas las religiones.

Otra característica de las ECM es la cualidad hiperrealista de lo vivido. A diferencia de los sueños o las alucinaciones, lo que se percibe es «más real que la realidad de la Tierra». Con frecuencia, las personas afirman que los colores, las formas, los olores y las percepciones eran especialmente claros. Esa característica es extraña para nosotros: ¿qué puede ser más real que la realidad?, ¿qué diantres puede significar eso? Así son las ECM: experiencias totalmente diferentes, ajenas a este mundo.

Tras regresar de las Américas, los conquistadores españoles también tuvieron problemas para describir unos paisajes y unas formas de vida tan diferentes. Les pasó lo mismo a los indígenas aztecas: describían los barcos europeos como montañas que navegaban, y pensaban que el caballo y el jinete eran una misma entidad, un dios poderoso y temible.

El médico norteamericano Jeffrey Long, investigador de las ECM, aporta en su libro *Evidencias del más allá* este relato de una persona que regresó de la muerte:

> Los colores en el otro lado son los más brillantes que puedas imaginar. Los colores más vivos de la Tierra son apagados en comparación con la brillantez y la claridad de los colores allí.

Para el doctor Long, la cualidad hiperrealista de las ECM es una evidencia más a favor de su existencia, ya que, en un momento en el que el corazón está detenido y el cerebro apenas tiene actividad, ejercer una función cognitiva tan precisa y elaborada es simplemente imposible.

Verificar las ECM

La existencia de las ECM es un hecho indudable. Las han experimentado millones de personas en todo el mundo. El único misterio por resolver es si son alucinaciones o no.

El doctor Jeffrey Long ha estado estudiando la cuestión durante treinta años y su veredicto imparcial es que no se trata de alucinaciones, sino de hechos reales. ¿En qué se basa? En nueve conjuntos de evidencias que desgrana en su libro *Evidencias del más allá*. Veamos algunas de ellas.

Las personas que vivencian una ECM con frecuencia tienen una experiencia extracorpórea, esto es, sienten que salen de su cuerpo físico para situarse en una posición elevada desde donde presencian lo que sucede. Muchas veces ven y oyen lo que dicen los médicos y enfermeros en la sala de operaciones. Este fenómeno es el que ofrece una mayor oportunidad de verificación.

Si la experiencia es real, el personal médico podrá ratificar lo que la persona ha visto y oído. Si es una alucinación, será pura fantasía y no coincidirá con la realidad de lo que sucedió mientras la persona estaba en parada cardiaca. ¿Cuál fue el resultado? En innumerables ocasiones, lo que la persona vio y oyó fue ratificado con exactitud por el personal médico, para estupefacción de todos.

Uno de esos casos es realmente espectacular. Se trata de la ECM de Pam Reynolds mientras se le efectuaba una peligrosa operación intracraneal. En el documental que he mencionado antes en el que aparecía la invidente Vicky también se describe la experiencia de Pam, con entrevistas a ella misma y a su cirujano.

Pam era una madre de treinta años, cantante profesional a finales de los ochenta, una mujer espectacular, alta, hermosa y llena de energía (físicamente parecida a Sheryl Crow). De la noche a la mañana, empezó a experimentar dolores de cabeza descomunales. Las pruebas revelaron que tenía un enorme aneurisma: la pared de una arteria del cerebro se había debilitado y había producido una especie de globo lleno de sangre. Algo así como una gran burbuja en la goma de un neumático defectuoso. El aneurisma podía reventar en cualquier momento y provocarle la muerte inmediata.

Su médico no podía hacer nada, ya que el aneurisma estaba alojado en la parte trasera e inferior del cerebro, un lugar de imposible acceso. Le esperaba una muerte anunciada.

Sin embargo, en la otra punta del país había un especialista que estaba dispuesto a intentarlo: el doctor Robert Spetzler, director del Barrow Neurological Institute en Phoenix, Arizona. El doctor Spetzler era pionero en una nueva técnica llamada «parada cardiaca hipotérmica» o «para en seco», con la que se podía intentar la operación.

Esta técnica consiste en disminuir la temperatura corporal a unos gélidos quince grados, detener el corazón y extraer la sangre de la cabeza. Es decir, tener a la paciente muerta durante cuatro minutos para quitar el aneurisma, cerrar el cráneo y poner en marcha el cuerpo de nuevo.

Exactamente a las 8.40 de un día de agosto de 1991 empezó la operación. Se le aplicó una anestesia completa y el cirujano abrió el cráneo. La experiencia de Pam fue la siguiente:

> Con la anestesia, me dormí totalmente. Pero, de repente, atención: ¡oí un sonido! Se supone que estaba totalmente apagada, pero no. En notación musical, ese sonido era un re. Mientras lo oía, sentí que salía de mi cuerpo por la parte superior de la cabeza. Y cuanto más ascendía fuera del cuerpo, mejor oía el

sonido. Miré hacia abajo y vi varias cosas en la sala de operaciones. Nunca en mi vida había estado tan consciente de todo, tan atenta... Me hallaba encima del hombro del doctor Spetzler y mi visión era más clara, brillante y focalizada de lo normal.

Me sorprendió ver tanta gente en la sala de operaciones y tantas cosas que desconocía. Recuerdo que me llamó la atención que me habían afeitado la cabeza de una forma peculiar. Yo pensaba que me iban a rapar toda, pero no, me habían afeitado sólo una zona. Comprobé que el sonido que oía provenía de la sierra del cirujano. Parecía un cepillo eléctrico. También vi una curiosa cajita con varias hojas de sierra diferentes, como la caja de brocas de un taladro.

Efectivamente, como atestiguó un sorprendido doctor Spetzler, así eran la moderna sierra que empleó, el corte de pelo y el resto de los increíbles detalles que observó la paciente.

Pero hubo otra percepción de Pam que dejaría helados a los médicos. Mientras el doctor Spetzler le abría la cabeza, otra cirujana localizaba la arteria femoral en el muslo derecho. Su intención era extraer por allí la sangre del cerebro para evitar un sangrado durante el procedimiento, pero se encontró que la arteria era demasiado estrecha para la máquina del baipás cardiopulmonar y decidieron hacerlo por la pierna izquierda.

Pam diría después:

Alguien dijo que mi arteria era muy pequeña. Era una voz femenina. Creo que era la doctora Murray, la cardióloga, pero no estoy segura porque llevaba el gorro y la mascarilla. Recuerdo que me fijé en la máquina cardiopulmonar. Y no me gustó nada el respirador. Había un montón de maquinaria y cableado a mi alrededor...

Entonces sentí una sensación como que tiraban de mí, aunque no en contra de mi voluntad. Yo deseaba ir hacia ese lugar. Era como ir rapidísimo en un ascensor. Era como un túnel, pero realmente no lo era. Es muy difícil de explicar. Dentro de ese túnel, oí que me llamaba la voz de mi abuela, aunque no escuchaba con los oídos. Era una audición mucho más clara. Sentía que ella quería que me acercase y así lo hice. El túnel era oscuro y al final había una pequeña luz. A medida que me acercaba iba haciéndose más y más grande.

La luz era increíblemente brillante, como estar sentada dentro de una bombilla. Empecé a distinguir unas figuras. Estaban cubiertas de luz y también emanaban luz. Ellas mismas eran luz. Comenzaron a tomar cuerpo. Las reconocía. Una de ellas era mi abuela.

Todo el mundo que vi allí adoptaba la forma de su mejor momento vital. Al menos, para mi entendimiento.

Reconocí a un montón de personas. Mi tío Gene estaba allí. Y también mi tía Maggie. De la parte de mi padre, estaba mi abuelo. Estaban allí por mí, para cuidar de mí.

Pero no me permitieron ir más allá. Me comunicaron —aunque no con palabras— que, si llegaba a la luz, algo cambiaría en mí y no podría volver al cuerpo físico. Así que no me dejaron.

Yo quería ir hacia la luz, pero también deseaba regresar. Tenía niños que criar.

Entonces mis familiares me nutrieron con algo. No a través de la boca, sino a través de una forma de luz. Ese alimento me fortalecía.

Al final, mi abuela me comunicó que tenía que volver ya mismo y que me acompañaría mi tío. Regresamos a través del túnel y pude ver mi cuerpo de nuevo. En ese momento, me dio mucha grima meterme en él porque estaba hecho unos zorros. Ese cuerpo parecía muerto, cubierto casi por completo por una tela.

Mi tío me dijo que tenía que saltar encima como si me tirase a una piscina. No tenía ningunas ganas de hacerlo y me hacía la remolona. Imagino que se hacía tarde o algo así, porque mi tío terminó por empujarme. Sentí tanto un empuje desde el túnel como una absorción por parte del cuerpo físico, y entré. Fue como meterse en agua helada. ¡Dolía!

Justo antes de entrar oí que en el quirófano estaban escuchando música. Era la canción «Hotel California».

Esto es lo que experimentó Pam aquel día, mientras estaba clínicamente muerta en la mesa de operaciones.

Recordemos que el complicado procedimiento requería pararle primero el corazón y luego extraerle la sangre del cerebro. En el momento de su viaje extracorpóreo y todo lo demás, Pam tenía las líneas de monitorización del corazón y el cerebro completamente planas. Pam estaba todo lo clínicamente muerta que se puede estar.

Todos los detalles que percibió los corroboró el equipo médico. La sierra que empleó el doctor Spetzler era un moderno aparato que, efectivamente, parecía un cepillo eléctrico. El estuche de las cuchillas era tal como lo describió Pam. Y todo ese aparataje no estaba a la vista de la paciente antes de iniciarse el procedimiento, ya que se mantiene cerrado y estéril hasta el último momento.

Asimismo, el quirófano estaba ocupado por muchas personas, entre varios médicos y enfermeros. Y fue la doctora Murray la que pronunció las palabras que oyó Pam. Y la canción que sonaba en el momento en que sintió que reentraba en su cuerpo era, cómo no, «Hotel California».

Esto es lo que dijo el doctor Spetzler, una eminencia médica, de la ECM de Pam:

Nada en la Tierra puede explicar que la paciente pudiese presenciar lo que presenció. Estaba anestesiada. No funcionaban ni su corazón ni su cerebro. Y tenía los ojos tapados con esparadrapo y los oídos taponados con unos micrófonos especiales para monitorizar la función cerebral (que estaba a cero). Pero después de tantos años trabajando entre la vida y la muerte, ya no soy tan arrogante como para decir que eso es imposible.

El caso de Pam que acabamos de ver no es tan excepcional. Las ECM han sido ratificadas miles de veces. Lo que la persona ha visto y oído durante la experiencia extracorpórea ha sido corroborado por el personal médico. Ha habido ocasiones en que la persona, en su periplo fuera del cuerpo, ha visto incluso lo que sucedía en otras salas, donde estaban trabajando otros miembros del equipo médico o donde había familias angustiadas esperando recibir buenas noticias.

De tratarse de alucinaciones, esas verificaciones serían imposibles. Ésta es la prueba más sólida de las ECM, aunque no la única.

De hecho, existe un proyecto de investigación liderado por el doctor Sam Parnia en el que se planea colocar unos paneles de colores, con signos ocultos, en la parte alta de las salas operatorias para ratificar si las personas pueden distinguirlas en sus experiencias extracorpóreas. Sólo flotando de verdad, a la altura del techo, se podrán distinguir esos signos que quedan fuera de la visión normal, por encima de la lámpara operatoria. Este estudio pretende ser un paso más en la verificación de la maravillosa aventura de las ECM.

En este capítulo hemos aprendido que:

- Los niños muy pequeños también tienen ECM, lo cual es una prueba clave de que no son alucinaciones.
- Los invidentes al nacer ven por primera vez en imágenes, lo cual es otra prueba de que no están alucinando, ya que ellos, en caso de alucinar, no emplearían nunca imágenes.
- Las ECM son el germen de las religiones. Es decir, la espiritualidad se basa en una experiencia universal, no en una fantasía para eliminar temores.
- Se ha verificado que lo que vio y oyó la persona «muerta» al salir del cuerpo durante una ECM realmente se produjo en la sala de operaciones o en el lugar del accidente, hecho incompatible con la teoría de la alucinación.
- El análisis objetivo y sin prejuicios de las ECM arroja, por ahora, el veredicto de que NO son alucinaciones.

25

Superar un duelo y el temor a morir III

En los capítulos previos hemos estudiado el increíble fenómeno de las ECM. Hemos visto que un análisis objetivo dictamina que no son alucinaciones. Y esto quiere decir que se trata de experiencias reales. Todo indica que la consciencia no se pierde tras la muerte física, algo que muchos físicos también defienden.

A continuación, aprenderemos más sobre las ECM y su posible implicación en nuestra vida personal.

El objetivo de la vida

Uno de los mensajes que suelen recibir quienes experimentan una ECM es que el objetivo de la vida es aprender a amar. Se trata de una misiva contundente e imperiosa. Y a la hora de superar un duelo es un mandato muy beneficioso.

Si eso es cierto —si la misión es aprender a amar—, cuando perdemos a un ser querido no hay tiempo que perder: debemos dirigir nuestro amor hacia el resto de la humanidad.

Ese vacío de amor que nos deja la pérdida es, en realidad, un llamamiento a que lo rellenemos con esa misión. Y podemos empezar por amar más intensamente que nunca al resto de nuestros seres queridos.

El siguiente testimonio lo explica muy bien. Procede de la web de la Near-Death Experience Research Foundation (sólo disponible en inglés), donde miles de personas de todo el mundo han publicado su ECM. La persona en cuestión tuvo una revisión de vida muy profunda. Visualizó como en una gran pantalla todos los hechos de su vida, a toda velocidad, con una valoración emocional de su actuación.

> Mi revisión de vida se centró en mi relación con los demás. Y fue increíble sentir lo que ellos sintieron en nuestras interacciones. Sentí su amor, pero también su dolor a causa de cosas que hice o dije. Ese dolor me avergonzaba muchísimo. Pensé: «Ostras, podría haberlo hecho mucho mejor». Pero fundamentalmente sentí amor. Nadie me juzgaba. Nadie me criticaba. Se trataba más bien de mi propia reacción a lo que veía.
>
> Al mismo tiempo, en todo momento sentía un amor incondicional que saturaba mi ser. Se me transmitió que la Tierra es una gran escuela, un lugar en el que aplicar lecciones espirituales que ya sabemos pero que tenemos que poner en práctica.
>
> Se me dijo que la mayoría de las personas venimos a la Tierra a trabajar en uno o más aspectos de nosotros mismos, aunque algunos vienen a ayudar al mundo en su globalidad. En el otro lado no tenemos las limitaciones del cuerpo físico. Aquí, en la Tierra, tenemos que alimentarnos y protegernos de las inclemencias. Y eso hace que tengamos que tomar decisiones espirituales a cada momento.
>
> Por lo que vi en el más allá, todo gira en torno a las relaciones y a cuidarnos los unos a los otros. No se nos exige que seamos perfectos, pero sí que intentemos aprender.

En el canal de YouTube titulado «Passion Harvest Podcast» se puede encontrar una magnífica entrevista con el reverendo

David Maginley (disponible sólo en inglés). El pastor tuvo una ECM y la explica fabulosamente. A continuación, transcribo la parte en que habla del sentido de la vida:

> A los veintisiete años tuve una ECM debido a una parada cardiaca de quince minutos. Y fue maravillosa. En cuanto perdí el conocimiento, me encontré en una colina tapizada de hierba. Y en la cima había un árbol, un árbol enorme y hermoso. Sentía moverse cada brizna de hierba, cada hoja. Sentía que el árbol bebía la luz que flotaba en el aire.
> Y esa misma luz fluía a través de mí. La luz era puro amor. Pero no amor como emoción.
> ¿Cómo puedo describirlo? Si Dios es ese amor, ese amor es el estado de consciencia más alto. Completamente íntegro, congruente, auténtico, conectado a todo. Es algo muy diferente a todo lo que experimentamos aquí.
> En la Tierra, cuando escuchamos, al mismo tiempo pensamos en las palabras, en su significado. O nos preguntamos adónde va a ir a parar el que habla. Y quizá a la vez sentimos hambre. O pensamos en cosas que tenemos que hacer después. No solemos estar completamente presentes, centrados en lo que pasa. Pero allí yo me sentía completo y presente, y sólo eso ya era maravilloso. Por eso creo que tanta gente lo describe como estar en casa.
> Nunca en mi vida he sido tan feliz. Estaba lleno de alegría, como un niño en Navidad.
> Quería correr hasta la cima de la colina. ¡Cómo deseaba llegar hasta el árbol! Porque sabía que si llegaba allí arriba no iba a volver jamás.
> Sabía que estaba en otro lugar —en uno diferente— y que era muchísimo mejor. Y por si lo que he contado hasta aquí no fuese lo suficientemente sorprendente, añadiré que no estaba solo. Había una entidad allí. Era una figura masculina; un personaje tan lleno de poder y fuerza, sabiduría y compasión, amor

y comprensión, y un gran sentido del humor. Lo percibí como mi mejor amigo.

—¡Vamos! Corramos hasta la cima de la colina —propuse.

—Cómo me alegro de verte, David. Es genial tenerte aquí, pero tenemos que hablar —replicó la entidad.

Caminamos un rato por la hierba. Charlamos. ¡Yo estaba extasiado porque me sentía en casa! Y me dijo:

—¡Sí! Estás en casa, David. ¡Y eres muy amado! Tu vida está yendo muy bien. Pero tenemos que hablar. Estás haciendo un buen trabajo. Las cosas van según lo planeado, lo cual es genial. Pero te queda trabajo por hacer.

—¡No importa! —exclamé yo—. ¡Ahora ya estoy en casa! ¡Venga, vamos al árbol!

Intenté echar a correr, pero no podía. No sé cómo explicarlo: el poder de su presencia, su autoridad y su fuerza no me dejaban moverme. En ese momento me quedé traspuesto por esa fuente de amor.

Así que seguimos hablando acerca de mi vida. No recuerdo los detalles, pero sí que me proporcionó la seguridad de que las cosas iban bien.

—No te preocupes. Estaremos contigo. Pero tienes que volver —me dijo.

Me puse triste porque me di cuenta de que no iba a ganar ese debate. Rogué y rogué:

—Por favor, no me envíes de vuelta. Esto es lo que he deseado toda la vida. ¿Por qué debería volver?

—Tienes un trabajo muy importante por hacer. Estaremos contigo. No te preocupes. —Me puso la mano en el hombro y añadió—: Nos veremos pronto.

Y, bum, de repente, estaba de vuelta en mi cuerpo.

Volver es la peor parte de esta experiencia. El peso del cuerpo. El tirón de la gravedad. La densidad de la carne. La pobreza de las palabras.

Las palabras son del todo insuficientes para describir lo que viví. El lenguaje humano es tan tosco: las palabras tienen que ir una tras otra, igual que el burdo fluir de los pensamientos. ¡Todo lleva mucho tiempo!

En cambio, allí podía comunicarme directamente de conciencia a conciencia. Aquí tengo que buscar a tientas las palabras para tratar de compartir mi corazón contigo. Es muy incómodo y torpe.

Entonces, de vuelta en mi cuerpo, oí las voces de los enfermeros y el médico:

—David, ¿puedes oírnos?

Y abrí los ojos.

Esa experiencia se quedó grabada en mi corazón de la manera más profunda que te puedas imaginar. En realidad, llevo treinta años sintiendo nostalgia de aquello. Durante años, no dije a nadie lo que me había sucedido aquel día. No sabía qué hacer con ello.

Sé que en estos años he estado haciendo lo que debo: trabajo en una unidad de cuidados paliativos e intento ayudar a la gente a encontrar lo mejor de sí mismos en sus peores momentos. Hasta que regrese a mi verdadero hogar.

¡Qué hermosa experiencia!

Aquel ser luminoso le comunicó al reverendo que su propósito vital era ayudar a los demás. Debía profundizar en ello. Lo estaba haciendo bien, pero aún podía mejorar.

Amar más y mejor: ése es el objetivo de la vida. Para empezar, a los que tenemos cerca: familiares, pareja, amigos. Y, por supuesto, también al resto de la comunidad de seres humanos. Se trata de una misión urgente y candente.

El amor que vivimos con la persona querida puede servirnos de inspiración y modelo para esa maravillosa tarea. Ese amor no se ha perdido. Sigue más vivo que nunca porque será la horma desde la que construiremos el amor que desplegaremos hacia todos los demás.

Y recordemos que dentro de nada nos reencontraremos con nuestro ser querido y nos hará la misma pregunta: «¿Has amado bien?». Llenos de orgullo, le contestaremos: «¡Sí! ¡Fíjate en todo lo que he hecho durante este tiempo!».

Parece imposible

Si ponemos sobre la mesa todas las pruebas a favor y en contra de las ECM, siendo objetivos e imparciales, tenemos que concluir que no son alucinaciones. Por lo tanto, se trata de un fenómeno real.

Sé que esa afirmación es tremenda. Incluso a mí, que he estudiado muchos libros sobre el tema y he escuchado decenas de ECM de primera mano, me resulta increíble que exista un mundo invisible gigantesco ahí fuera y que no lo podamos ver.

Ése es el único indicio en contra de la veracidad de las ECM: que algo tan grande permanezca oculto. Y es que la mente tiene la tendencia a considerar que lo invisible no puede existir.

Sin embargo, la ciencia ha determinado sobradamente que, en realidad, lo invisible supera de forma abrumadora a lo visible. Por ejemplo:

- Las ondas electromagnéticas y la electricidad son invisibles a la percepción humana.
- Las ondas auditivas que percibimos son sólo una fracción minúscula de lo que hay ahí fuera. La mayoría es inaudible.

- Los átomos y sus componentes no se ven, y durante milenios eran algo impensable.
- Los microbios han sido un descubrimiento relativamente reciente. Hasta no hace mucho, eran considerados una fantasía invisible. De hecho, los primeros médicos que los postularon fueron ridiculizados y marginados.
- Cientos de las mejores mentes del planeta creen que hay suficientes pruebas de que la consciencia pervive después de la muerte y pueden explicar por qué.

Con nuestros sentidos captamos sólo una porción infinitesimal de todo lo que hay en la realidad. Por lo tanto, la existencia de lo invisible es abrumadoramente real. Es tan real que lo invisible gana por goleada a lo visible.

Por si este argumento no fuera suficiente, existe otro que nos puede ayudar a abrir la mente: bastantes genios científicos, dotados de una inteligencia superior, creen en la pervivencia de la consciencia después de la vida y lo argumentan a través de indicios científicos. Veamos algunos ejemplos.

Mentes brillantes sin prejuicios

Sir Roger Penrose es profesor de física matemática en la Universidad de Oxford y, según muchos, es la inteligencia más brillante de los siglos xx y xxi, junto con Einstein.

En 2020 fue galardonado con el Premio Nobel de Física por descubrir que la formación de agujeros negros es una predicción sólida de la teoría general de la relatividad. Otros de sus galardones son el Premio Wolf de Física de 1988, que compartió con Stephen Hawking por los teoremas de singularidad de

Penrose-Hawking, y el Premio Aventis. Además, en 1994 fue nombrado Caballero Británico por la reina de Inglaterra.

Penrose ha publicado varios trabajos en los que defiende que la consciencia puede pervivir tras la muerte. Según sus datos, desde un punto de vista físico, la consciencia no puede generarla el cerebro. En todo caso, el cerebro sería una especie de transistor que capta y modula los pensamientos, pero no el generador de la consciencia.

Por ejemplo, una persona puede ver una película o un partido de fútbol en el ordenador portátil. Pero ¿acaso los produce el ordenador? Es obvio que no. El ordenador es un instrumento necesario para captar la señal y percibirla, pero la información no está allí ni se produce allí: está en la nube.

¿Qué sucede si el ordenador cae y se rompe? No podremos ver nada hasta que no consigamos otro aparato. Según Penrose, lo mismo sucedería con el cerebro: es necesario para captar la señal y modularla, pero otro receptor podría hacerlo también en cualquier momento.

A estas nuevas ideas sobre el funcionamiento de la consciencia se las agrupa bajo la teoría de la consciencia no local, que afirma que nuestra consciencia no está situada en un lugar concreto —el cerebro—, sino en una suerte de «nube», un lugar indeterminado y global que pervive eternamente.

Muchos científicos con unos conocimientos e inteligencia muy por encima de la media coinciden con sir Roger Penrose y se suman a la hipótesis no local. A continuación, mencionaré a algunos, aunque hay muchísimos más.

Se trata de una lista un tanto larga (veintidós nombres), pero prefiero arriesgarme a aburrir un poco a cambio de demostrar que la hipótesis de la consciencia no local no es ninguna tontería. Todos estos científicos, mentes estelares en sus campos, creen en la pervivencia de la consciencia por razones no de fe, sino de ciencia.

- Alexis Carrel, premio Nobel de Fisiología o Medicina de 1912 por su trabajo en la sutura vascular y el trasplante de vasos sanguíneos y órganos. Carrel creó el método para el trasplante de órganos del cuerpo de un ser humano a otro.
- Antony Hewish, premio Nobel de Física de 1974 por el descubrimiento de los pulsares.
- Arno Penzias, premio Nobel de Física de 1978 por el descubrimiento de la radiación del fondo cósmico de microondas, que apoyaba la teoría del big bang sobre la creación del universo.
- Arthur Holly Compton, premio Nobel de Física de 1927 por su descubrimiento del efecto Compton, es decir, el cambio en la longitud de onda de los rayos X al colisionar con los electrones.
- Arthur Schawlow, premio Nobel de Física de 1981 por su contribución al desarrollo de la espectroscopiia láser y el estudio de la interacción de la radiación electromagnética con la materia.
- Charles Hard Townes, premio Nobel de Física en 1964 por su trabajo en el campo de la electrónica cuántica, que ha llevado a la construcción de amplificadores basados en el principio del máser-láser.
- Christian Anfinsen, premio Nobel de Química en 1972 por su trabajo sobre la ribonucleasa, especialmente en relación con la conexión entre la secuencia de aminoácidos y una conformación biológicamente activa.
- Derek Barton, premio Nobel de Química en 1969 por su

contribución al desarrollo del análisis conformacional, el estudio de la estructura geométrica tridimensional de moléculas complejas.
- Ernst Chain, premio Nobel de Fisiología o Medicina de 1945 por el descubrimiento de la penicilina y su efecto curativo en varias enfermedades infecciosas.
- Erwin Schrödinger, premio Nobel de Física de 1933 por el desarrollo de la ecuación de Schrödinger, uno de los fundamentos de la mecánica cuántica. También hizo aportaciones en el campo de la visión y la percepción del color.
- Francis Collins, director del proyecto de secuenciación completa del genoma humano, exdirector del Instituto Nacional de Investigación del Genoma Humano y director de los Institutos Nacionales de Salud de Estados Unidos.
- George Wald, premio Nobel de Fisiología o Medicina en 1967 por su trabajo sobre la bioquímica de la visión.
- Isidor Isaac Rabi, premio Nobel de Física de 1944 por su trabajo sobre las propiedades magnéticas de los núcleos atómicos.
- John Eccles, premio Nobel de Fisiología o Medicina en 1963 por establecer la relación entre la inhibición de las células nerviosas y la repolarización de la membrana celular. Eccles es uno de los grandes neurofisiólogos del siglo xx y uno de los fundadores de la electrofisiología moderna.
- Joseph E. Murray, premio Nobel de Fisiología o Medicina en 1990 por su trabajo en el trasplante de órganos. Fue el primero en llevar a cabo trasplantes de riñón.
- Joseph Hooton Taylor, Jr., premio Nobel de Física en 1993 por el descubrimiento del primer púlsar binario conocido.

- Nevill Mott, premio Nobel de Física de 1977 por sus investigaciones sobre las propiedades magnéticas y eléctricas de semiconductores no cristalinos.
- Richard Smalley, premio Nobel de Química de 1996 por el descubrimiento del fulereno —la tercera forma elemental del carbono, junto con el grafito y el diamante—. Se le considera el padre de la nanotecnología.
- Robert Andrews Millikan, premio Nobel de Física de 1923 por su trabajo sobre la carga eléctrica elemental y el efecto fotoeléctrico. También determinó la carga del electrón y verificó la ecuación fotoeléctrica de Einstein.
- Walter Kohn, premio Nobel de Química en 1998 por el desarrollo de la teoría funcional de la densidad, que transformó la manera de entender la estructura electrónica de átomos y moléculas.
- Werner Heisenberg, premio Nobel de Física en 1932 por la creación de la mecánica cuántica, cuya aplicación llevó al descubrimiento de las formas alotrópicas del hidrógeno, entre otros.
- William D. Phillips, premio Nobel de Física en 1997 por el desarrollo de métodos para enfriar y atrapar átomos usando luz de láser.

Todos estos científicos tienen potentes evidencias para creer en la pervivencia de la consciencia. Cada uno de ellos ofrece sus argumentos y conclusiones. Veamos algunos de ellos:

> La consciencia no puede explicarse en términos físicos, ya que es absolutamente fundamental. No se puede explicar en términos de ninguna otra cosa.
>
> SCHRÖDINGER

Hay partes esenciales de la experiencia humana sobre las cuales la ciencia no tiene intrínsecamente nada que decir. Yo las asocio con una entidad que llamo «Dios».

KOHN

Se me ha ocurrido últimamente —he de confesar que al principio con un cierto choque con mi sensibilidad científica— que la mente, en vez de emerger como una consecuencia tardía en la evolución de la vida, ha existido siempre como la matriz, la fuente y condición de la realidad física, que la materia de la que está compuesta la realidad física es materia mental. Es la mente la que ha ensamblado un universo físico que engendra vida, y que finalmente evoluciona a criaturas que saben y que crean.

WALD

Creo que sólo un idiota puede ser ateo. Debemos admitir que existe un poder o una fuerza incomprensible con una visión y un conocimiento sin límites que puso en marcha el universo entero por primera vez.

ANFINSEN

Existe la idea errónea de que la ciencia es una disciplina materialista y atea de forma unánime, pero no es así. Especialmente, los estudiosos que intentan explicar el fundamento y funcionamiento de la consciencia coinciden en que ésta no puede explicarse desde el paradigma materialista.

Los escépticos creen que la negación del más allá es lo más inteligente, que la hipótesis de la pervivencia es sólo un pensamiento supersticioso.

Nada más alejado de la realidad. Cientos de los más grandes científicos, atendiendo a los principios de la física cuántica y las características únicas de la consciencia, defienden la teoría de la pervivencia de la consciencia después de la muerte. Y al menos a ellos no les falta inteligencia.

Provocarse una pequeña ECM

Antonio es uno de mis mejores amigos. Es juez de profesión. Se trata de un hombre excepcionalmente inteligente y, por encima de todo, un amor de persona. Un día, charlando sobre las ECM, me dijo: «Cómo me gustaría tener una. Lástima que para conseguirlo habría que ir demasiado lejos». Sin embargo, sí existe una manera de experimentar una pequeña ECM de forma completamente segura. Consiste en entrar en contacto durante un período de tiempo con muchos relatos en primera persona, leer muchos libros sobre ECM y ver muchos testimonios en YouTube. Y es que cuando leemos o nos cuentan una ECM, algo sucede por dentro. Esos relatos son tan emotivos, están tan llenos de verdad y espiritualidad, que algo nos golpea interiormente. Quizá se deba a que, por dentro, todos llevamos una impronta espiritual. Cuando nos explican qué es estar allí, algo resuena en nuestra alma.

Estudiar de forma intensa estas experiencias durante un período de tiempo concentrado nos transforma. Algunos autores han descrito este fenómeno como «vivir una pequeña ECM». Mar, una de mis pacientes, tuvo una pequeña ECM de la siguiente forma. Su padre, al que estaba muy unida, falleció repentinamente. Su padre y ella eran mejores amigos: vivían juntos y se llevaban genial. Era la persona más importante de su vida, su apoyo, su referencia, su sentido vital.

El deceso de su padre fue un mazazo. Sin duda, un duelo difícil puede ser una experiencia brutal en la que se juntan muchas cosas:

- La pérdida de una compañía del día a día, una referencia vital.
- La pérdida de parte del sentido de la vida (para qué haces las cosas).
- La culpabilidad por no haberlo amado más.
- La pena ante la idea de haberse muerto antes de tiempo.
- El sentimiento de injusticia y sinsentido de la vida.
- La culpabilidad por no haberlo podido salvar (casi siempre irracional).

Ante tal desolación, le recomendé pasar a la acción y empaparse del fenómeno de las ECM:

- Leer libros sobre el tema.
- Oír audiolibros sobre el tema.
- Ver testimonios en YouTube.

Como les sucede a muchos, la angustia le impedía dormir y decidió aprovechar ese tiempo para sumergirse todavía más en este fenómeno. Mar estuvo dos semanas de baja y, ávidamente, leyó casi todo el material que había publicado sobre el tema en español y en inglés. ¡Y hay muchísimo! Durante ese tiempo me enviaba fragmentos extraídos de esos libros, relatos impresionantes. Me encantaba recibirlos. Un día, al final de la segunda semana de duelo, me dijo:

—Estas dos semanas están siendo alucinantes. Entre el shock que tengo por la muerte de papá y las increíbles historias que leo, es como si me tomase cada día un LSD. Estoy flipando. Estoy alcanzando el convencimiento total de que mi padre ha ido directamente al cielo y allí está mucho mejor.

—¡Ostras! —exclamé con admiración—. Con tus lecturas, estás ganando la seguridad de que eso es así. Aunque no lo podamos ver, existe otro mundo maravilloso adónde iremos todos muy pronto.

—¡Eso es! Una cosa es pensar que existe el más allá y otra cosa es estar segura de ello. Esto es lo que me está sanando —dijo Mar con lágrimas de alegría en los ojos.

—¿Cómo dirías que estás ahora del cero al diez? —pregunté.

—Diría que en un ocho. Ya no me siento abatida ni mucho menos. Me siento serena y hasta empiezo a ser feliz de nuevo —respondió con una calma maravillosa.

¡Eso es aplicarse una pequeña ECM! Sumergirse en la piscina del más allá y saber profundamente que lo mejor empieza justo en el instante de la muerte.

Muchos investigadores del tema, en su mayoría médicos, explican que los relatos de las ECM enganchan, fascinan y atraen. Sin duda, debido a que operan como una comunión espiritual.

Ante un duelo difícil, recomiendo imitar a Mar:

- Leer libros sobre el fenómeno de las ECM, especialmente los que incluyen relatos de primera mano.
- Ver testimonios en YouTube.
- Hacerlo el máximo tiempo posible, en forma de inmersión.

Hasta el momento, estos son los tres libros que considero más reveladores:

- *Evidencias del más allá*, de Jeffrey Long y Paul Perry.
- *Consciencia más allá de la vida*, de Pim van Lommel.
- *Vida después de la vida*, de Raymond A. Moody, Jr.

Acompañados de estos dos documentales:

- *The Day I Died* (sólo disponible en inglés).
- *Sobrevivir a la muerte*.

Y, secundariamente, los diferentes libros de los siguientes investigadores:

- Sam Parnia.
- Kenneth Ring.
- Michael Sabom.
- Bruce Greyson.
- Eben Alexander.
- Anita Moorjani.

EL SUICIDIO NO VALE

Siempre que se habla de las ECM hay un importante apunte que hacer: la cuestión del suicidio. Ante las maravillas que describen los viajeros del más allá, algunas personas se podrían ver tentadas por el suicidio como una vía para dejar de sufrir.

Al parecer, eso es una pésima idea. En su aventura *post mortem*, muchos testimonios han recibido la siguiente información: suicidarse es una traición al trabajo de crecimiento personal que estamos destinados a hacer.

Hemos venido a esta vida a aprender, y las adversidades

forman parte de un esquema mayor que, aunque no podemos entender, sigue una lógica superior y sagrada. El suicidio sería una negativa a completar el aprendizaje. Y la consecuencia sería un regreso con idénticos retos, un purgatorio dónde sufriremos más a causa de esa mala decisión.

Muchas personas han regresado de las ECM con esa información. Nos guste o no, el suicidio no es una solución al sufrimiento.

Ultraescépticos

No sólo existen ultras en los campos de fútbol. Los hay en todos los ámbitos. Se comportan de forma agresiva e irracional movidos por el miedo o por un comportamiento compulsivo absurdo.

De vez en cuando, algún escéptico de las ECM publica algún titular como éste: «¡Descubierto el origen de las ECM!», que está basado en algún endeble indicio en contra de su veracidad. Tal es la necesidad que sienten de negarlas. Por ejemplo, hace décadas que se dice que la anoxia (falta de aire) puede producir síntomas parecidos a la salida del cuerpo. Según los ultraescépticos, eso explica definitivamente las ECM: ¡son producto de un cerebro estropeado que genera alucinaciones antes de morir! Desde los años setenta del siglo xx, cuando el doctor Raymond Moody habló de las ECM por primera vez, han abundado este tipo de explicaciones. Sin embargo, ninguna de ellas explica ni por asomo la experiencia de la que hablamos. Aun así, muchos ultraescépticos se cogen a lo que sea para desmentir el fenómeno, porque, al parecer, admitir la supervivencia de la consciencia pone en riesgo su rígida visión del mundo. En los libros que recomiendo como lecturas complementarias, los autores —que son médicos eminentes— explican con detalle por qué, a día de hoy, ninguna de esas refutaciones materialistas tiene ninguna validez. Si analizamos de forma objetiva el fenómeno de las ECM y tenemos en cuenta otras posibles explicaciones, la ciencia médica se decanta claramente por un veredicto: ni por asomo se trata de alucinaciones, sino de una realidad.

«No es mi departamento»

En casi todos mis libros he hablado de la muerte y de cómo podemos amigarnos con ella. Desde la psicología racional o cognitiva he ofrecido muchos argumentos. Si pensamos correctamente, podremos no tenerle miedo en absoluto. A continuación, mencionaré un argumento más. Lo llamo «No es mi departamento».

Para explicarlo, les suelo decir a mis pacientes:

—Imagina que alguien en tu empresa te dice: «¡Mira lo que sucede con la contabilidad! ¡Está todo mal! Se ha usado el método equivocado para hacer los cálculos». ¿Tú qué le responderías? —pregunto.

—Pues yo respondería que lo mío es el marketing. No sé nada de contabilidad.

—¡Exacto! Le dirías algo así: «¡Ése no es mi departamento!». Y es que en las empresas cada persona se dedica a una cosa y se desentiende de lo demás. Si no, sería imposible. Y fíjate que las empresas funcionan muy bien y los proyectos van dando grandes frutos —añado.

Mis pacientes entienden perfectamente el símil. La muerte tampoco es «nuestro departamento». Nadie sabe cuándo va a morir. Existen tantas variables que es algo impredecible.

Los creyentes suelen decir que su muerte está en manos de una divinidad, y tienen toda la razón. Dejemos ese tema para Dios —o la naturaleza— y centrémonos en nuestro departamento: la vida. Seamos felices mientras estemos vivos y olvidémonos de la muerte: «Ése no es mi departamento».

Puede parecer una idea demasiado ligera, pero todos mis pacientes, incluso los más hipocondríacos, han visto que funciona. Permite dejar a un lado esa preocupación como quien descarta un paquete que va dirigido a otra persona.

EXTENDER EL AMOR

Uno de los pesares típicos del duelo se deriva de pensar que esa gran fuente de amor ha desaparecido para siempre. Por ejemplo, el amor incondicional y único de una madre.

A veces nos decimos: «¡Nunca más voy a encontrar un amor igual!», pero existe otra manera de ver el asunto. Mi padre y yo tuvimos una relación muy hermosa, única. Y durante sus últimos años fue todavía más tierna e intensa. Muchos días recuerdo ese amor. Lo siento dentro de mí. Y mi compromiso es extenderlo hacia el mayor número de personas, reproducir ese amor incondicional haciéndolo extensivo a los demás.

Algunos pensarán que eso es imposible, porque el amor de padre o de madre no es trasladable a otro tipo de relación, pero eso es sólo una idea. No tiene por qué ser así. Las comunidades cristianas auténticas persiguen el objetivo de amarse como hermanos. No lo son a nivel genético, pero se esfuerzan en ello y, en gran medida, lo consiguen.

¿Por qué no amar a un amigo como amaríamos a un padre o

una madre? Yo estoy convencido de que se puede conseguir porque, en realidad, sólo depende de nosotros mismos.

Así que yo intento extender el amor que aprendí de mi padre. Y realmente siento que ese gran amor no se ha perdido. Sigue vivo e incluso se incrementa.

Mi recuerdo de ese amor está lleno de gratitud y produce más amor. Es constructivo y sigue contribuyendo a mi felicidad.

En este capítulo hemos aprendido que:

- Las ECM nos transmiten el mensaje de que esta vida es una escuela de amor.
- Lo invisible es lo normal en la naturaleza. El hecho de que no captemos la pervivencia de la consciencia es natural.
- Provocarse una pequeña ECM es leer muchos relatos de ECM hasta que nos convenzamos profundamente de la pervivencia de la consciencia. Es la forma más potente de superar un duelo o el temor a la propia muerte.
- La muerte no es mi departamento, no es algo que me preocupe porque no depende de mí. Yo me ocupo sólo de la vida.
- El amor que tuvimos por nuestros seres queridos fallecidos no se ha perdido: podemos transmitirlo a los demás seres humanos.

Epílogo

Mi editor desde hace muchos años, Carlos Martínez, por el que siento un gran afecto y gratitud, es un escéptico en lo referente a la pervivencia de la consciencia más allá de la muerte. Para él, cuando se acaba esta vida, se ha acabado todo. Punto final.

Hace poco le leí la siguiente frase de Albert Einstein y le dije: «Esto es lo que te pasa a ti».

> Los ateos fanáticos son como esclavos que sienten continuamente el peso de las cadenas de las que se desprendieron tras una lucha encarnizada. Son criaturas que, en su rencor hacia la religión tradicional concebida como «opio del pueblo», ya no pueden escuchar la música de las esferas celestes.

La psicología cognitiva que contiene este manual puede hacernos escuchar de nuevo la música de las esferas celestes. ¡Qué gozada! Y es que ésa es la condición natural del ser humano: ser locamente feliz.

Cuando empezamos a hacerlo, todo nos parece hermoso. Los colores de las cosas, sus variadas formas... Todo nos parece muy interesante, hasta las dificultades y los obstáculos, y la vida se revela como algo increíblemente abundante.

Querido lector, te animo a que reprogrames tu mente para conseguirlo. Te aseguro que las esferas celestes están ahí danzando para ti. Sólo tienes que cambiar tu diálogo interno. Necesitarás perseverancia y determinación, pero el premio será maravilloso.

Como yo sí creo en el más allá, te espero en el otro lado. Por favor, salúdame cuando nos veamos allí. Dime qué te pareció este libro. Qué transformaciones produjo en ti. Una vez más, me sentiré genial por haber transmitido esta joya.